Jorge Mario Bergoglio
Papst Franziskus

Offener Geist und gläubiges Herz

Jorge Mario Bergoglio
Papst Franziskus

Offener Geist
und gläubiges Herz

Aus dem Spanischen
von Gabriele Stein
und Bruno Kern

HERDER

FREIBURG · BASEL · WIEN

Titel der Originalausgabe:
Mente abierta, corazón creyente
2. Auflage 2013
ISBN 978-950-512-778-8
© 2012 Editorial Claretiana, Buenos Aires, Argentinien

Für die deutschsprachige Ausgabe:
© Verlag Herder GmbH, Freiburg im Breisgau 2013
Alle Rechte vorbehalten
www.herder.de

Als Bibeltext ist zugrunde gelegt
Die Bibel. Die Heilige Schrift
des Alten und Neuen Bundes
Vollständige deutschsprachige Ausgabe DIE BIBEL
© Verlag Herder GmbH, Freiburg im Breisgau 2005

Satz: post scriptum, Emmendingen / Hinterzarten
Herstellung: GGP Media GmbH, Pössneck

Printed in Germany

ISBN 978-3-451-32709-4

Inhalt

Geleitwort

Als der Verleger [der argentinischen Ausgabe dieses Buches] mir vorschlug, das Geleitwort für dieses Buch von Jorge Mario Bergoglio zu verfassen, habe ich mich über das Angebot natürlich gefreut: Erstens stehe ich ihm nahe und schätze ihn sehr; zweitens durfte ich mich durch einen solchen Vorschlag ja auch selbst geehrt fühlen. Dennoch versuchte ich ihm zu erklären, dass ich gerade viele dringende Dinge zu erledigen hätte und dass es eine Weile dauern würde. Doch er bestand darauf. Ich willigte schließlich ein – und habe es nicht bereut.

Als ich mit der Lektüre begann, wurde mir klar, dass diesem Buch ein langer Weg des Nachdenkens, Predigens und der geistlichen Einkehr vorangegangen ist und dass ich nun die Früchte dieser Erfahrungen in Händen halte: ein Hilfsangebot an alle, die Jesus Christus nachfolgen wollen. Für mich ist das Buch in erster Linie ein Zeugnis: Es gibt Erfahrungen weiter, die in mehreren Jahren des Lebens und Arbeitens als Priester, Lehrer und Seelsorger gereift sind. Man spürt, dass die Texte, aus denen dieses Buch besteht, im Kontext der geistlichen Einkehr, besser gesagt: mehrerer Einkehrzeiten gewachsen und entstanden sind. Diese Unterschiedlichkeit, was Zeit und Umstände betrifft, nimmt dem Buch jedoch nichts von seiner Einheit, die weniger vom Autor als vielmehr in erster Linie von der Person Jesu Christi abhängt: Er ist die Mitte, und in ihm erblicken wir die Quelle des christlichen Lebens und der christlichen Spiritualität. Hervorzuheben ist außerdem, dass das christliche Leben mit Bedacht als eine Wirklichkeit dargestellt wird, die darauf abzielt, das Leben in seinen Beziehungen zu Gott, zur Welt und zu den Menschen zu verbessern. Ich halte diese Verankerung im Konkreten für überaus wertvoll, weil sie unseren spirituellen Verhaltensweisen und Wegen als Kompass und zugleich als Grundlage für eine aufrichtige Gewissenserforschung dienen kann.

Ein weiteres Merkmal, auf das ich hier hinweisen möchte, ist die Vertrautheit mit den biblischen Texten. Sie verrät eine solide bibeltheologische Grundlegung und einen sozusagen weisheitlichen Blickwinkel, der diese Texte insofern bereichert, als er sie auf das Leben anwendet. Wir haben es hier nicht mit einer exegetischen Studie zu tun, obwohl der Umgang mit den Texten theologische Schulung und Sorgfalt erkennen lässt. Das Biblische und insbesondere die Lehren Jesu wirken wie etwas, das dem Menschlichen sehr nahe ist, etwas, das gleichsam zum Menschen gehört, worauf er vielleicht sogar schon gewartet hat. Damit wird dieses »Etwas« für den Leser, der es entdeckt, aktueller und aussagekräftiger. Wir halten ein Buch in Händen, das uns die Gestalt und die Worte Jesu als einen Weg vor Augen stellt, der menschlich und göttlich zugleich ist, das heißt: Das Göttliche führt nicht vom Menschlichen weg, sondern setzt es voraus, befreit und erfüllt es, ja mehr noch: Wir könnten sagen, dass das Menschliche das Göttliche zu brauchen scheint, um sich voll und ganz zu verwirklichen.

Beim Lesen stellt man überdies fest, dass der Autor sein sprachliches Handwerkszeug beherrscht und um die fesselnde und enthüllende Macht des Wortes weiß. Das hängt wohl zumindest teilweise damit zusammen, dass er in seiner Jugend Literatur unterrichtet hat. Ich erinnere mich noch genau, wie ich einmal mit ihm über seine Ferien gesprochen habe: Er hatte den ganzen Januar in Buenos Aires verbracht, und ich fragte ihn, was er dort gemacht habe. Er antwortete mir, er sei am Bischofssitz geblieben und habe sich ausgeruht, das heißt vor allem gebetet und die Werke der Klassiker (wieder) gelesen. Diese Antwort überraschte mich, aber sie half mir auch, und ich habe versucht, es ihm nachzutun. Der Bruch mit den Klassikern ist ein immenser kultureller Verlust. Dieses kleine Geständnis, das ich mir erlaubt habe hier wiederzugeben, erklärt seine gute Sprachbeherrschung und die Schönheit seiner Prosa. Das Ästhetische ist Teil des christlichen Glaubens: Es hat seine Quelle und Inspiration in Gott.

Da es sich um ein Buch handelt, das im Sinne einer meditativen und auf geistliches Wachstum ausgerichteten Lektüre durchgearbeitet sein will, ist es zu begrüßen, dass sich darin neben zahlreichen Bibelstellen und lehramtlichen Zitaten Hymnen und Dichtungen aus der Liturgie[1] und der religiösen Tradition der Kirche finden. Dies verleiht ihm eine eigene Schönheit und Farbe, die dazu beiträgt, eine besondere Atmosphäre des Gebetes zu schaffen. Zudem halte ich es für pädagogisch geschickt und überaus nützlich, dass jedes Kapitel mit einem Impuls oder Denkanstoß endet: »Zur vertiefenden Betrachtung im Gebet«. Wie wir sehen, haben wir es mit einem Buch zu tun, das sich bei aller Tiefe und ungebrochenen Aktualität seiner Inhalte dennoch leicht und angenehm liest und den Leser mitnehmen will – auf einen Weg der geistlichen Besinnung hin zu einem erfüllten Leben.

Das Werk besteht aus vier Teilen, die, wie schon erwähnt, von ihrer Zielsetzung her einheitlich sind, in sich aber jeweils eine Selbstständigkeit bewahren, die es uns erlaubt, jeden Teil in seiner besonderen Eigenart und in seinem besonderen Reichtum zu betrachten. Die Aufteilung des Buchs lässt, auch wenn der Autor dies nicht bewusst angestrebt hat,

---

[1] Die vom Autor zitierten Hymnen werden im spanischen Sprachraum im Stundengebet der Kirche verwendet. Bei den Hymnen der Stundenliturgie unterscheiden sich regionalkirchliche Traditionen, so dass es keine geprägten Übersetzungen im Deutschen gibt.

eine gewisse Ähnlichkeit mit dem Schema erahnen, das dem Katechismus der katholischen Kirche zugrunde liegt.[2] Am Anfang steht die Begegnung mit Jesus Christus und am Ende, im letzten Teil, das Gebet, das von der Erfahrung verschiedener biblischer Glaubenszeugen her beleuchtet wird. Glaube und Gebet sind die beiden Achsen, die diesem Werk Einheit und Zusammenhalt geben. Wie wir noch sehen werden, sperrt uns dieser Weg der geistlichen Erneuerung jedoch nicht ein in ein Spiel oder eine Aktivität, bei der wir auf uns allein gestellt wären, im Gegenteil: Er schließt uns auf – und zwar gerade auf der Grundlage unseres Glaubens an Gott, den wir in Jesus Christus kennengelernt haben – für ein Leben der Liebe im Geflecht unserer Beziehungen und in der missionarischen Dynamik des kirchlichen Lebens.

Der erste Teil handelt von der Begegnung mit Jesus anhand der verschiedenen Gespräche, die in den Evangelien überliefert sind. Hier lernen wir die reiche »ignatianische« Tradition zu schätzen, aus der der Autor schöpft, um uns die Umstände und Schauplätze der Begegnungen Jesu mit den verschiedenen Personen zu vergegenwärtigen, sowie seine Fähigkeit, uns den Sinn und die Bedeutung der Worte näherzubringen, die der Herr gebraucht. Im Licht dieser Begegnung mit Jesus werden die verschiedenen Situationen im Leben des Christen verständlich, die von der Freude der Begegnung mit ihm – die das Wesen der Berufung ausmacht – über den Schmerz und die Erfahrung der Sünde bis hin zum Kreuz reichen. Hierin liegt der tiefe und freudige Sinn der christlichen Hoffnung, die in der Person des gestorbenen und auferstandenen Christus jedes Menschenleben erfüllt. Nichts fällt heraus aus der Gegenwart und dem Wort Jesu.

[2] Deutschsprachige Ausgabe: *Katechismus der katholischen Kirche.* Neuübersetzung aufgrund der Editio typica, Leipzig 2011.

Das Leben und das Wort Jesu offenbaren uns die ganze Fülle der Heilsgeschichte als aktuellen Rahmen, in dem sich unser Leben entfaltet. Diese Thematik liegt dem zweiten und dritten Teil zugrunde, die uns in diese Epiphanie der Offenbarung – im Sinne einer Geschichte der Liebe, des Lebens und der Sendung – und auf den von der Vorsehung begleiteten Weg der letztgültigen Ankunft führen. Jesus Christus zeigt uns in diesem Rahmen die Gegenwart der Kirche als »Epiphanie der Braut«. In dieser Zeit der Kirche wird das Thema der Sendung als Ausdruck der Offenbarung der heilbringenden Liebe des Vaters von besonderer Bedeutung sein. Dieser zweite Teil ist, wie ich glaube, eine kraftvolle Quelle des Ansporns und der Motivation für das Leben der Kirche. Die Evangelisierung als Dimension unseres Glaubens innerhalb der kirchlichen Gemeinschaft wiederzuentdecken ist eine Herausforderung und ein dringender Aufruf, sich verbindlich auf eine apostolische Verpflichtung festzulegen.

Der dritte Teil handelt von der Kirche in ihrem konkreten Leben, von dem, was sie groß macht, schwach oder klein. Ich glaube, dass es sehr nützlich und klug war, hierbei vom Wort Gottes auszugehen und die Offenbarung mit den Sendschreiben an die sieben Kirchen als Grundlage zu wählen (Offb 1–3). Dass für die Meditation und Beschäftigung mit diesen Texten, die nicht einfach zu deuten sind, Persönlichkeiten wie Romano Guardini und Hans Urs von Balthasar herangezogen wurden, ist ein Beweis für das Gewicht der hier vorgelegten Gedanken. Mir bleibt in diesem kurzen Vorwort über den dritten Teil nicht viel zu sagen: Ich möchte Sie lediglich einladen, ihn mit Muße zu lesen und diese Kirche lieben zu lernen, obwohl die vielen zerschlissenen Stellen in ihrem Gewand uns oft verwirren. Sie ist trotz allem die einzige und schöne Braut des Lammes. Ich kann ihnen nur sagen, dass mir die Lektüre dieses Teils sehr gutgetan hat.

Der letzte Teil befasst sich, wie schon gesagt, aus dem Blickwinkel unserer konkreten Realität mit dem Gebet. Das erklärt auch die Überschrift: »Unser leibhaftiges Beten«. Die verschiedenen Phasen, die unser Gebet durchläuft – Nähe, Ferne, Verlassenheit –, werden anhand verschiedener biblischer Zeugen beleuchtet. Wir begegnen Abraham, Mose, David, Ijob, Judit …, die uns mit ihrer religiösen Erfahrung begleiten werden. Ein Leitmotiv in diesem Teil über das Gebet, das uns an jene ersten Begegnungen mit Jesus Christus erinnert, ist das »Sich-führen-Lassen«. Es gibt so etwas wie eine notwendige aktive Passivität, die ein Zeichen für die Gegenwart des Geistes ist. Dieser Teil schließt mit einem Kapitel über Jesus Christus als Priester in seinem Beten zum Vater, das Quelle und Vorbild allen christlichen Betens ist.

Ich glaube, dass das Buch, das Sie in Händen halten und zu dem ich das Geleitwort verfassen durfte, die Frucht vieler Überlegungen und Gebete ist und deshalb mit Muße gelesen werden sollte. Wenn wir etwas Wichtiges erreichen wollen, müssen wir uns vor allen Dingen Zeit nehmen. Wir sind es gewohnt, rasch zu lesen, um uns zu informieren, doch der Anspruch dieses Buchs ist ein anderer. Ich danke Jorge Mario Bergoglio dafür, dass er sich entschlossen hat, diese unterschiedlichen Schriften zu einer Einheit zusammenzufassen, um uns zu helfen und zu bereichern – mit einem Weg, der nie an Aktualität verlieren wird.

José María Arancedo
Erzbischof von Santa Fe de la Vera Cruz

Erster Teil
Die Gespräche Jesu

1. Die Freude eines Apostels Christi speist sich aus der Betrachtung Jesu: wie er wanderte und predigte, wie er die Menschen heilte und sie anblickte ... Das Herz des Priesters muss von dieser Betrachtung getränkt sein und in ihr das eigentliche Problem seines Lebens lösen: das Problem seiner Freundschaft mit Jesus Christus. Ich schlage vor, dass wir nun miteinander die Gespräche Jesu betrachten oder zumindest einige davon. Wie spricht Jesus mit denen, die ihm Bedingungen oder Fallen stellen wollen, und wie mit denen, deren Herzen offen sind für die Hoffnung der Erlösung?

2. Die *Gespräche »mit Bedingungen«*. Sowohl die drei Fragesteller aus Lk 9,57–62 als auch Nikodemus (Joh 3,1–21) und die Samariterin (Joh 4,1–41) knüpfen ihre Begegnung mit Jesus an Bedingungen. Die ersten drei versuchen ihrem Engagement eine Grenze zu setzen: den Reichtum, die Freunde, den Vater. Die Samariterin versucht das Gespräch am Wesentlichen vorbeizulenken: Sie spricht lieber über Theologie, als über ihre Ehemänner Rechenschaft abzulegen. Nikodemus knüpft seine Begegnung mit Jesus an die Bedingung der Sicherheit: Er kommt des Nachts. Und Jesus, der sieht, dass er nicht bereit ist, lässt ihn zurück: in seine eigenen Grübe-

leien verstrickt, denn die Grübeleien sind seine Zuflucht, sein egoistischer Vorwand, nicht loyal sein zu müssen.

3. Die *heimtückischen Gespräche*. In ihnen soll der Herr »versucht« werden, damit seine Konsequenz Risse bekommt und man den Glauben als Tauschhandel aufziehen kann; und dann verwechselt man Glauben mit Sicherheit, Hoffnung mit Besitz und Liebe mit Egoismus.

4. In der Szene mit der Ehebrecherin (Joh 8,1–11) hat Jesus eigentlich keine Wahl: Sagt er Ja, verflüchtigt sich seine Barmherzigkeit; sagt er Nein, verstößt er gegen das Gesetz. In diesen heimtückischen Gesprächen tut Jesus in der Regel zweierlei: Er richtet ein Wort, das eine Lehre enthält, an den, der ihn in die Falle zu locken versucht, und ein weiteres an das Opfer (in diesem Fall die Ehebrecherin) oder an die Situation, die als Falle dienen soll. Hier gibt er die Verurteilung an die Heuchler zurück, damit sie sie auf sich selbst anwenden; und der Frau gibt er ihr Leben zurück, damit sie Verantwortung dafür übernimmt.

5. In derselben Weise kann man auch über die heimtückischen Fragen nach der kaiserlichen Steuer, hinter denen sich die sadduzäische Versuchung der Kollaboration verbirgt (Mt 22,15–22), und nach seiner Vollmacht nachdenken (Lk 20, 1–8), die Jesus damit beantwortet, dass er von den Fragestellern Rechenschaft für die anderen gottgesandten »Bevollmächtigten« fordert, die sie nicht akzeptiert hatten.

6. Eine andere sadduzäische Falle (Lk 20,27–40) veranlasst den Herrn, seinen Blick auf eschatologische Horizonte zu richten. Die Heimtücke eines unwiderruflich verhärteten Herzens – das ist die Sünde, die zum Tod führt (1 Joh 5,16), die Sünde gegen den Heiligen Geist (Mt 12,32), die Verwirrung der Geister. Die Falle ist so schäbig, dass der Herr sich gar nicht auf die Dialektik einer Antwort einlässt: Er kehrt

schlicht in die Reinheit seiner Herrlichkeit zurück, und von dort aus antwortet er.

7. Jede Heimtücke wurzelt in Ruhmsucht, Habgier, Sinnlichkeit, Stolz. Und der Herr selbst hat uns gelehrt, diese heuchlerischen Provokationen mit der freudigen Geschichte unseres treuen Volkes zu beantworten (Mt 4,1–11).

8. Schließlich gibt es eine dritte Gruppe von Jesus-Gesprächen, die wir die *loyalen Gespräche* nennen könnten. Sie finden mit Menschen statt, die sich der Manifestation Gottes ohne Hintergedanken, vorbehaltlos, mit offenem Herzen nähern. Sie legen alles auf den Tisch. Wenn jemand so auf ihn zukommt, dann füllt sich das Herz Christi mit Freude (Lk 10,21).

Zur vertiefenden Betrachtung im Gebet

Wir wollen unser Herz bereitmachen und die Begegnung mit dem Herrn fest in den Blick nehmen. Betrachten wir das Gespräch zwischen dem Blindgeborenen und dem Herrn (Joh 9,1–41).

Die Begegnung mit Jesus

1. Zwischen einem Priester und einem Religionsfunktionär klafft ein Abgrund: Sie sind von völlig unterschiedlicher Beschaffenheit. Das Traurige ist, dass ein Priester sich nach und nach in einen Religionsfunktionär verwandeln kann. Am Ende ist der Priester dann keine Brücke, kein »Pontifex« oder Brückenbauer mehr, sondern nur noch Träger einer Funktion, die man ausübt. Kein Mittler, sondern ein Makler. Das Priestertum sucht man sich nicht aus – Jesus Christus sucht sich den Priester aus. Und das priesterliche Dasein lebt von der Begegnung mit Jesus Christus. Den Herrn suchen und sich vom Herrn suchen lassen; den Herrn finden und sich vom Herrn finden lassen ... All das gehört untrennbar zusammen. Johannes Paul II. spricht in seinem Buch *Geschenk und Geheimnis*[3] vom Priester als von einem Mann, der mit Gott in Verbindung und im Spannungsfeld einer zweifachen Bewegung steht: Er sucht die Begegnung mit Gott (Emporhebung), und empfängt die Heiligkeit Gottes (Herabkunft). Das ist die »Heiligkeit des Ostergeheimnisses«. Wenn der Priester sich aus dieser zweifachen Bewegung löst, kommt er vom Kurs ab. Die Heiligkeit ist nicht einfach eine Sammlung von Tugenden wie eine Käfersammlung: Ein solcher Heiligkeitsbegriff schadet uns sehr; er erstickt unser Herz und verwandelt uns über kurz oder lang in Pharisäer. Heiligsein heißt »in der Gegenwart Gottes wandeln und vollkommen sein«. Heiligkeit heißt, in der Begegnung mit Jesus Christus zu leben.

2. Zu Beginn dieser Gebetszeit will ich Ihnen die Episode von der Darstellung Jesu im Tempel vorlegen. »Christus be-

---

[3] Johannes Paul II., *Geschenk und Geheimnis*, Graz u. a. 1997, 89ff.

gegnete zum ersten Mal seinem Volk«, sagt die Liturgie über dieses Mysterium. Dort begegnen uns Verheißungen und Wirklichkeit, Alte und Junge, Gesetz und Geist, Prophet und treues Gottesvolk. »Lichtmess«, so wird dieses Fest auch genannt. In der Osternacht wird aus diesem kleinen Licht die große Osterkerze geworden sein.

3. Das Evangelium erzählt uns in vielen Szenen von Menschen, die Jesus gesucht und gefunden haben, und jede dieser Szenen enthält einen Aspekt, der uns im Gebet helfen kann. Jede Begegnung mit Jesus ist ein Ruf, ein großer oder auch ein kleiner, aber immer ein Ruf (Mt 4,19; 9,9; 10,1–4); diese Begegnung geschieht zu jeder Zeit und ist gänzlich unverdient (Mt 20,5–6); es ist eine Begegnung, die gesucht werden will (Mt 8,2–3; 9,9), und das zuweilen mit heroischer Ausdauer (Mt 15,21 ff) oder mit angstvollem Rufen (Mt 8,25), und es kann sein, dass uns auf dieser Suche die schmerzliche Erfahrung von Verwirrung und Zweifel erwartet (Lk 7,18–24; Mt 11,2–7). Die Begegnung mit Jesus Christus führt uns Schritt für Schritt zur Demut (Lk 5,9), doch man kann sie auch zurückweisen oder sich nur halb darauf einlassen (Mt 13,1–23). Wird sie zurückgewiesen, fügt dies dem Herzen Christi Schmerzen zu (Mt 23,37–39; Mt 11,20–30). Dieses Suchen und Finden ist nicht aseptisch oder pelagianisch, sondern setzt Sünde und Reue voraus (Mt 21,28–32). Orte der Begegnung mit Jesus Christus sind unser tägliches Leben; das Gebet, wo wir direkt nach ihm suchen; die kluge Deutung der Zeichen der Zeit (Mt 24,32; Lk 21,29) und unsere Mitmenschen (Mt 25,31–46; Lk 10,25–37).

4. Der Herr selbst rät uns, wachsam zu sein, wenn wir ihm begegnen wollen. Er sucht mich. Er sucht nicht auf gut Glück, sondern er sucht jeden Einzelnen und kennt das Herz jedes Einzelnen. Die Wachsamkeit ist das Bemühen, mir die Weisheit schenken zu lassen, die ich brauche, um ihn zu erkennen

und zu finden. Zuweilen geht der Herr ganz dicht an uns vorbei, und wir sehen ihn nicht oder erkennen ihn nicht, gerade weil wir ihn so gut zu kennen glauben. Unsere Wachsamkeit ist das Gebet, das uns ihn anhalten lässt, wenn er so tut, »als wolle er weitergehen« (Lk 24,28; vgl. Mk 6,48).

Zur vertiefenden Betrachtung im Gebet

Wir können unsere Gebetszeit mit einer Geste beschließen: der Geste jener Männer, die den Herrn – nachdem sie ihn lange Zeit gesucht und die Zeichen gedeutet hatten – endlich fanden: Sie sahen ihn *und huldigten ihm* (Mt 2,11).

Die Freude I

Dies schreiben wir, damit unsere Freude vollkommen ist (1 Joh 1,4). *Das habe ich zu euch gesagt, damit meine Freude in euch ist und euere Freude vollkommen wird* (Joh 15,11). *Doch dies rede ich noch in der Welt, damit sie meine Freude in Fülle in sich haben* (Joh 17,13).

1. Es handelt sich um die Freude, die durch das Geschenk Gottes (Lk 1,14; Röm 15,13), durch die Herabkunft Gottes selbst (Lk 1,41–44) hervorgerufen wird. Die Freude, die uns überwältigt, wenn wir mit einem Mal die gesamte Heilsgeschichte begreifen (Lk 1,47) oder im Glauben vorhersehen (Joh 8,56; 1 Petr 4,13). Die Freude, die aus der Gegenwart des Heiligen Geistes erwächst (Lk 10,21). Diese Freude stärkt uns in der Prüfung (Lk 6,23; Hebr 10,34; Röm 12,12; 1 Petr 1,6; 2 Kor 6,12) und begleitet uns wie die Apostel, wenn wir das Evangelium verkünden (Lk 24,52; Apg 13,52), denn sie ist das Zeichen der immerwährenden Gegenwart des Herrn (Mt 28,20). Eine wesentlich apostolische Freude, die die apostolische Vater- und Sohnschaft untermauert (Phil 1,25; 4,1; Phlm 7; 1 Joh 1,4; 2 Joh 12). Und wir sind eingeladen, auf dass unsere Freude vollkommen sei.

2. Unsere Freude in Gott ist missionarisch, sie ist ein Feuereifer: *Wir haben den Messias gefunden ... Er führte ihn zu Jesus. ... Komm und sieh!* (Joh 1,41–46). *Geh aber zu den Brüdern* (Joh 20,17ff).

3. Diese Freude ist Trost. Sie ist das Zeichen der Harmonie und Einheit, die sich in der Liebe erfüllt. Sie ist ein Zeichen für die Einheit des Leibes der Kirche, ein Zeichen des Aufbaus. Wir müssen der Freude treu sein, dürfen sie nicht »konsumieren«, als ob sie nur uns gehörte. Die Freude ist

dazu da, dass wir über sie staunen und sie teilen. Die Freude öffnet uns für die Freiheit der Kinder Gottes, weil sie uns in Gott verortet und uns damit aus den Dingen und Situationen herauslöst, die uns einengen, uns einsperren, uns die Freiheit nehmen. Deshalb wird das von Freude erfüllte Herz immer in der Freiheit wachsen.

4. Die Freude, Zeichen der Gegenwart Christi, ist der »Normalzustand« des gottgeweihten Menschen. Hieraus erwächst das Bedürfnis, Trost zu suchen – nicht um seiner selbst willen, sondern weil er das Zeichen der Gegenwart des Herrn ist. Ihn in allen seinen Erscheinungsformen zu suchen – ich zitiere den heiligen Ignatius: »Ich nenne es Trost, wenn in der Seele eine innere Bewegung verursacht wird, durch welche die Seele in Liebe zu ihrem Schöpfer und Herrn zu entbrennen beginnt, und wenn sie infolgedessen kein geschaffenes Ding auf dem Antlitz der Erde mehr in sich zu lieben vermag, es sei denn im Schöpfer ihrer aller. Desgleichen, wenn einer Tränen vergießt, die ihn zur Liebe seines Herrn bewegen, sei es aus Schmerz über seine Sünden oder über das Leiden Christi unseres Herrn oder über andere unmittelbar auf Seinen Dienst und Lobpreis hingeordnete Dinge. Schließlich nenne ich Trost jeglichen Zuwachs an Hoffnung, Glaube und Liebe und jede innere Freude, die zu den himmlischen Dingen und zum eigenen Seelenheil aufruft und hinzieht, indem sie der Seele Ruhe und Frieden in ihrem Schöpfer und Herrn spendet.«[4]

Die Grundstufe der Freude ist also dieser tiefe Friede, diese Unerschütterlichkeit des Geistes, die selbst die schmerzlichsten Momente des Kreuzes unbeschadet übersteht. Ein geistlicher Schriftsteller des 4. Jahrhunderts sagt mehr oder we-

---

[4] Ignatius [von Loyola], *Geistliche Übungen*. Übertragung und Erklärung von Adolf Haas, Freiburg im Breisgau 1998, 316.

niger dasselbe, wenn er beschreibt, auf wie vielfältige Weise wir von Christus geführt werden: »Ein anderes Mal weinen und wehklagen sie gleichsam für das Menschengeschlecht und flehen für das ganze Adamsgeschlecht. Sie trauern und weinen, weil sie von der ›Liebe des Geistes‹ zur Menschheit entflammt sind. Dann aber werden sie wieder zu solcher Wonne und Liebe vom Geiste entzündet, dass sie, wenn möglich, jeden Menschen, ohne einen Unterschied zwischen gut und bös zu machen, in ihr Herz schließen möchten. Jetzt erniedrigen sie sich in der Demut des [Heiligen] Geistes derart unter jeden Menschen, dass sie sich für die allerletzten und allergeringsten halten. Dann werden sie wiederum vom Geiste in unaussprechlicher Freude erhalten. Zu einer andern Zeit sind sie wie ein Held, der die volle Waffenrüstung des Königs nimmt, in den Kampf gegen die Feinde zieht, tapfer kämpft und diese besiegt. … Zuweilen lebt die Seele in großer Ruhe und Stille, sie schwelgt nur in geistiger Freude, unsagbarer Wonne und Glückseligkeit. Dann wird sie wieder in unaussprechlicher Einsicht und Weisheit und unerforschlicher Geisteserkenntnis von der Gnade unterwiesen in Dingen, die keine Zunge und kein Mund auszusprechen vermag. Ein anderes Mal ist sie wieder wie ein gewöhnlicher Mensch. So waltet in mannigfacher Weise die Gnade in ihnen und leitet auf verschiedene Weise die Seele. Sie erquickt dieselbe ›nach Gottes Willen‹«[5]. Mithin ist das, was bleibt, die Salbung des Heiligen Geistes selbst: In dieser Salbung wurzelt die Freude, und deshalb kommt sie unter so unterschiedlichen Bedingungen zum Ausdruck … Die Wurzeln aber haften fest

---

[5] Patrologia Graeca 34,639–642; deutsch zitiert nach: *Des heiligen Makarius des Ägypters fünfzig geistliche Homilien*. Aus dem Griechischen übersetzt von Dionys Stiefenhofer (Bibliothek der Kirchenväter, 1. Reihe, Band 10) Kempten – München 1913.

und unerschütterlich in der Salbung – und bilden gleichsam unser Friedensfundament.

5. Wir sind also eingeladen, den Heiligen Geist um die Gabe der Heiterkeit und der Freude zu bitten. Ihr Gegenteil ist die Traurigkeit. »Die Kälte und das Dunkel«, sagt uns Paul VI., »haben ihren Ort vor allem im Herzen des Menschen, wo müde Traurigkeit herrscht« (*Gaudete in Domino* 11).[6] Die Traurigkeit ist Satans Zauberkunst, die unser Herz verhärtet und verbittert. Wenn die Bitterkeit in das Herz eines gottgeweihten Menschen eindringt, hilft es, sich die Worte des Papstes in Erinnerung zu rufen:»Mögen deshalb Unsere Söhne und Töchter, die in gewissen Gruppen aufbegehren, die übermäßige systematische und zerstörerische Kritik aufgeben! Ohne auf eine realistische Sicht zu verzichten, sollten die christlichen Gemeinschaften Orte des Optimismus werden, wo alle ihre Mitglieder sich entschlossen darum bemühen, von den Personen und Ereignissen die jeweils positive Seite zu entdecken! ›Die Liebe hat am Unrecht kein Gefallen, sondern sie freut sich mit der Wahrheit. Sie erträgt alles, glaubt alles, hofft alles, duldet alles‹« (*Gaudete in Domino* 73).

Das Schlimmste am Geist der Traurigkeit ist jedoch, dass er die Sünde gegen die Hoffnung in sich trägt. Wie gut hat Bernanos dies im *Tagebuch eines Landpfarrers* formuliert:»Die Sünde wider die Hoffnung – die tödlichste von allen und vielleicht die willkommenste, die am meisten gehätschelte. Man braucht lange Zeit, um sie zu erkennen, und die Schwermut, die sie ankündigt, die ihr vorhergeht, ist so süß! Das ist der köstlichste von des Teufels Tränken, sein Ambrosia.«[7]

---

[6] Papst Paul VI., Über die christliche Freude, Apostolisches Schreiben *Gaudete in Domino* (1975).

[7] Georges Bernanos, *Tagebuch eines Landpfarrers*. Ins Deutsche übersetzt von Jakob Hegner. Lizenzausgabe für die Herder-Buchgemeinde, Köln 1971, 120.

6. »Die wahrhaft geistliche Freude« besteht dagegen, wie Paul VI. schreibt, »darin, dass der menschliche Geist im Besitz des dreifaltigen Gottes, der durch den Glauben erkannt und mit der Liebe geliebt wird, die in ihm selbst ihren Ursprung hat, Ruhe und innerste Erfüllung findet. Eine solche Freude prägt seitdem alle christlichen Tugenden.

Die kleinen menschlichen Freuden, die in unserem Leben gleichsam Hinweise auf eine erhabenere Wirklichkeit sind, werden verklärt. Diese Freude wird hier auf Erden immer ein gewisses Maß schmerzlicher Prüfung enthalten wie bei jener Frau, die in Geburtswehen lag; das Gefühl einer gewissen Verlassenheit wird sich einstellen, ähnlich der eines verwaisten Kindes: Klagen und Weinen, während die Welt eine hämische Genugtuung darüber zur Schau trägt. Aber die Traurigkeit der Jünger, die nicht nach Art der Welt, sondern nach der Art Gottes trauern, wird sich alsbald in eine geistliche Freude verwandeln, die ihnen niemand mehr nehmen kann« (*Gaudete in Domino* 27–28).

7. Wir sind eingeladen, den Heiligen Geist um die Gabe der Freude und Heiterkeit zu bitten: Sie ist »eine Frucht des Heiligen Geistes. Dieser Geist, der in Fülle in der Person Jesu Christi wohnt, machte ihn während seines Erdenlebens empfänglich für die Freuden des täglichen Lebens, so zartfühlend und überzeugend, um dadurch auch die Sünder wieder auf den Weg einer erneuerten Jugend des Herzens und des Geistes zurückzuführen! Dies ist derselbe Geist, der die Jungfrau Maria und alle Heiligen beseelt hat. Es ist derselbe Geist, der noch heute so vielen Christen die Freude vermittelt, jeden Tag ihre besondere Berufung in dem Frieden und der Hoffnung zu leben, die alle Enttäuschungen und Leiden übersteigen« (*Gaudete in Domino* 74).

8. Freude ist Eifer. Über diesen Eifer spricht Paul VI. am Ende seines apostolischen Schreibens *Evangelii nuntiandi:*

»Von diesen Hindernissen, die sich auch in unserer Zeit stellen, wollen Wir hier jedoch nur eines hervorheben, nämlich den Mangel an Eifer, der um so schwerwiegender ist, weil er aus dem Innern entspringt. Er zeigt sich in der Müdigkeit, in der Enttäuschung, der Bequemlichkeit und vor allem im Mangel an Freude und Hoffnung. Wir ermahnen deshalb alle ..., gerade den geistlichen Eifer zu fördern. ... Bewahren Wir also das Feuer des Geistes. Hegen Wir die innige und tröstliche Freude der Verkündigung des Evangeliums, selbst wenn Wir unter Tränen säen sollten. Es sei für uns ... ein innerer Antrieb, den niemand und nichts ersticken kann. ... Die Welt von heute, die sowohl in Angst wie in Hoffnung auf der Suche ist, möge die Frohbotschaft nicht aus dem Munde trauriger und mutlos gemachter Verkünder hören, die keine Geduld haben und ängstlich sind, sondern von Dienern des Evangeliums, deren Leben voller Glut erstrahlt, die als erste die Freude Christi in sich aufgenommen haben« (*Evangelii nuntiandi* 80).[8]

Zur vertiefenden Betrachtung im Gebet

Die Freude speist sich aus der Betrachtung Jesu Christi: wie er wanderte und predigte, wie er die Menschen heilte und sie anblickte ... Der Priester und alle gottgeweihten Frauen und Männer müssen – in ihrem Leben – das grundlegende Problem ihrer Freundschaft mit Jesus Christus lösen. Und sie müssen in der Freundschaft mit ihm das Problem ihres Lebens lösen. Die Freundschaft entsteht, wächst und festigt sich im Zusammenleben. Daher rührt letztlich die Notwen-

---

[8] Papst Paul VI., Über die Evangelisierung in der Welt von heute, Apostolisches Schreiben *Evangelii nuntiandi* (1975).

Erster Teil

digkeit, ihn zu betrachten. Ich spreche hier von der existenziellen Forderung des eigentlichen gottgeweihten Lebens. Ich schlage Ihnen vor, dass Sie Ihre Gebetszeit damit verbringen, den Herrn zu betrachten. Suchen Sie sich die Stellen seines apostolischen Lebens aus, die Ihnen am besten gefallen, und nehmen Sie sich die Zeit, ihn anzusehen, ihm zuzuhören und ein Stück des Wegs mit ihm zu gehen.

Die Freude II

1. Ich möchte weiter über unsere Freude nachdenken, die Freude derer, die dienen. Die echte Freude wird in der Mühsal und im Kreuz geschmiedet. Eine Freude, die nicht »geprüft« worden ist, ist bloß eine oft oberflächliche Begeisterung und darf nicht auf Fruchtbarkeit hoffen. Jesus bereitet uns auf diese Prüfung vor; er kündigt sie uns an, damit wir sie bestehen können: *Auch ihr seid jetzt traurig. Aber ich werde euch wiedersehen. Da wird sich euer Herz freuen und eure Freude nimmt euch niemand weg* (Joh 16,22). Auch der heilige Ignatius mahnt, die Prüfung, Versuchung und Trostlosigkeit mit unermüdlicher Arbeit und der Hoffnung auf künftige Tröstung und Freude zu besiegen: »Wer in Trostlosigkeit ist, soll sich mühen, in Geduld auszuharren, die den über ihn hereinbrechenden Heimsuchungen entgegenwirkt. Und er möge bedenken, dass er bald wieder getröstet sein wird, wenn er allen Fleiß gegen eine solche Trostlosigkeit einsetzt« (*Geistliche Übungen* 321). In Zeiten der Trostlosigkeit und Prüfung scheint es, als wäre der Herr uns fern, als schliefe er (wie im Heck des sturmgeschüttelten Boots). Zu anderen Zeiten haben ihn unsere Weltlichkeit oder Sündhaftigkeit von unserem Herzen ferngehalten. Er ist da, aber wir sehen ihn nicht oder wollen ihn nicht sehen.

2. Der Dienst an den Seelen kennt auch die Ermüdung. Sie ist eine Folge (und ein Symptom) der Unbeständigkeit, der Herzensträgheit (*Acedia*). Ein Seelsorger muss sehr beständig sein, wenn er dem Volk Gottes gerecht werden und auf seine zuweilen ermüdenden Bitten eingehen will. Immer wieder möchte es von Gott gesalbt (berührt) werden und verlangt nach den Sakramenten, nach dem Segen, nach einem Wort ...

Es ist seltsam, aber das gläubige Volk ermüdet uns, weil es um konkrete Dinge bittet. Verführerisch sind dagegen Tätigkeiten, die uns Fluchtwege in unsere Phantasie eröffnen. In unserer Einbildung sind wir Könige und Herren; wer sich ausschließlich der Pflege seiner Phantasie widmet, wird nie begreifen, wie dringend notwendig das Konkrete ist. Doch die Seelsorge in unseren Pfarreien ist etwas anderes. Sie verlangt Nachdenken, intellektuelle Arbeit und Gebet; den größten Teil der Zeit aber verbringt man im Grunde mit den »Werken der Nächstenliebe«.

Diese Nächstenliebe besteht darin, all jenen mit gleichbleibender Freundlichkeit zu begegnen, die um die unterschiedlichsten Dinge bitten: Einer fragt, ob er ein Gelöbnis noch einmal abändern kann; ein anderer bittet um ein Erlaubnisschreiben, in Luján[9] zu taufen; ein Dritter um Unterstützung durch die Caritas; wieder ein anderer um eine Seelenmesse an diesem oder jenem Tag. In religiösen Dingen sind die Leute gnadenlos. So treu sie im Allgemeinen sind, wenn es darum geht, Gelöbnisse zu erfüllen, so treu muss in ihren Augen auch der Seelsorger sein, der die Vollmacht hat, sie davon zu entbinden. Der Priester gehört sich nicht selbst. Hin und wieder kann er sich in andere Dinge flüchten, doch diese »anderen Dinge« zerfallen zu Staub angesichts einer Familienmutter, die ihn bei der fälligen Haussegnung von einem Zimmer ins nächste scheucht. Apostolische Beständigkeit ist es, die Institutionen schafft. Ich denke, dass die Hände eines Priesters keine Routine ausdrücken, sondern vor Ergriffenheit beben sollten, wenn sie die Taufe spenden, weil sie mit

---

[9] *Luján* ist der bedeutendste Wallfahrtsort Argentiniens. In dem Marienheiligtum der »Nuestra Señora de Luján« (»Unsere Liebe Frau von Luján«) wird die Gottesmutter als Schutzpatronin Argentiniens verehrt. *[Anm. der Redaktion]*

dieser überwältigenden Geste eine Institution, eine Einsetzung vornehmen.

3. Ich möchte noch ein wenig bei der Beschreibung dieses antiapostolischen Lasters verweilen, der *Acedia* oder Herzensträgheit. Sie erschüttert die apostolische Beständigkeit, zu der wir als Hirten des gläubigen Volkes berufen sind. Jede Herzensträgheit hat gewissermaßen etwas Utopisches an sich: Sie hindert uns daran, für die Zeiten, Orte und Menschen, die den Rahmen unseres seelsorgerischen Wirkens bilden, Verantwortung zu übernehmen. Sie ist zeitlos und raumlos, wie ein Philosoph es vielleicht formulieren würde. In unserem Leben als Seelsorger kann sie auf vielfältige Weise Gestalt annehmen, und wenn wir ihre Verkleidungen durchschauen wollen, müssen wir wachsam sein.

Zuweilen ist die *Acedia* wie eine Lähmung, die uns hindert, den Rhythmus des Lebens aufzunehmen. Dann wieder steckt sie in einem Pfarrer, der auf allen Hochzeiten tanzt und damit doch nur seine Unfähigkeit zeigt, fest in Gott und auf dem Boden der konkreten Geschichte zu stehen, in der er beheimatet ist. Manchmal lässt sie uns große Pläne schmieden, ohne darauf zu achten, wie diese sich konkret verwirklichen lassen; oder sie verstrickt uns in das Kleinklein eines jeden Augenblicks und macht uns blind für Gottes größeren Plan. Es tut gut, sich Hölderlins literarische Grabschrift des heiligen Ignatius ins Gedächtnis zu rufen: »*Non coerceri a maximo, contineri tamen a minimo, divinum est.*«[10]

Wir haben schon viele gesehen, die von der *Acedia* in Versuchung geführt worden sind: die von unmöglichen Pro-

---

[10] »*Non coerceri maximo, contineri minimo, divinum est*«: Als »Grabschrift des Loyola« von Friedrich Hölderlin seinem Briefroman *Hyperion* (1797–99) vorangestellt, auf Deutsch: »Nicht begrenzt werden vom Größten und dennoch einbeschlossen bleiben im Kleinsten: Dies ist göttlich.« *[Anm. der Redaktion]*

jekten träumen und dabei das Mögliche ungetan lassen; die den Dingen keine Zeit geben, sich zu entwickeln, sondern alles aus dem Nichts herbeizaubern wollen; die glauben, es sei schon alles gesagt und man müsse nicht mehr weitergehen; die wie die Emmausjünger ihr Herz vor einem erneuten »Vorübergang des Herrn« verschließen; die keine Hoffnung haben und mit ihrer Hoffnungslosigkeit die Herde zerstreuen. Die *Acedia* zerstreut, denn es ist immer das Leben, das sammelt ... und wen die *Acedia* befallen hat, der akzeptiert das Leben nicht.

4. Es hilft, sich einzugestehen, dass die *Acedia* eine Realität ist, die uns häufig heimsucht und unser alltägliches Leben als Seelsorger bedroht. Wir sollten demütig erkennen, dass sie auch in uns lauert, und wir sollten uns vom Wort Gottes nähren, das uns die Kraft gibt, weiterzugehen – jener Freude entgegen, die nur der Herr uns schenken kann. Er soll uns wachend vorfinden, in der Erwartung, dass er »jeden Augenblick« kommt, in jedem einzelnen der vielen Augenblicke, aus denen ein Priesterleben besteht. Nur der Arbeiter, der der Unstetigkeit, Herzensträgheit und Rastlosigkeit widerstanden hat, um sich den ganzen Tag und jeden Tag im Dienst an den Seelen zu verausgaben, nur er wird von ganzem Herzen den Preis verstehen, um den Jesus uns losgekauft hat. Er bringt – vielleicht ohne es zu wissen – durch seiner Hände Arbeit die Einheit der Kirche, die Einigkeit mit dem Bischof und die aus der Zugehörigkeit zur heiligen Mutter Kirche erwachsende Teilhabe an Gott hervor, die uns zu Kindern Gottes, zu Brüdern untereinander und zu Vätern des gläubigen Gottesvolks machen. Nur der unermüdliche Arbeiter, der Geduld, Beständigkeit und Beharrlichkeit (*hypomoné*; vgl. Offb 14,12) aufbringt, versteht es, die »makellose Einheit« der Kirche zu bewahren (von der der heilige Ignatius von Antiochien in seinem Brief an die Epheser spricht, 2,2). Und er blickt dabei

auf den Urheber und Vollender unseres Glaubens, auf Jesus, der
um der vor ihm liegenden Freude willen das Kreuz auf sich nahm,
ohne auf die Schande zu achten, und sich zur Rechten des Thrones
Gottes gesetzt hat (Hebr 12,2).

Zur vertiefenden Betrachtung im Gebet

Halten wir einen Moment inne und fragen uns, in welcher Verkleidung die *Acedia* in unserem Leben auftritt. In welchen Situationen meines Lebens begegnet mir diese Versuchung der Müdigkeit und Unbeständigkeit, die uns letztlich lähmt?

Erster Teil

Unser Glaube

Denn alles, was von Gott stammt, besiegt die Welt. Und das ist der Sieg, der die Welt besiegt hat: unser Glaube (Joh 5,4). Die Fragen, die wir uns im Zusammenhang mit unserer apostolischen Wirksamkeit stellen, sind heute schwieriger denn je zu beantworten und bergen die Gefahr, dass dieselben Probleme, die uns zur Treue anspornen, für uns zum Fallstrick werden. Diese Angelegenheit ist so wichtig, dass wir auf keinen Fall improvisieren dürfen. Und das gilt auch für die verschiedenen apostolischen Entscheidungen, die wir in unserem pastoralen Wirken werden treffen müssen. Als Paul VI. über den *Einsatz* derer sprach, die berufen sind, den Menschen unserer Zeit das Evangelium zu verkünden, hat er uns auf eine der offensichtlichsten Gegebenheiten unseres Lebens hingewiesen: Wir sind »von Hoffnung erfüllt, aber gleichzeitig oft von Furcht und Angst niedergedrückt« (*Evangelii nuntiandi* 1). Selbst in unserem apostolischen Leben liegen Hoffnungen und Ängste eng beieinander – vor allem dann, wenn wir Entscheidungen fällen müssen, die die Art und Weise unserer Arbeit betreffen. Wir müssen uns diese Ängste und Hoffnungen bewusst machen, *bevor* wir eine solche Entscheidung fällen, denn von uns wird nichts Geringeres erwartet, als dass wir unseren Sendungsauftrag »in diesen Zeiten der Unsicherheit und der Verwirrung … mit immer mehr Liebe, Eifer und Freude erfüllen« (*Evangelii nuntiandi* 1). Da improvisiert man nicht. Für uns Menschen der Kirche übersteigt dieser Anspruch in seiner Qualität jede Vision der positiven Wissenschaften und ruft uns zu einer *ursprünglichen Vision:* der Ursprünglichkeit des Evangeliums selbst. Lassen wir uns ein auf diese Kraft, finden wir den Glauben wieder, *unseren*

Glauben, den euren wie den meinen (Röm 1,12), und spenden wir Trost mit ihm, tränken wir unser Apostelherz mit ihm, damit wir den inneren Sinn unserer Sendung, unseren Zusammenhalt als apostolischer Leib und unsere Einigkeit im Fühlen und Handeln wiederentdecken.

1. Lassen wir uns ein auf *unseren Glauben*, auf *den Glauben unserer Väter*, der, so wie er ist, befreiend wirkt, ohne dass man ihm irgendeine Ergänzung oder Eigenschaft hinzufügen müsste. Dieser Glaube macht uns gerecht vor dem Vater, der uns erschaffen hat, vor dem Sohn, der uns erlöst und in seine Nachfolge gerufen hat, vor dem Geist, der unmittelbar in unseren Herzen wirkt. Wenn es darum geht, konkrete Entscheidungen zu treffen, wird dieser Glaube uns als vom Geist Gesalbten helfen, die Begrenztheit dessen, was wir beitragen können, klar zu erkennen und unsere Mittel klug und geschickt zu nutzen – und er wird uns zur Effizienz des Evangeliums führen, die mit wirkungsloser Innerlichkeit ebenso wenig zu tun hat wie mit vorschneller Abschottung. Unser Glaube ist revolutionär, er trägt seinen Grund in sich selbst. Er ist ein *kämpferischer Glaube* – nicht, weil er sich auf jedes Scharmützel einließe, sondern weil er sich mit der Hilfe des Heiligen Geistes für ein Projekt entschieden hat, das dem größeren Wohl der Kirche dient. Und auf der anderen Seite stammt seine befreiende Kraft aus seiner Verbindung zum Heiligen: Sie bringt das Heilige zum Vorschein *(Hierophanie)*. Denken wir nur an die heilige Jungfrau, unsere »Fürsprecherin«, an die Heiligen und so weiter.

2. Gerade weil der Glaube so revolutionär ist, wird der Feind ihn beständig versuchen – nicht, um ihn zu zerstören, wie es scheint, sondern um ihn zu schwächen, ihn wirkungslos zu machen, ihn der Berührung durch das Heilige, durch den Herrn allen Glaubens und Lebens zu entziehen. Und dann kommen die Gedanken, die wir doch in der Theo-

rie so weit von uns weisen, die aber – das werden wir feststellen, wenn wir uns Rechenschaft über unsere apostolische Praxis ablegen – in unserem sündigen Herzen schlummern. Diese viel zu bequemen Gedanken, die uns der Last unserer beständigen pastoralen Verantwortung entheben. Sehen wir uns gemeinsam einige dieser Versuchungen an.

Eine der gefährlichsten Versuchungen, die uns vom Herrn trennt, ist der Defätismus. Angesichts eines definitionsgemäß kämpferischen Glaubens wird der Feind *sub angelo lucis*[11] die Saat des Pessimismus aussäen. Niemand kann den Kampf aufnehmen, wenn er nicht von vornherein fest an den Triumph glaubt. Wer antritt, ohne auf den Sieg zu vertrauen, hat diese Schlacht schon halb verloren. Der christliche Triumph ist immer ein Kreuz, aber dieses Kreuz ist ein Siegesbanner. Wenn wir diesen kämpferischen Glauben stärken wollen, müssen wir von den Demütigen lernen. Im Laufe dieser Exerzitien werden wir uns an viele Gesichter erinnern: die Gesichter der Menschen, die wir zu Beginn unserer seelsorglichen Arbeit kennengelernt haben. Das Gesicht des Demütigen, des einfachen Frommen, das stets ein Gesicht des Triumphs und meist vom Kreuz überschattet ist. Dagegen ist das Gesicht des Hochmütigen immer ein Gesicht der Niederlage. Er nimmt das Kreuz nicht an und sucht nach einer einfachen Lösung. Er trennt, was Gott verbunden hat. Er will wie Gott sein. Der Geist der Niederlage verleitet uns dazu, uns auf Unternehmungen einzulassen, die zum Scheitern verurteilt sind. Ihm fehlt die kämpferische Zartheit und Ernsthaftigkeit, mit der sich ein Kind bekreuzigt, oder die Tiefe

[11] Unter der Gestalt eines »Engels des Lichts«. Gemeint sind damit die Einflüsterungen des Bösen, die sich den Anschein des Guten und Erleuchtenden geben. Ignatius von Loyola gebraucht diese Kategorie in seinen Regeln zur Unterscheidung der Geister. *[Anmerkung der Redaktion]*

einer alten Frau, die ihre Gebete murmelt. Das ist Glaube und das ist der Impfstoff gegen den Geist der Niederlage (1 Joh 4,4; 5,4–5).

Eine andere Versuchung ist die, *vor der Zeit die Spreu vom Weizen trennen zu wollen.* Es gibt eine Erfahrung, die allein dem Priester vorbehalten ist: die Beichte. Uns begegnet dort so manches Erbärmliche, aber auch das Kostbarste, was das menschliche Herz zu bieten hat, nämlich der reuige Mensch. Denn das und nichts anderes macht das Menschsein aus: die Buße. Ein Priester mag in der Predigt zuweilen recht streng mit den Gläubigen umspringen, doch im Beichtstuhl wird ihm das sehr viel schwerer fallen. Dort kann man die Spreu nicht vom Weizen trennen, und dort ist Gott. Die Beichte gibt uns auch ein Gespür für die Zeit, denn die Prozesse im Menschen lassen sich nicht erzwingen. Das Leben ist nun einmal so: Nicht nur in Gott, auch unter den Menschen gibt es Reinheit. Und Gott ist kein ferner, weltentrückter Gott; »er ist zur Sünde geworden«, sagt der heilige Paulus (2 Kor 5,22). Die Strukturen dieser Welt sind nicht durch und durch sündhaft, wie es die Manichäer gelehrt haben. Weizen und Spreu wachsen zusammen, und unsere demütige Aufgabe besteht vielleicht eher darin, den Weizen väterlich zu behüten und das Aussondern der Spreu den Engeln zu überlassen.

Des Weiteren können wir in Versuchung kommen, *die Werte des Verstandes über die des Herzens zu stellen.* Das ist falsch. Nur das Herz eint und integriert. Ohne das Mitgefühl wirkt der Verstand eher spaltend. Das Herz eint Vorstellung und Wirklichkeit, Zeit und Raum, eint das Leben mit dem Tod und mit der Ewigkeit. Wir dagegen lassen uns dazu verleiten, dem Verstand einen anderen Platz zu geben als den, an den Gott, unser Herr, ihn gestellt hat. Gott hat uns den Verstand gegeben, damit er den Glauben erhellt. Er hat den menschlichen Verstand nicht geschaffen, damit er sich zum Richter über alles und jeden aufschwingt. Er ist ein geliehenes Licht, eine Spiegelung. Unser Verstand ist nicht das Licht der Welt, er ist lediglich ein Abglanz, um unseren Glauben zu beleuchten. Das Schlimmste, was einem Menschen passieren kann, ist, dass er sich von den »Irrlichtern« der Vernunft führen lässt. Dann wird er zu einem Intellektuellen, der nichts weiß, oder zu einem »Weisen« im luftleeren Raum. Nein, der Daseinszweck unseres Verstandes besteht darin, die Saat des Wortes in der Menschheit zu entdecken: die *Lógoi spermatikoí.*

Und der Glaube muss darum bitten. Gott bewahre uns davor, dass wir ihm und seinen Heiligen *nicht* in den Ohren liegen wollen. Hinter der irrigen Auffassung, das Bittgebet sei den anderen Formen des Gebetes nicht überlegen, verbirgt sich der Hochmut in seiner raffiniertesten Verkleidung. Nur wenn wir bitten und betteln, erkennen wir uns als Geschöpfe. Wenn wir aber keine Ehrfurcht haben vor dem Glauben des Demütigen und nicht auch selbst zu inständigem Bitten in der Lage sind, dann setzen wir auf eine Rettung durch den »reinen« Glauben, einen leeren Glauben, trocken und ohne Religiosität und Frömmigkeit. Wir verlieren den Blick für das Religiöse, und unser Intellekt lässt sich von seinen wenigen Lichtern in die Irre führen. Und dann verfallen wir darauf, den wahren Glauben mit kulturellen Ideologien erklären zu wollen. Wir werden zu einer Art moderner Quäker und übersetzen die Formel, dass wir allein durch den Glauben gerettet werden, in andere, mehr oder weniger moderne Parolen: ›Allein die Gerechtigkeit kann uns retten‹ (eine Gerechtigkeit allerdings, die keine Geschichte zu haben scheint, die täglich neu erfunden wird … usw.); ›Allein das Wagnis kann uns retten‹ (das Über-Bord-Werfen aller historisch gewachsenen Begriffe und jeglicher Erinnerung an den bisherigen Weg); ›Glaube ist Engagement‹, und ›nur der engagierte Glaube kann uns retten‹ (wobei sich dieses Engagement im Wagnis und in der Neuheit ausdrückt ... und der Glaube plötzlich Adjektive braucht, die ihn stärker machen, weil er als ein schwacher Glaube gelebt wird), usw. Nun gut, doch das nur als Beispiel, ein bisschen überzeichnet vielleicht ... Worauf es ankommt, ist, zu erkennen, dass sich hinter diesen konkreten Formeln, auf die man den Glauben reduziert (vgl. *Evangelii nuntiandi* 35), ein Eingeständnis der Schwäche verbirgt: die Schwäche dessen, der nicht glaubt, dass sein Glaube »Berge versetzen« kann, die Schwäche der Wirkungslosigkeit. Wer »stark ist im Glauben«, der weiß, worin seine Wirksamkeit besteht und wie er den Bösen besiegt (1 Joh 2,14).

3. Vielleicht ist es ratsam, uns in dieser Betrachtung, in der wir den Glauben unserer Väter suchen, um ihn unversehrt und fruchtbar an unsere Kinder weiterzugeben, das katholische Bild unseres Gottes in Erinnerung zu rufen. Er ist nicht der, der abwesend ist. *Er ist der Vater,* der uns großzieht, das tägliche Brot, das uns nährt, der Barmherzige, der bei seinen Kindern ist, wenn der Feind sie bedrängt. Er ist der Vater, der seinem Kind gibt, worum es ihn bittet, falls es ihm nützt, und der es immer zärtlich liebt. Das bedeutet, dass wir akzeptieren müssen, dass unser Gott sich *innerhalb gewisser Grenzen* ausdrückt; und dass mithin auch unsere eigenen seelsorgerischen Ausdrucksmöglichkeiten Grenzen haben (was so gar nicht in das Bild eines Menschen passen will, der die Schlüssel zur Welt besitzt, der nichts von Hoffnung und Mühsal weiß, der sich von Hysterie und Illusionen treiben lässt). Jesus, der verkündet, dass Gott sich innerhalb der Grenzen der Menschwerdung ausdrückt, wollte das Leben der Menschen teilen, und genau das ist *Erlösung.* Was uns gerettet hat, waren nicht nur »der Tod und die Auferstehung Christi«, sondern der Mensch gewordene Christus, der geboren worden ist, gefastet, gepredigt und geheilt hat, der

gestorben und auferstanden ist. Die Wunder, die Tröstungen, die Worte Jesu sind heilswirksam (*Evangelii nuntiandi* 6). Weil er uns hat lehren wollen, dass Synthesen sich entwickeln und nicht gemacht werden und dass der Dienst am heiligen und gläubigen Gottesvolk darin besteht, es zu begleiten und Tag für Tag die Erlösung zu verkünden, nicht aber darin, traumverloren nach unerreichbaren Gipfeln Ausschau zu halten, die unsere Kräfte ohnehin übersteigen.

Es gibt also, kurz gesagt, zwei Entwürfe: den Entwurf unseres Glaubens, der Gott als Vater erkennt; er steht für Gerechtigkeit und Mitmenschlichkeit. Und den anderen Entwurf, den uns der Feind »wie ein Engel des Lichts« vorlegt, den Entwurf von der Abwesenheit Gottes und vom Recht des Stärkeren: *Homo homini lupus.*[12] Auf welchen dieser Entwürfe setze ich? Kann ich sie überhaupt unterscheiden? Kann ich mich im offenen Streit gegen den Entwurf, der nicht von Gott stammt, behaupten? Und wenn ich feststelle, dass ich das nicht kann, bin ich dann klug genug, mich hinter die schützenden Mauern zurückzuziehen?

4. Aus diesem Grund beruht unsere *Identität als Menschen des Glaubens* auf unserer *Zugehörigkeit zu einem Leib* und nicht auf der Behauptung unseres isolierten Selbstbewusstseins. Die Taufe bedeutet Zugehörigkeit zur institutionellen Kirche. *Das Sein misst sich an der Zugehörigkeit.* Und ebendeshalb werde ich, wenn ich mich meiner Religion zugehörig fühle, nicht nach der momentanen Befriedigung meines individuellen Bewusstseins, sondern immer nach Symbolen der Einheit streben: der heiligen Jungfrau, den Heiligen. Und, um noch

---

[12] »Der Mensch ist dem Menschen ein Wolf.« Der Philosoph Thomas Hobbes hat dieses Zitat des lateinischen Dichters Plautus aufgegriffen. Es bezieht sich auf den Egoismus des Menschen und einen angeblichen Zustand des Krieges aller gegen alle zwecks Verteidigung des jeweils Eigenen. *[Anm. der Redaktion]*

einen Schritt weiterzugehen, unser Glaube wird im Wissen um den Feind kämpferisch sein, und das mit dem Ziel, den ganzen Leib (und nicht nur mich selbst) zu verteidigen. All das verleiht uns *einen gewissen Realismus:* Wir wissen, wofür wir kämpfen. Je weniger man weiß, wofür man kämpft, desto rascher unterliegt man. Die ersten Missionare haben den Indios in Amerika gezeigt, wofür es sich zu kämpfen lohnt. Unsere Arbeit als Seelsorger darf diesen Aspekt unseres Glaubens nicht vernachlässigen: Die Menschen sollen genau wissen, wofür sie kämpfen.

Neben diesem Kampfesmut besitzt unser Glaube, wie schon gesagt, eine Dimension der *Hierophanie: die Berührung mit dem Heiligen.* Er unterscheidet sich von einem magischen Sakramentalismus. Im sakramentalen Zeichen nimmt das tiefe Vertrauen auf Gottes Macht historische Gestalt an und wird die besondere Gnade der Menschwerdung gegenwärtig: der physische Kontakt zum Herrn, der »umherzieht, Gutes tut und alle heilt«. *Die Taktik des Feindes* wird darin bestehen, beides, die Dimension des Kampfes und der Erscheinung des Heiligen, zu ersticken, damit unser Glaube seine Disziplin und seine Ehrfurcht verliert. Denn Disziplin und Ehrfurcht sind direkte Konsequenzen unseres Glaubens; und sie lassen uns erkennen, welches Terrain sich am besten eignet, um das Evangelium zu verkünden, dem Glauben zu dienen und die Gerechtigkeit zu fördern.

Zur vertiefenden Betrachtung im Gebet

Abschließend wollen wir anhand einiger Leitfragen im Gebet darüber nachdenken, *welchen Stellenwert der Glaube unserer Väter in meinem Leben als Seelsorger hat:*
- Bestärke ich meine Gemeinde im Glauben an Gott, den

allmächtigen Vater, und ist mir bewusst, dass ich damit
den Plan des gerechten Gottes unterstütze?

– Erneuere ich jedes Mal, wenn ich die heilige Jungfrau
betrachte oder von ihr spreche, meinen Glauben an die
revolutionäre Kraft der zärtlichen Liebe? Bin ich davon
überzeugt, dass die Wärme eines Zuhauses für unseren
Gerechtigkeitsentwurf von Bedeutung ist?

– Bin ich ein inständig bittender Hirte vor Gott, unserem
Vater, und erkenne ich ihn als allmächtigen Vater an, der
sein gläubiges Volk liebevoll umsorgt?

– Ist mir bewusst, dass ich mit jedem Zeichen der Einheit, das als religiöses Zeichen wirksam oder annähernd
wirksam ist – Lehre, Bilder, Sakramente –, meine Zugehörigkeit zum Leib der Kirche ausdrücke? (*Evangelii
nuntiandi* 23).

– Bin ich mir meiner Sünden bewusst, und erfüllt mich
dieses Schuldbewusstsein mit Reue und mit dem Drang,
die Gebote zu verkündigen? Oder habe ich diese Verkündigung gegen eine ethische Vorstellung eingetauscht, die
zu einem sich selbst genügenden Menschen führen?

– Bin ich dem Auftrag der Kirche treu, die ihre Boten nicht
aussendet, um »ihre eigene Person oder ihre persönlichen Ideen [zu] predigen, sondern ein Evangelium, dessen absoluter Herr und Besitzer weder jene noch sie selbst
sind, um darüber nach ihrem eigenen Gutdünken zu verfügen« und es als »dessen Diener … in vollkommener
Treue weiterzugeben.« (*Evangelii nuntiandi* 15)?

Fragen wir uns also, ob unser Glaube so beschaffen ist, wie
man es von einem Hirten des Glaubensvolks erwarten kann,
oder ob wir uns im Gegenteil wie klerikale Staatsbeamte verhalten. Und versuchen wir uns aus tiefstem Herzen dem Leib
der Heiligen Mutter Kirche, der Braut des Herrn, zugehörig

zu fühlen, die wir lieben und mit der wir vereint bleiben müssen.

Wir müssen als Hirten des gläubigen Gottesvolks daran denken, dass uns nicht die Wahrheit allein, sondern nur *die Wahrheit in der Liebe* genügt, wenn wir zur Einheit der Kirche beitragen wollen. Es darf nicht sein, dass wir uns an den hervorragendsten Programmen beteiligen und darüber das Ganze vergessen: Und auch wenn die Eucharistie in jedem Schisma gültig gefeiert wird, verliert der Tisch des Herrn dadurch doch seine Kraft als Symbol der Einheit. Um der Gerechtigkeit willen gehört es zu unseren unverzichtbaren Aufgaben als Seelsorger, *die Menschen vor der Spaltung zu bewahren,* ihnen zu einer engeren Gemeinschaft und Einheit mit der Mutter Kirche zu verhelfen und dabei immer zu bedenken, dass die Einheit stärker ist als der Konflikt.[13]

Bitten wir, ehe wir unseren Dienst antreten, um die Gnade, Männer oder Frauen des Glaubens zu sein, Boten des Glau-

---

[13] Dem heiligen Ignatius und den ersten Jesuiten standen diese beiden Glaubensentwürfe sehr deutlich vor Augen. Und sie haben uns gelehrt, dass der Entwurf des bösen Geistes zur Spaltung führt, weil er den Vormarsch des Individualismus begünstigt und die institutionelle Vermittlung abschafft; er erstickt sogar die Religiosität im staatlichen Raum. Die Gegenmaßnahmen der Gesellschaft Jesu waren einfach, aber durchschlagend: 1) die Konsolidierung der kirchlichen Institution (die mit dem vierten Gelübde an den Papst beginnt und sich auf dieses stützt); 2) die Konsolidierung der Priesterausbildung (Seminare, Kollegien: das Collegium Romanum und das Collegium Germanicum); 3) eine echte Inkulturation des Evangeliums in Asien und Amerika, die dem Partikularismus der absolutistischen Politik oder dem abstrakten Kirchedenken des Protestantismus ein genuines Universalitätsbewusstsein gegenüberstellt – ein *versus in unum,* das aus der Wirklichkeit des konkreten Universalen der Völker erwächst. Demzufolge ist die Antwort der Kirche und der Gesellschaft Jesu auf den Entwurf des bösen Geistes von Grund auf kämpferisch. Unser Glaube ist Kampf.

bens, den wir empfangen haben. Möge der Herr uns in diesen Exerzitien wirklich verstehen und spüren lassen, dass die Evangelisierung nicht etwa beliebig, sondern notwendig ist: »Sie ist einzigartig. Sie kann nicht ersetzt werden. Sie erlaubt weder Gleichgültigkeit noch Vermischungen mit anderen Lehren oder falsche Anpassungen. Es geht hierbei nämlich um das Heil des Menschen. Sie stellt die Schönheit der Offenbarung dar. Sie bietet eine Weisheit, die nicht von dieser Welt ist. Sie ist imstande, durch sich selbst den Glauben zu wecken, einen Glauben, der auf der Macht Gottes gründet.« Und sie verdient es – versuchen wir das wirklich zu begreifen! –, dass wir Apostel und Glaubensboten, dass jeder Einzelne von uns »ihr seine ganze Zeit und alle seine Kräfte widmet und, falls notwendig, für sie auch sein eigenes Leben opfert« (*Evangelii nuntiandi* 5).

Unsere Berufung

1. Sie sind gerufen worden und bereiten sich jetzt darauf vor, Ihren Dienst anzutreten. Vielleicht haben Sie das Gefühl, es »endlich geschafft« zu haben, und erleben diese Vorbereitung sehr unter dem Eindruck dieses besonderen »Augenblicks« Das kann uns schaden, denn es könnte uns – ohne dass wir uns dessen bewusst sind – dazu verleiten, den Dienst, den man uns anvertrauen wird, von der Gunst des Augenblicks abhängig zu machen. Der richtige Blickwinkel aber ist die »Zeit«, die »Zeit Gottes«, die alle »Augenblicke« unseres Daseins übersteigt. Und dann stellt sich die Frage: Wo stehe ich? Worauf gründet sich meine Berufung? Rufen wir uns die Worte Jesu ins Gedächtnis:

Viele werden an jenem Tag zu mir sagen: Herr, Herr, haben wir nicht geweissagt in deinem Namen, in deinem Namen Dämonen ausgetrieben und in deinem Namen viele Wunder gewirkt? Dann werde ich ihnen bekennen: Ich habe euch nie gekannt. Hinweg von mir, ihr Übeltäter! Jeder, der diese meine Worte hört und sie befolgt, gleicht einem klugen Mann, der sein Haus auf Fels gebaut hat. Als ein Platzregen herabstürzte, die Wasserfluten kamen, die Winde tobten und über jenes Haus herfielen, stürzte es nicht ein; denn es war auf Fels gegründet. Aber wer diese meine Worte hört und sie nicht befolgt, gleicht einem törichten Mann, der sein Haus auf Sand gebaut hat. Als nun ein Platzregen herabstürzte, die Wasserfluten kamen, die Winde tobten und über jenes Haus herfielen, da stürzte es ein und sein Fall war groß (Mt 7,22–27).

Und sein Fall war groß. Das erinnert mich an die Warnung des Herrn vor dem Dämonen, der, nachdem er ausgetrieben worden ist, zurückkehrt: *Und so wird das Ende jenes Menschen schlimmer sein als sein Anfang* (Mt 12,45). Noch einmal die Frage: Auf welchem Fundament stehe ich?

2. Zu Beginn dieser Betrachtung schlage ich Ihnen vor, den Dienst und Sendungsauftrag, den man Ihnen anvertrauen wird, zu betrachten, sich wirklich damit zu identifizieren und auf dieser Grundlage neu zu entdecken, dass Sie von Jesus geschaffen und erlöst sind. Derselbe Jesus ruft Sie jetzt zu diesem Dienst und lädt Sie ein, die unterscheidende Großzügigkeit des größeren Dienstes in Ihrer besonderen Sendung zu suchen.

3. Die Offenbarung hat uns zu unserem Trost die Erinnerung an jene eigentümliche Beziehung bewahrt, die sich zwischen dem Herrn und seinen Gesandten entspinnt: Mose, Jesaja, Jeremia, Josef, Johannes der Täufer ... Sie alle haben angesichts des göttlichen Auftrags die Unzulänglichkeit ihrer Möglichkeiten empfunden: *Wer bin ich, dass ich zum Pharao gehe und die Israeliten aus Ägypten herausführe?* (Ex 3,11); *Wehe mir, ich bin verloren. Denn ich bin ein Mann mit unreinen Lippen* (Jes 6,5); *Mein Gott, mein Herr, ich kann doch nicht reden, ich bin noch so jung* (Jer 1,6); *Ich habe nötig, von dir getauft zu werden, und du kommst zu mir?* (Mt 3,14); Josef, der beschließt, Maria »im Stillen zu entlassen« (Mt 1,19–20). Das ist der anfängliche Widerstand, die Unfähigkeit, die Größe des Rufs zu erfassen, die Angst vor der Sendung – im Grunde ein gutes Zeichen, vor allem dann, wenn der Betreffende nicht an diesem Punkt verharrt, sondern zulässt, dass die Kraft des Herrn sich seiner Schwäche annimmt und ihm Standhaftigkeit und einen festen Untergrund gibt: *Ich werde mit dir sein. Und dies soll dir als Zeichen dienen, dass ich es bin, der dich sendet: Wenn du das Volk aus Ägypten herausgeführt hast, werdet ihr Gott auf diesem Berg verehren* (Ex 3,12); *Er berührte damit meinen Mund und sprach: Siehe, dies hat deine Lippen berührt. Deine Schuld ist weggenommen und deine Sünde getilgt* (Jes 6,7);

Sag nicht: Ich bin noch so jung. Nein, wohin immer ich dich sende, dahin wirst du gehen, und was immer ich dir auftrage, das wirst du reden. Fürchte dich nicht vor ihnen; denn ich bin mit dir, um dich zu retten (Jer 1,7–8); *Lass es jetzt zu; denn so gebührt es uns, alle Gerechtigkeit zu erfüllen* (Mt 3,15); *Josef, Sohn Davids, scheu dich nicht, Maria, deine Frau, zu dir zu nehmen; denn was sie empfangen hat, ist vom Heiligen Geist* (Mt 1,20).

Dadurch, dass der Herr uns aussendet, *verankert er uns.* Nicht mit der zweckmäßigen Zielstrebigkeit von jemandem, der eine beliebige Beschäftigung oder Arbeit vergibt, sondern mit der Kraft seines Geistes, der uns so mit diesem Sendungsauftrag verwachsen lässt, dass unsere Identität auf immer davon geprägt ist. Identität heißt Zugehörigkeit ... Zugehörigkeit heißt Teilhabe an dem, was Jesus gründet ... und Jesus »gründet« uns: Er macht uns fest im Ankergrund seiner Kirche, in seinem heiligen Glaubensvolk und zur Ehre des Vaters. Unsere Ängste und Unsicherheiten erwachsen vielleicht aus demselben Gefühl, das auch Mose, Jesaja, Johannes und all die anderen hat zurückschrecken lassen. Wir können nur abwarten, dass der Herr zu uns spricht und unsere Angst, unseren Kleinmut und unseren Egoismus an den Platz stellt, der ihnen gebührt.

4. Jesus hat das Reich Gottes eingesetzt. Mit seinem Wort und seinem Leben hat er es unwiderruflich begründet: Die Zugehörigkeit zu diesem Reich ist für uns unverzichtbar. Und uns verankert er als Hirten seines Volkes: So will er uns haben. Wenn wir von unserem Fundament sprechen, dann dürfen wir diese pastorale Dimension unseres Lebens nicht außer Acht lassen. Ich denke, dass es uns bei unserer Betrachtung helfen kann, ein pastorales Dokument hinzuzuziehen, das uns buchstäblich dazu aufruft, uns als Hirten neu von Christus, unserem Herrn, verankern zu lassen. Deshalb will ich Ihnen einige Stellen aus dem apostolischen Schrei-

ben *Evangelii nuntiandi* vorlegen. Wir wollen im Licht dieser Lehre über uns selbst nachdenken und Nutzen daraus ziehen.

5. Jesus selbst hat einen Sendungsauftrag: »Von Stadt zu Stadt, vor allem den ärmsten, zur Aufnahme oft bereitesten Menschen die Frohbotschaft von der Erfüllung der Verheißungen und des Bundes zu bringen, der von Gott angeboten wird, das ist die Aufgabe, für die Jesus nach seinen eigenen Worten vom Vater gesandt worden ist. Alle Gesichtspunkte seines Mysteriums – die Menschwerdung selbst, die Wunder, die Unterweisungen, die Sammlung von Jüngern, die Aussendung der Zwölf, das Kreuz und die Auferstehung, das Verbleiben seiner Gegenwart inmitten der Seinigen – zielen auf diese vorrangige Tätigkeit: die Verkündigung der Frohbotschaft« (*Evangelii nuntiandi* 6). Im Rahmen dieser Evangelisierungstätigkeit verkündet Christus »an erster Stelle ein Reich, das Reich Gottes, das von solcher Bedeutung ist, dass im Vergleich zu ihm alles ›der Rest‹ wird, der ›hinzugegeben wird‹. Nur das Reich also ist ein absoluter Wert und relativiert alles andere« (*Evangelii nuntiandi* 8). Der Herr gründet das Reich; im nächsten Schritt unserer Betrachtung können wir darüber meditieren, auf wie unterschiedliche Weise Jesus das Glück beschreibt, »diesem Reich anzugehören; ein widersprüchlich erscheinendes Glück, das aus Dingen erwächst, die die Welt verschmäht; die Forderungen des Reiches und seine ›Magna Charta‹, die Herolde des Reiches, seine Geheimnisse, seine Kinder, die Wachsamkeit und die Treue, die von jedem gefordert werden, der seine endgültige Ankunft erwartet« (*Evangelii nuntiandi* 8). Der Herr verankert uns in seinem Reich, sein Geist lässt uns das Glück der Zugehörigkeit fühlen, die das Geheimnis unserer Identität umschließt.

6. Jesus gründet eine evangelisierte und zugleich evangelisierende Gemeinschaft, denn »jene, die aufrichtig die

Frohbotschaft annehmen, vereinigen sich also kraft dieser Annahme und des gemeinsamen Glaubens im Namen Jesu, um gemeinsam das Reich zu suchen, es aufzubauen, es zu leben. Sie bilden eine Gemeinschaft, die ihrerseits evangelisiert. Der Auftrag, der den Zwölf gegeben wurde – ›Gehet hin, verkündet die Frohbotschaft‹ –, gilt auch, wenngleich in anderer Art, für alle Christen. Dies ist auch der Grund, warum Petrus diese letzteren nannte ›ein zu eigen erworbenes Volk, um die Großtaten Gottes zu verkünden‹, jene Großtaten, die ein jeder in seiner eigenen Sprache hören konnte. Im Übrigen gilt die Frohbotschaft vom Reich, das kommt und das angefangen hat, für alle Menschen aller Zeiten. Jene, die sie empfangen haben, jene, die sie zu einer Gemeinschaft des Heils versammelt, können und müssen sie mitteilen und ausbreiten« (*Evangelii nuntiandi* 13). Das bedeutet, »dass die Aufgabe, allen Menschen die Frohbotschaft zu verkündigen, die wesentliche Sendung der Kirche ist‹, eine Aufgabe und Sendung, die die umfassenden und tiefgreifenden Veränderungen der augenblicklichen Gesellschaft nur noch dringender machen. Evangelisieren ist in der Tat die Gnade und eigentliche Berufung der Kirche, ihre tiefste Identität. Sie ist da, um zu evangelisieren, d.h. um zu predigen und zu unterweisen, Mittlerin des Geschenkes der Gnade zu sein, die Sünder mit Gott zu versöhnen, das Opfer Christi in der heiligen Messe immer gegenwärtig zu setzen, welche die Gedächtnisfeier seines Todes und seiner glorreichen Auferstehung ist« (*Evangelii nuntiandi* 14).

In unserem Fall besteht das Glück unserer Berufung, unsere Identität als eine das Evangelium verkündende Gemeinschaft darin, dass wir den Ruf annehmen, »mit Vollmacht das Wort Gottes zu verkünden, das Volk Gottes zu sammeln und es zu nähren mit den Zeichen des Handelns Christi, wie es die Sakramente sind, um es auf den Weg des Heiles zu führen, um es in dieser Einheit zu erhalten, deren aktive und lebendige Werkzeuge wir auf verschiedenen Ebenen sind, und um diese Gemeinschaft unablässig neu anzuregen, die ihrer innersten Berufung gemäß um Christus versammelt ist« (*Evangelii nuntiandi* 68).

Das heißt, unser Auftrag, der uns Angst macht und uns nach Ausreden suchen lässt wie die Auserwählten in der Bibel, dieser Auftrag besteht darin, das Evangelium zu verkünden und Hirten des gläubigen Gottesvolks zu sein. Und dieser Auftrag verankert uns in unserer Berufung ... Mit dieser Berufung verankert Jesus uns in der tiefsten Tiefe unseres Herzens: Er verankert uns als Hirten – das ist unsere Identität. Wenn wir Kranke besuchen, Sakramente spenden, Katechesen halten oder anderweitig als Seelsorger tätig sind, arbeiten wir mit Christus zusammen: Wir verankern christliche Herzen, und gleichzeitig lässt der Herr mit jedem Schritt, den wir auf diesem Arbeitsweg zurücklegen, unsere Herzen fester auf dem Grund seines Herzens ankern und wurzeln.

7. Diese Gemeinschaft, die Jesus gründet, bringt »den Menschen, im objektiven Sinn, in die Verbindung mit dem Heilsplan Gottes, mit seiner lebendigen Gegenwart, mit seiner Tätigkeit ... Die Kirche lässt ihn so dem Geheimnis der göttlichen Vaterschaft begegnen, die sich der Menschheit zuneigt. Mit anderen Worten: Unsere Religion *stellt tatsächlich eine echte und lebendige Verbindung mit Gott her*« (*Evangelii nuntiandi* 53). Wir können diese unsere Aufgabe, christliche Herzen zu verankern, nicht ohne die Salbung vollbringen, die der Herr der Geschichte uns in der direkten Berührung mit seiner Treue spendet. *Unsere Theologie muss fromm sein, wenn sie grundlegend sein will,* wenn sie im Herrn ihren Ankergrund finden will. Und diese Frömmigkeit ist kein bloßer Firnis über einer ansonsten eher abwartenden und abwägen-

den Haltung, nein: Die Frömmigkeit, die ich meine, ist sozusagen die grundlegende Hermeneutik unserer Theologie und Lehre. Sie ist Leben. Wenn wir – in unserem Alltag – die Gegenwart Gottes spüren, können wir nur sagen: »Gott ist da!«, und wenn Gott da ist, dann können wir uns nur auf die Knie werfen. Erst später kommt dann der menschliche Intellekt ins Spiel und versucht sich an vertiefenden Erklärungen dieser Gottesgegenwart – im Sinne der *fides quaerens intellectum*[14] oder jener Anekdoten über die Heiligen, die auf Knien Theologie studiert haben. Auch hier gilt für uns das Wort des Papstes: »Die Evangelisierung enthält … die Verkündigung des Geheimnisses des Bösen und des Strebens nach dem Guten. Gleichermaßen – und das ist stets vordringlich – die Verkündigung *von der Suche nach Gott selbst durch das Gebet, vor allem durch Anbetung und Danksagung,* aber auch durch die Gemeinschaft mit jenem sichtbaren Zeichen der Begegnung mit Gott, das die Kirche Jesu Christi ist. Diese Gemeinschaft findet dann ihrerseits ihren Ausdruck im Vollzug der anderen Zeichen des in der Kirche lebenden und wirkenden Christus, nämlich der Sakramente.« Und schließlich dürfen wir nicht vergessen, dass wir dazu berufen sind, zu verankern, einen Grund zu legen, und uns vom Herrn verankern zu lassen: »Die Evangelisierung besteht *in ihrer Gesamtheit* über die Verkündigung einer Botschaft hinaus darin, *die Kirche einzupflanzen,* die es aber ohne dieses sakramentale Leben nicht gibt, welches seinen Höhepunkt in der Eucharistie hat« (*Evangelii nuntiandi* 28).

8. Im Zusammenhang mit den sogenannten Basisgemeinschaften gibt Paul VI. uns die *Gründungskriterien* an die Hand, die Jesus für seine Kirche gewollt hat. Diese Kriterien können

---

[14] »Glaube, der nach Einsicht sucht« – so der ursprüngliche Titel der Schrift *Proslogion* (1077/78) von Anselm von Canterbury.

Erster Teil

uns in unserem heutigen Nachdenken und bei der Gewissenserforschung erleuchten. Die wichtigste Voraussetzung einer Gründung ist die Entstehung innerhalb der Kirche. Menschen, die in der Kirche verwurzelt und verankert sind: so will uns Jesus. Menschen, die:

»– vom Wort Gottes her zu leben suchen und nicht einer politischen Polarisierung oder modischen Ideologien erliegen, wobei ihr großes menschliches Potential missbraucht würde,

– die stets drohende Versuchung zu systematischer Kontestation und überzogener Kritik, die unter dem Vorwand der Echtheit und des Geistes der Zusammenarbeit erfolgen, klar meiden,

– fest verbunden bleiben mit der Ortskirche, in die sie sich eingliedern, und mit der universalen Kirche, damit sie nicht der allzu bedrohlichen Gefahr erliegen, sich in sich selbst abzukapseln, dann sich selbst für die einzige echte Kirche Christi zu halten und schließlich die anderen kirchlichen Gemeinschaften zu verurteilen,

– den Hirten, die der Herr seiner Kirche gibt, und dem Lehramt, das der Geist Christi diesen verliehen hat, aufrichtig verbunden zu bleiben;

– sich niemals für den einzigen Adressaten oder Träger der Evangelisierung oder gar für den einzigen Hüter des Evangeliums halten, sondern im Wissen darum, dass die Kirche sehr viel weiter und vielfältig ist, innerlich annehmen, dass Kirche auch anders als durch sie Wirklichkeit wird;

– täglich im missionarischen Geist und Eifer, in missionarischer Einsatzbereitschaft und Ausstrahlungskraft wachsen;

– sich in allem dem Ganzen verpflichtet fühlen und niemals sektiererisch werden« (*Evangelii nuntiandi* 58).

9. Der Herr, der uns verankert, verweist uns auf Gott, der immer größer ist: *Deus semper maior*.[15] Betrachten wir heute im Gebet diese unsere Berufung, uns vom Herrn verankern zu lassen und – als die Seelsorger, die wir sein werden – in der uns anvertrauten Sendung andere zu verankern: christliche Herzen zu verankern. Rufen wir uns die vielen eifrigen Priester wieder neu ins Gedächtnis, die wir kennengelernt und die das Antlitz Christi geschaut haben. Diese Erinnerung wird uns »das Herz festigen« und uns davor bewahren, uns »durch mancherlei fremde Lehren verführen« zu lassen (vgl. Hebr 13,9): Lehren, die keinen festen Ankergrund bieten, sondern im Gegenteil die soliden Fundamente eines priesterlichen Herzens untergraben; Lehren, die Gottes gläubiges Volk nicht nähren und den Gedanken Dantes neue Aktualität verleihen: »Nicht sagte Christus seinem ersten Kreise: / ›Geht hin und predigt Unsinn aller Welt!‹ / Zu legen *wahren Grund* war seine Weise. / Nur Wahrheit hat in ihrem Mund gegellt, / So dass zum Kampfe für des Glaubens Frieden / Das Evangelium Schild und Lanze stellt.«[16] Statt Schild und Lanze zu stellen, schwächen die verführerischen und zerstreuenden Lehren das Herz von Gottes heiligem Glaubensvolk, »so dass die Schafe, welche nichts verstehn, / von ihrer Weide drehn mit windiger Speise«.[17]

[15] Augustinus, *Enarratio in Psalmum* LXII, 16.: »Semper enim ille maior est, quantumcumque creverimus« (»Denn Gott ist immer größer, wie viel auch immer wir gewachsen sind«). *[Anm. der Redaktion]*

[16] »Non disse Cristo al primo suo convento: – Andate e predicate al mondo cience – ma diede il verace fondamento; e quel tanto sono nelle sue guance si ch'a pugnar, per acceder la fede, de l'Evangelio fero scuto e lance« (Dante Alighieri, *Divina Commedia – Die Göttliche Komödie*, Paradies, 29. Gesang). Hier zitiert nach der Übertragung ins Deutsche von Wilhelm G. Hertz (München [4]1987, 441).

[17] A.a.O., 440 (»Si que le pecorelle, che non sanno, toman del pasco pasciute di vento e non le scusa non veder lo danno«).

Zur vertiefenden Betrachtung im Gebet

Schöpfen wir Kraft aus der Erinnerung an so viele Seelsorger, die uns vorangegangen sind, und rufen wir uns die Mahnung aus dem Hebräerbrief ins Gedächtnis: *Darum wollen denn auch wir, die wir eine so große Wolke von Zeugen um uns haben, allen Ballast und die uns leicht umgarnende Sünde ablegen und mit Ausdauer in dem Wettkampf laufen, der vor uns liegt. Dabei wollen wir hinblicken auf den Urheber und Vollender unseres Glaubens, auf Jesus, der um der vor ihm liegenden Freude willen das Kreuz auf sich nahm, ohne auf die Schande zu achten und sich zur Rechten des Thrones Gottes gesetzt hat. Denkt an den, der solchen Widerspruch vonseiten der Sünder gegen sich erduldete, damit ihr nicht ermattet und den Mut verliert. Noch habt ihr nicht bis aufs Blut im Kampf gegen die Sünde widerstanden* (Hebr 12,1–4).

Die Braut des Herrn

1. Jesus *gründet* die Kirche und *verankert uns im Grund* der Kirche. Das Geheimnis der Kirche ist sehr eng mit dem Geheimnis Marias, der Mutter Gottes und der Mutter der Kirche, verbunden. Maria gebiert uns und sorgt für uns. Das tut auch die Kirche. Maria lässt uns wachsen. Das tut auch die Kirche. Und in der Stunde unseres Todes entlässt der Priester uns im Namen der Kirche, um uns Maria in den Arm zu legen. *Eine Frau, mit der Sonne bekleidet, unter ihren Füßen der Mond und auf ihrem Haupt ein Kranz von zwölf Sternen* (Offb 12,1). Das ist die Kirche, und das ist Unsere Liebe Frau, die unser gläubiges Volk verehrt. Deshalb sollen wir für die Kirche dieselbe Verehrung empfinden wie für die Jungfrau Maria. »*Santa Madre Iglesia hierarchica*«, »*unsere heilige Mutter, die hierarchische Kirche*«, hat sie der heilige Ignatius gerne genannt (*Geistliche Übungen* 353). Diese Formulierung verweist auf drei Aspekte, die sehr eng miteinander zusammenhängen: *Heiligkeit, Fruchtbarkeit und Disziplin.*

2. Wir wurden zur *Heiligkeit* in einem heiligen Leib – dem Leib unserer heiligen Mutter Kirche – geboren. Ob wir gemäß unserer Berufung »heilig und ohne Tadel vor ihm sind« und ob unser Apostolat Früchte trägt, hängt davon ab, wie diszipliniert wir uns in diesen Leib einfügen. Die Kirche ist heilig: Sie bleibt in der Welt »als ein Zeichen, das gleichzeitig dunkel und leuchtend ist für seinen [Christi] Hingang und sein Verbleiben. Sie führt seine Gegenwart ununterbrochen fort« (*Evangelii nuntiandi* 15). Ihre Heiligkeit, ihr eigentliches Leben, »Leben des Gebetes, Hören auf das Wort und die Unterweisung der Apostel, gelebte brüderliche Liebe, Austeilen des Brotes«, hat in ihr dann erst »seinen vollen Sinn, wenn es

zum Zeugnis wird, *die Aufmerksamkeit auf sich zieht und zur Umkehr führt,* zur Predigt wird und die Frohbotschaft verkündet« (ebd.). Ihre Heiligkeit ist nicht naiv, denn sie weiß selbst, dass sie als »Volk Gottes ... mitten in dieser Welt lebt und oft durch deren Idole versucht wird«. Deswegen »muss die Kirche immer wieder die Verkündigung der Großtaten Gottes hören, die sie zum Herrn bekehrt haben, von neuem von ihm gerufen und geeint werden« (ebd.). Die Väter haben die Kirche, um dieses Mysterium ihrer Heiligkeit zum Ausdruck zu bringen, *casta meretrix,* »keusche Hure«, genannt.[18] Ihre Heiligkeit spiegelt das Antlitz Marias, die ohne Sünde, rein und makellos ist; und doch vergisst sie nicht, dass sie in ihrem Schoß die Kinder Evas, der Mutter der sündigen Menschheit, versammelt.

Über die Heiligkeit ist in der Theologie vieles geschrieben worden, und in ihren Heiligsprechungen wendet die Kirche – unfehlbar geleitet durch den Heiligen Geist – einen Kriterienkatalog an, den wir alle kennen. Wenn wir Priester unter uns sind, treiben wir gerne unsere Späße mit diesem strengen Heiligkeitsbegriff; »dieses heilige Haus«, sagen wir dann vielleicht mit einem Augenzwinkern, oder »die heiligen Sitten«. Andererseits aber sagen wir, wenn wir ein endgültiges und anerkennendes Urteil über jemanden abgeben wollen: »Dieser Mensch ist ein Heiliger«, und mit diesem Satz schwören wir vielen unserer Götzen ab und sinken gleichsam in die Knie vor dem Geheimnis Gottes und seiner unendlichen Güte, an der er einen Menschen hat teilhaben lassen. Liebe und Verehrung für die Mutter Kirche ist Liebe und Verehrung für diese ihre auserwählten Kinder; und wir haben in

---

[18] Vgl. Ambrosius von Mailand, *Expositio in Lucam* 3,23; Patrologia Latina 15, 1598; vgl. dazu: Hans Urs von Balthasar, *Sponsa Verbi.* Skizzen zur Theologie II, Einsiedeln ²1971. *[Anm. der Redaktion]*

unserer Kirche viele solche Heilige, die uns tagtäglich begegnen: im Gemeindeleben, im Beichtstuhl, in der geistlichen Begleitung. Ich frage mich, ob die bittere Kritik an der Kirche, der Verdruss über ihre vielen Sünden, die Verzweiflung, die uns ihretwegen überkommt, nicht daher rühren, dass wir uns zu wenig an der Heiligkeit erfreuen, die uns mit unserer Kirche versöhnt, weil in ihr Gott selbst seinen Leib besucht.

Die Heiligkeit äußert sich in unserem Verkündigungseifer: »Es ist unabdingbar, dass unser Verkündigungseifer aus einer echten Heiligkeit unseres Lebens kommt, die aus dem Gebet und vor allem aus der Eucharistie Kraft und Stärkung erhält, und dass – wie uns das Zweite Vatikanische Konzil ans Herz legt – die Predigt ihrerseits den Prediger zu größerer Heiligkeit führt« (*Evangelii nuntiandi* 76). Dieser Eifer ist die Verbindung zwischen der Heiligkeit und der Mütterlichkeit der Kirche, zwischen unserer Heiligkeit als Gottgeweihte und der Fruchtbarkeit unserer Bemühungen, christliche Herzen zu formen ... Lassen Sie uns an dieser Stelle gemeinsam über die Fragen nachdenken, die Paul VI. uns stellt und die uns alle in die Verantwortung rufen: »Wie steht es mit der Kirche zehn Jahre nach dem Abschluss des Konzils? ... Ist sie im Herzen der Welt verankert und dennoch frei und unabhängig genug, die Welt in Frage zu stellen? Gibt sie Zeugnis von der Solidarität mit den Menschen und zugleich vom Absolutheitsanspruch Gottes? Ist sie eifriger in der Betrachtung und Anbetung, ist sie engagierter in der Mission, Caritas und Befreiung? Setzt sie sich noch entschiedener für die Verwirklichung der vollkommenen Einheit unter den Christen ein, die das gemeinsame Zeugnis immer wirksamer macht, ›damit die Welt glaube‹?« (ebd.).

3. Die Rede von der heiligen Mutter Kirche verweist auf den Aspekt der Fruchtbarkeit. Wir stehen der Erfahrung der

Fruchtbarkeit oft skeptisch gegenüber wie Sara, die im Stillen lachte, als ihr ein Sohn verheißen wurde (vgl. Gen 18, 12–16). Dann wieder werden wir euphorisch und wollen diese Fruchtbarkeit kalkulieren und planen wie David, den seine Eitelkeit dazu verleitete, sein Volk zu zählen (vgl. 2 Sam 24,1; 1 Chr 21,1). Die Fruchtbarkeit des Evangeliums beschreitet andere Wege. Sie ist wie ein Bewusstsein dessen, dass der Herr uns nicht im Stich lässt und sein Versprechen hält, bei uns zu sein bis ans Ende der Welt. Sie ist eine paradoxe Fruchtbarkeit. Sie besteht darin, fruchtbar zu sein, ohne sich dies letztlich bewusst zu machen … und dabei dennoch nicht ziellos vorzugehen. Mir kommen die Worte von P. Matías Crespí SJ[19] in den Sinn, des unermüdlichen Missionars Patagoniens, der, als er schon ein alter Mann war, sagte: »Mir ist mein Leben durch die Finger geglitten«, wie um anzudeuten, dass er seiner Ansicht nach nichts für den Herrn getan habe. Es ist die Fruchtbarkeit des Taus, der benetzt, ohne großen Lärm zu machen. Diese Art der Fruchtbarkeit stützt sich auf einen Glauben, der nach Bestätigung verlangt, aber akzeptiert, dass diese Bestätigung nicht endgültig ist. Es ist die Bestätigung des Herrn, der »vorübergeht«: der uns tröstet, uns im Glauben stärkt und uns in unserem Amt als Verwalter belässt, damit wir treu auf ihn warten, »bis er kommt«.

Die Kirche ist Mutter; sie gebiert Kinder mit der Kraft des ihr anvertrauten Glaubensguts *(depositum fidei)*. Sie ist »Hüterin der Frohbotschaft, die es zu verkündigen gilt. Die Verheißungen des Neuen Bundes in Jesus Christus, die Predigt des Herrn und der Apostel, das Wort des Lebens, die Quellen

[19] Der Jesuitenpater Matías Crespí gründete 1938 die »Misiones Rurales Argentinas«, eine Non-Profit-Organisation zur Förderung der ländlichen Bevölkerung. *[Anm. der Redaktion]*

der Gnade und der Güte Gottes, der Weg des Heiles: *all dies ist der Kirche anvertraut worden*« und bildet den Inhalt ihrer Verkündigung, »den die Kirche *als lebendigen und kostbaren Schatz hütet, nicht um ihn verborgen zu halten, sondern um ihn mitzuteilen*« (*Evangelii nuntiandi* 15), das heißt, um zu gebären, um Leben zu schenken. Und sie gebiert ihre Kinder in ungebrochener Treue zu ihrem Bräutigam, denn sie »schickt sie aus zum Predigen. Sie sollen nicht ihre eigene Person oder ihre persönlichen Ideen predigen, sondern ein Evangelium, dessen absoluter Herr und Besitzer weder jene noch sie selbst sind, um darüber nach ihrem eigenen Gutdünken zu verfügen, wohl aber sind sie dessen Diener, um es in vollkommener Treue weiterzugeben« (ebd.). Durch ihre Treue zu ihrem Bräutigam, der die Treue in Person ist, erzieht sie auch uns zu treuer Fruchtbarkeit.

Fruchtbar zu sein ist ein legitimer Wunsch, doch das Evangelium hat, was die Legitimation unseres Handelns angeht, seine eigenen Gesetze. Es sagt uns gewissermaßen: Du wirst fruchtbar sein, wenn … wenn du fleißig arbeitest, wenn du gewissenhaft und dir zugleich deiner Nutzlosigkeit bewusst bist, wenn du im Grunde deines Herzens weißt, dass du die Erde pflügen und die Saat ausbringen musst, dass aber die Bewässerung und die Ernte Gnade sind und allein dem Herrn obliegen.

Lieben wir das Geheimnis der Fruchtbarkeit der Kirche ebenso, wie wir das Geheimnis der Jungfrau und Mutter Maria lieben, und lieben wir im Licht dieser Liebe das Geheimnis unserer nutzlosen Arbeit in der Hoffnung, dass der Herr auch zu uns einst sagen wird: »du guter und treuer Knecht«.

4. Unsere Liebe zur Kirche ist eine Liebe zu einem Leib, in den wir uns eingliedern, und das erfordert *Disziplin*. Wir könnten denselben Gedanken auch anders formulieren und

sagen, dass wir die Kirche im Sinne der »*caritas discreta*«[20] lieben sollen. Mangelnde Disziplin im Priesterleben bedeutet mangelndes Urteilsvermögen, und mangelndes Urteilsvermögen ist immer auch ein Mangel an Liebe. Die kluge und unterscheidende Liebe wird uns in dem Bewusstsein wachsen lassen, »einer großen Gemeinschaft anzugehören, der weder Raum noch Zeit Grenzen setzen konnten« (*Evangelii nuntiandi* 61). Und dieses Bewusstsein unserer Zugehörigkeit wird uns verstehen helfen, dass der Auftrag, der uns anvertraut worden ist, die Evangelisierung, »niemals das individuelle und isolierte Tun eines Einzelnen«, sondern immer »ein *zutiefst kirchliches* Tun« ist. »Auch der einfachste Prediger, Katechist oder Seelsorger, der im entferntesten Winkel der Erde das Evangelium verkündet, seine kleine Gemeinde um sich sammelt oder ein Sakrament spendet, vollzieht, selbst wenn er ganz allein ist, einen Akt der Kirche. Sein Tun ist durch institutionelle Beziehungen, aber auch durch unsichtbare Bande und die verborgenen Wurzeln der Gnadenordnung eng verbunden mit der Glaubensverkündigung der ganzen Kirche. Dies setzt voraus, dass er nicht aufgrund einer Sendung, die er sich selber zuschreibt, oder aufgrund einer persönlichen Anregung tätig ist, sondern in Verbindung mit der Sendung der Kirche und in ihrem Namen« (*Evangelii nuntiandi* 60). Hierin wurzelt unsere Disziplin: in der Tatsache, dass »kein Verkünder des Evangeliums absoluter Herr seiner Glaubensverkündigung« ist, »so dass er darüber selbst nach seinen persönlichen Maßstäben und Ansichten entscheiden könnte. Er muss es vielmehr tun in Gemeinschaft mit der Kirche und ihren Hirten« (ebd.).

---

[20] *Caritas discreta:* Die »unterscheidende Liebe« der ignatianischen Tradition ist ein »Hinschauen, Prüfen und Unterscheiden im Geist der Liebe« (Willi Lambert SJ). *[Anm. der Redaktion]*

Unsere Zustimmung zum Reich kann »nicht abstrakt und körperlos bleiben«, sondern »offenbart sich konkret durch einen sichtbaren Eintritt in eine Gemeinschaft von Gläubigen«; diese Gemeinschaft ist »die Kirche, das sichtbare Sakrament des Heiles« (*Evangelii nuntiandi* 23) und sichtbares »Zeichen der Begegnung mit Gott ... Diese Gemeinschaft findet dann ihrerseits ihren Ausdruck im Vollzug der anderen Zeichen des in der Kirche lebenden und wirkenden Christus, nämlich der Sakramente« (*Evangelii nuntiandi* 28). Unsere Zustimmung zum Reich muss sich hineinkauern in die Seite des am Kreuz entschlafenen Christus, aus der seine Braut geboren wird, die fruchtbare Mutter eines disziplinierten Leibes, den sie mit den Sakramenten nährt. »Es besteht daher eine enge Verbindung zwischen Christus, der Kirche und der Evangelisierung. Während dieser Zeit der Kirche hat die Kirche die Aufgabe zu evangelisieren. Diese Aufgabe wird nicht ohne sie, noch weniger im Gegensatz zu ihr, durchgeführt« (*Evangelii nuntiandi* 16). Es ist »absurd«, wenn jemand beteuert, »Christus zu lieben, aber ohne die Kirche; auf Christus zu hören, aber nicht auf die Kirche; mit Christus zu sein, aber außerhalb der Kirche« (ebd.).

Die Disziplin ist kein schmückendes Beiwerk und auch keine Übung in guten Umgangsformen. Ein undiszipliniertes Herz kann den »hombre turba« hervorbringen, von dem der heilige Ignatius spricht, den »Menschen der Menge«, und die »Menge«, das sind jene, die ihre Leidenschaften nicht beherrschen; und so kann es geschehen, dass sie Zwietracht säen, durch Verrat spalten, um einige wenige Anhänger zu gewinnen, und mit ihrer beständigen Scheinheiligkeit im Schoß einer Gemeinschaft oder einer Diözese für ungerechte Verhältnisse sorgen.

Wenn ich in dieser Weise über das Thema der Disziplinlosigkeit spreche, will ich damit nicht sagen, dass wir uns

Erster Teil

nun obsessiv mit unseren Fehlern als Seelsorger beschäftigen und darüber die Gegenwart des Herrn vergessen sollen. Das wäre eine fruchtlose Selbstbetrachtung. Ich halte es für besser, dass wir uns im Gebet vor den Herrn hinstellen und ihn inständig bitten, jenes wirksame Wort an uns zu richten, das unseren Kurs korrigiert und uns zu ihm führt: *Kind, gib mir dein Herz* (Spr 23,26).

Ich habe in dieser Betrachtung über die Liebe zu unserer *heiligen Mutter, der hierarchischen Kirche,* sprechen wollen, und bin nun bei unserer eigenen Verantwortung gelandet: Kinder der Kirche zu sein und gleichzeitig Kirche zu »machen«. Unsere Liebe zur Kirche muss uns drängen, sie vor der Welt zum Ausdruck zu bringen: in ihrer Heiligkeit, ihrer warmherzigen Fruchtbarkeit und ihrer Disziplin, die darin besteht, ganz Christus zugehörig und, wie das Konzil es formuliert, »Gottes Wort voll Ehrfurcht hörend und voll Zuversicht verkündigend« zu sein.[21] Möge Unsere Liebe Frau, die Jungfrau und Mutter Maria, uns beim Herrn die Gnade einer heiligen, fruchtbaren und disziplinierten Liebe zur Kirche erwirken.

Zur vertiefenden Betrachtung im Gebet

Wir wollen abschließend im Gebet über unsere Liebe und Zugehörigkeit zu unserer Mutter Kirche nachdenken, auf der Grundlage von Nr. 60 des Apostolischen Schreibens *Evangelii nuntiandi*:

---

[21] *Dei Verbum religiose audiens et fidenter proclamans:* Anfangsworte der Dogmatischen Konstitution über die göttliche Offenbarung *Dei Verbum* (1965) des Zweiten Vatikanischen Konzils. *[Anm. der Redaktion]*

»Sendung und Auftrag der Kirche zur Evangelisierung der Welt müssten in uns eine doppelte Überzeugung begründen. Zunächst: Evangelisieren ist niemals das individuelle und isolierte Tun eines Einzelnen, es ist vielmehr ein zutiefst kirchliches Tun. Auch der einfachste Prediger, Katechist oder Seelsorger, der im entferntesten Winkel der Erde das Evangelium verkündet, seine kleine Gemeinde um sich sammelt oder ein Sakrament spendet, vollzieht, selbst wenn er ganz allein ist, einen Akt der Kirche. Sein Tun ist durch institutionelle Beziehungen, aber auch durch unsichtbare Bande und die verborgenen Wurzeln der Gnadenordnung eng verbunden mit der Glaubensverkündigung der ganzen Kirche. Dies setzt voraus, dass er nicht aufgrund einer Sendung, die er sich selber zuschreibt, oder aufgrund einer persönlichen Anregung tätig ist, sondern in Verbindung mit der Sendung der Kirche und in ihrem Namen. Von da aus ergibt sich die zweite Überzeugung: wenn jeder das Evangelium im Namen der Kirche verkündet, die es ihrerseits im Auftrag des Herrn tut, dann ist kein Verkünder des Evangeliums absoluter Herr seiner Glaubensverkündigung so dass er darüber selbst nach seinen persönlichen Maßstäben und Ansichten entscheiden könnte. Er muss es vielmehr tun in Gemeinschaft mit der Kirche und ihren Hirten. Die ganze Kirche ist Träger der Evangelisierung, wie Wir sagten. Das bedeutet, dass die Kirche sich für die ganze Welt und jeden Teil der Welt, wo sie sich befindet, an den Auftrag gebunden fühlt, das Evangelium zu verbreiten.«

Kreuz und Sendung

1. Wir können die tiefe Einsamkeit des Propheten Elija zum Ausgangspunkt unserer heutigen Betrachtung nehmen (1 Kön 19,4). Elija hatte gerade einen Sendungsauftrag erfüllt (den Sieg über die Baalspropheten auf dem Berg Karmel: 1 Kön 18,20–40), doch trotz seines Erfolgs fühlte er sich einsam und wollte sterben. Aber sein Auftrag war noch nicht beendet; er wurde zur Begegnung mit dem lebendigen Gott (1 Kön 19,9–14) gerufen und mit neuer apostolischer Fruchtbarkeit gesegnet (1 Kön 19,19–21). Ein großes Erlebnis, doch gezeichnet von der Erfahrung der Verlassenheit und des Kreuzes. Und auch das Bild des Jona kann uns helfen, der in seiner egoistischen Einsamkeit den Tod herbeisehnt, weil seine menschlichen Pläne nicht mit den Plänen Gottes übereinstimmen (Jona 4,1–11). Zwei Männer, die inmitten einer ihnen anvertrauten Sendung, gegen die sie sich auf die eine oder andere Weise sträuben, Verlassenheit und Einsamkeit erleiden und zum Weitermachen aufgefordert werden. Bitten wir um die Gnade, die Dimension des Kreuzes zu akzeptieren, die jeder Sendungsauftrag in sich einschließt.

2. Zwischen dem Herrn und seinen Gesandten besteht eine eigentümliche Beziehung (was nun folgt, haben wir zum Teil bereits in der Betrachtung über die Berufung gesagt): Mose, Jesaja, Jeremia, Josef, Johannes der Täufer … Sie alle haben angesichts des göttlichen Auftrags die Unzulänglichkeit ihrer Möglichkeiten empfunden: *Wer bin ich, dass ich zum Pharao gehe und die Israeliten aus Ägypten herausführe?* (Ex 3,11); *Wehe mir, ich bin verloren. Denn ich bin ein Mann mit unreinen Lippen* (Jes 6,5); *Mein Gott, mein Herr, ich kann doch nicht reden, ich bin noch so jung* (Jer 1,6); *Ich habe nötig, von dir getauft zu*

werden, und du kommst zu mir? (Mt 3,14); Josef, der beschließt,
Maria »im stillen zu entlassen« (Mt 1,19–20). Das ist der anfängliche Widerstand, die Unfähigkeit, die Größe des Rufs
zu erfassen, die Angst vor der Sendung – im Grunde ein gutes Zeichen, vor allem dann, wenn der Betreffende nicht an
diesem Punkt verharrt, sondern zulässt, dass die Kraft des
Herrn sich seiner Schwäche annimmt und ihm Standhaftigkeit und einen festen Untergrund gibt: *Ich werde mit dir sein.*
Und dies soll dir als Zeichen dienen, dass ich es bin, der dich sen-
det: Wenn du das Volk aus Ägypten herausgeführt hast, werdet
ihr Gott auf diesem Berg verehren (Ex 3,12); *Siehe, dies hat deine*
Lippen berührt. Deine Schuld ist weggenommen und deine Sünde
getilgt (Jes 6,7); *Sag nicht: Ich bin noch so jung. Nein, wohin im-*
mer ich dich sende, dahin wirst du gehen, und was immer ich dir
auftrage, das wirst du reden. Fürchte dich nicht vor ihnen; denn
ich bin mit dir, um dich zu retten (Jer 1,7–8); *Lass es jetzt zu; denn*
so gebührt es uns, alle Gerechtigkeit zu erfüllen (Mt 3,15); *Josef,*
Sohn Davids, scheu dich nicht, Maria, deine Frau, zu dir zu neh-
men; denn was sie empfangen hat, ist vom Heiligen Geist (Mt 1,20).

Uns ergeht es kaum anders als unseren Vorfahren. Wenn
wir erwählt werden, spüren wir, dass die Last groß ist, wir
haben Angst (in manchen Fällen sogar Panik): Wir stehen am
Beginn des Kreuzwegs. Und doch fühlen wir uns gleichzeitig
zutiefst zum Herrn hingezogen, der uns – durch seinen Ruf –
mit verzehrendem Feuer betört, damit wir ihm nachfolgen
(vgl. Jer 20,7–18). Diese beiden Gefühle gehen Hand in Hand,
weil – und das ist heute nicht anders als in der Zeit der Patriarchen – sie die Verlassenheit Christi vorwegnehmen, der
dem Willen des Vaters bis ins Letzte, bis zum Tod am Kreuz
gehorsam war. Unsere Sendung führt uns unweigerlich an
das Holz des Kreuzes; das ist das Zeichen dafür, dass der
Auftrag, den wir erhalten haben, aus Gottes Geist und nicht
aus unserem Fleisch stammt. Die Einsamkeit dessen, der aus-

gesandt ist, beginnt mit einer Loslösung – *und sie ließen alles zurück und folgten ihm nach* (vgl. Mk 1,18) –, die ein Leben lang und bis ins Greisenalter Bestand hat – *wenn du aber alt geworden bist, wird ein anderer dich gürten und dich führen, wohin du nicht willst* (vgl. Joh 21,18). In der Zustimmung zur eigenen Sendung liegt ein Abschied von allem, der an die Situation eines Sterbenden erinnert. Und nur in diesem Sinnhorizont, nur als »Sterbende« verstehen wir die Tragweite dessen, was von uns erwartet wird, und finden den richtigen Weg. *Amen, amen, ich sage euch: Wenn das Weizenkorn nicht in die Erde fällt und stirbt, bleibt es allein. Wenn es aber stirbt* (und dieses Sterben ist immer einsam), *bringt es viele Frucht* (Joh 12,24).

3. In den Ratschlägen, die Jesus seinen Jüngern mit auf den Weg gibt, als er sie ausschickt (als er ihnen die Sendung erteilt), lassen sich zwei ineinander verflochtene Weisungsstränge erkennen: Der erste bezieht sich auf den Kampf, den sie werden kämpfen müssen, und enthält existenzielle Warnungen: *Seht, ich sende euch wie Schafe mitten unter die Wölfe. … Nehmt euch in Acht vor den Menschen; denn sie werden euch den Gerichten überliefern und in ihren Synagogen geißeln. Auch vor Statthalter und Könige werdet ihr geführt um meinetwillen, ihnen und den Heiden zum Zeugnis* (Mt 10,16–18). *Es wird aber ein Bruder den anderen dem Tod ausliefern und ein Vater den Sohn und Kinder werden gegen ihre Eltern auftreten und sie in den Tod schicken. Und ihr werdet von allen gehasst um meines Namens willen. Wer aber ausharrt bis zum Ende, der wird gerettet* (21–22). *Glaubt nicht, ich sei gekommen, Frieden auf die Erde zu bringen. Ich bin nicht gekommen, Frieden zu bringen, sondern das Schwert. Denn ich bin gekommen, den Menschen mit seinem Vater zu entzweien und die Tochter mit der Mutter und die Schwiegertochter mit ihrer Schwiegermutter. Und die Feinde des Menschen werden seine eigenen Hausgenossen sein* (34–36). *Es kommt die Stunde, in der jeder, der euch tötet, Gott damit einen*

heiligen Dienst zu erweisen glaubt (Joh 16,2). Der zweite Weisungsstrang soll die Jünger stärken und trösten: *Wenn sie euch aber ausliefern, dann macht euch keine Sorgen, wie oder was ihr reden sollt. Denn in jener Stunde wird euch eingegeben werden, was ihr reden sollt. Denn nicht ihr seid es, die dann reden, sondern der Geist eueres Vaters ist es, der in euch redet* (Mt 10,19–20). *Fürchtet euch also nicht vor ihnen* (26). *Fürchtet euch nicht vor denen, die den Leib töten, die Seele aber nicht töten können. Fürchtet vielmehr den, der Seele und Leib in der Hölle verderben kann* (28). *Fürchtet euch also nicht! Ihr seid mehr wert als viele Sperlinge* (31).

Im Spannungsfeld dieser beiden Weisungsstränge – gleichsam einer Neuauflage der Furcht und Betörung, die schon die Berufung der Patriarchen und Propheten begleitet hatte – ist die Sendung verortet. Viele Jahre sind seit der Rede Jesu vergangen, als die frühen Christen diese Besonderheit der von Gott Gesandten wieder aufgreifen, *die durch Glauben Königreiche niederkämpften, Gerechtigkeit übten, Verheißungen erlangten, Löwenrachen stopften, Feuersglut löschten, der Schärfe des Schwertes entrannen, aus Schwäche wieder zu Kräften kamen, Helden wurden im Krieg, fremde Schlachtreihen zum Wanken brachten. Frauen erhielten durch Auferstehung ihre Toten wieder. Andere aber wurden auf die Folter gespannt und nahmen die Freilassung nicht an, um eine bessere Auferstehung zu erlangen. Wieder andere haben Spott und Geißelhiebe, dazu noch Fesseln und Kerker erduldet. Sie wurden gesteinigt, verbrannt, zersägt, starben den Tod durchs Schwert, zogen in Schafspelzen und Ziegenfellen umher, darbend, geängstigt, misshandelt. Sie, deren die Welt nicht wert war, irrten umher in Einöden und Gebirgen, in Höhlen und Klüften der Erde* (Hebr 11,33–38).

Das ist so, weil der Gesandte mit seiner Sendung ganz und gar an der Sendung Jesu Christi, des Sohnes Gottes, teilhat: *Wer euch aufnimmt, der nimmt mich auf, und wer mich aufnimmt, nimmt den auf, der mich gesandt hat* (Mt 10,40). Die Dialektik zwischen der Ankündigung von Verfolgung und Tod und der Verheißung von Trost ist die Wesensform jedes Gesandten, weil es die Wesensform Christi ist, der vom Vater gesandt wurde. Und die Wesensform Christi war der aus Gehorsam erlittene Tod am Kreuz, mit dem er – *denn du lässt deinen Heiligen nicht die Verwesung schauen* (Ps 16,10) – seine Herrschaft antrat. In der Betrachtung des Kyrios Jesus, der Herrschaft Christi, begreifen wir die eigentliche Tragweite der Berufung zur Sendung. Es ist kein Anachronismus, was der Hebräerbrief so kühn verkündet: *Durch Glauben weigerte sich Mose, als er erwachsen war, Sohn einer Pharaonentochter zu heißen. Er wollte sich lieber zusammen mit dem Volk Gottes misshandeln lassen, als einen flüchtigen Genuss der Sünde zu haben. Er hielt die Schmach des Messias für einen größeren Reichtum als die Schätze Ägyptens* (Hebr 11,24–26). Der Gesandte wird eingesetzt, und zwar für zwei Dinge: um (bis zum Kreuz) beim Herrn zu sein und um zu verkündigen. Diese beiden Dinge sind untrennbar miteinander verbunden, wie aus Mk 3,13–19 hervorgeht. Wir sind nur dann wirklich beim Herrn, wenn dieses Beim-Herrn-Sein uns zur Verkündigung drängt, und unsere Verkündigung wird nur dann authentisch sein, wenn sie sich in der Nähe zum gekreuzigten Christus bewährt. Indem er auswählt, setzt Jesus ein: Die Sendung ist eine Einsetzung, eine Institution, und wir sind ihre Hüter – aber nicht ihre Herren, die sie nach Belieben gestalten könnten. Sie ist eine Institution gemäß der *inneren Wesensform Christi.*

4. Die Sendung verortet uns dort, wo Christus ist: am Kreuz. *Wenn die Welt euch hasst, so bedenkt, dass sie mich schon vor euch gehasst hat* (Joh 15,18). *Denkt an das Wort, das ich euch gesagt habe: Ein Knecht ist nicht größer als sein Herr. Wenn sie mich verfolgt haben, werden sie auch euch verfolgen … Das alles werden sie euch um meines Namens willen antun, weil sie den nicht kennen, der mich gesandt hat* (Joh 15,20–21; Mt 10,24).

Wenn jemand sich beklagen will, sollte man ihn nicht daran erinnern, dass er die Nachfolge Jesu aus persönlichem und freiem Entschluss angetreten hat: Du bist mir aus freien Stücken nachgefolgt, weil du selbst es so wolltest. Das trifft zwar zu, aber es ist nicht die Antwort, die in den Zeiten des Kreuzes Stärke verleiht. Es ist besser, sich auf die Einsetzung der Sendung zu berufen: *Nicht ihr habt mich erwählt, sondern ich habe euch erwählt und euch dazu bestimmt, dass ihr geht und Frucht bringt und dass eure Frucht bleibt* (Joh 15,16). Dieser Verweis auf den, der uns gründet und verankert, der uns als »Gesandte« einsetzt, lässt nur eine Lösung zu: sich mit aller Kraft unter der Last des Kreuzes aufrecht zu halten und die *Wesensform Christi* zu erlangen: *Seid untereinander gesinnt, wie es einem Leben in Christus Jesus angemessen ist. Der in der Daseinsweise Gottes war, hielt nicht daran fest, Gott gleich zu sein, sondern er entäußerte sich selbst, nahm Sklavendasein an und wurde den Menschen gleich. Im Äußeren erfunden als Mensch, erniedrigte er sich selbst und wurde gehorsam bis zum Tod, bis zum Tod am Kreuz* (Phil 2,5–8). Das ist nicht bloß ein guter Rat: Paulus schreibt diese Worte aus der Tiefe einer Überzeugung, die sich auf geradezu majestätische Weise ausdrückt: *Wenn es nun eine Ermahnung in Christus gibt, einen Zuspruch der Liebe, Gemeinschaft des Geistes, herzliche Liebe und Erbarmen …* (Phil 2,1).

Der Apostel ist *mit Christus gestorben* (Röm 6,3f.8). Das ist seine Qualifikation. Er gehört sich nicht selbst: Er ist *mit ihm begraben* (Kol 2,12). Wer einen anderen Weg geht, der schämt sich Christi und muss auch damit rechnen, dass der eschatologische Herr sich seiner schämen wird: *Denn wer sich vor diesem ehebrecherischen und sündigen Geschlecht meiner und meiner Worte schämt, dessen wird sich auch der Menschensohn schämen, wenn er mit den heiligen Engeln in der Herrlichkeit seines Vaters kommen wird* (Mk 8,38). Das Kreuz erhält also zeugnishafte Bedeutung – und ist zugleich der Ort, an den wir geführt werden, wenn unser Zeugnis wahr ist.

5. Ich möchte über zwei Eigenschaften sprechen, an denen man erkennt, ob jemand die Kreuzessendung des Herrn angenommen hat. Beide sind eng miteinander verbunden und bilden gewissermaßen das Profil eines Menschen, der seine Sendung empfangen hat und nun versucht, dem Herrn, der ihn sendet, ähnlich zu werden: Mut und apostolische Ausdauer. Diesen entgegengesetzt sind zwei Fehlhaltungen, nämlich Anmaßung und Ängstlichkeit: »Ängstliche Menschen werden in der Tugend niemals große Fortschritte machen und nichts Großes vollbringen; und die Anmaßenden werden nicht bis zum Ende beharren«, sagt eine Frau der Kirche. Beide Haltungen, Mut und Beständigkeit (*parrhesía* und *hypomoné*), gehen Hand in Hand und setzen einander voraus:

Werft also eure Zuversicht (parrhesía), *nicht weg, die doch so großen Lohn zu erwarten hat. Ihr braucht ja Ausdauer* (hypomoné), *damit ihr den Willen Gottes erfüllt und so die Verheißung erlangt. Denn nur noch eine kurze Zeit, dann wird der kommen, der kommen soll, und er wird nicht säumen. Mein Gerechter aber wird durch den Glauben leben; doch wenn er zurückweicht, habe ich kein Gefallen an ihm. Wir aber gehören nicht zu denen, die zurückweichen und verloren gehen, sondern zu denen, die glauben und das Leben gewinnen* (Hebr 10,35–39). Genau das ist Feigheit: Zurückweichen in die Verlorenheit, ein Mangel an Ausdauer und Geduld, der uns bei der ersten Schwierigkeit vom Kreuz herabsteigen und nicht die Schlacht des Herrn, sondern unsere eigene Schlacht schlagen lässt. Die *parrhesía*, der zuversichtliche Mut, setzt Ausdauer voraus und macht uns zu Menschen, die sich für ein Ideal einsetzen. Um das Kreuz zu umarmen, braucht es Mut, und um am Kreuz auszuharren, braucht es Ausdauer. Es gibt »tatkräftige« Christen, die apostolische Initiativen auf den Weg bringen und dann bei der ersten Schwierigkeit aufgeben: Sie haben keine Geduld. Mit Christus und für ihn zu leiden – das ist letztlich die Bewährungsprobe für unseren Mut. Darin erweist sich, dass diese beiden Tugenden – Geduld und Mut – wahrhaft apostolisch sind. Beide wachsen am Kreuz und sind ein Anzeichen dafür, dass man die Sendung und damit auch die *Wesensform Christi* angenommen hat.

6. Im Zuge unserer Überlegungen haben wir gesehen, dass »Sendung« und »Kreuz« sehr eng miteinander zusammenhängen. Die christliche Sendung, die wir von Christus, unserem Herrn, empfangen haben, ist nicht ohne Kreuzesnähe denkbar, ja mehr noch: sie ist nicht ohne das Kreuz denkbar. Wenn wir diese Wahrheit aus den Augen verlieren, geraten wir zu Triumphalisten. Eine triumphalistische Haltung ist nicht immer leicht zu erkennen; meist tritt sie auf »wie ein Engel des Lichts« und flüstert uns ein, für welche pastoralen Methoden wir uns entscheiden sollen. Immer aber verbirgt sich dahinter die Aufforderung, vom Kreuz herabzusteigen: *Der du den Tempel niederreißen und in drei Tagen wieder aufbauen willst, rette dich selbst, wenn du der Sohn Gottes bist, und steig herab vom Kreuz!* (Mt 27,40). Wer dagegen am Kreuz teilhat, hat es nicht nötig, sein Handeln mit Triumphalismus zu bekräftigen, denn er weiß, dass das Kreuz selbst der eigentliche Triumph und – ebendeshalb – die einzige Hoffnung ist: *salve crux, spes unica!* Antworten Sie auf die Herausforderungen Ihres pastoralen Wirkens, die Ihnen grundlos Angst machen, einfach mit dem »Zeichen des Propheten Jona« (vgl. Mt 12,38–42). Sie werden nicht vom Kreuz herabsteigen: Wie Christus Jesus selbst werden Sie Geduld und Mut beweisen und der Ihnen anvertrauten Sendung treu bleiben.

Zur vertiefenden Betrachtung im Gebet

Betrachten wir unser Leben im Licht eines Abschnitts aus dem Hebräerbrief: 10,35–39. In welchen Situationen will ich im Lauf des heutigen Tages vom Kreuz herabsteigen?

Kreuz, Kampf und der
Sinn des Lebens

1. Unsere Zugehörigkeit zur Kirche gründet wesentlich genau dort, wo die Kirche entsteht: am Kreuz. Dort wurde das definitive »Ja« des Gehorsams gesprochen, das den anfänglichen Ungehorsam besiegt, dort wurde die »alte Schlange« des sündigen Aufbegehrens ein für allemal in den Abgrund gestürzt. Dort ist unsere Zugehörigkeit zugleich Kindschaft, weil wir im Sohn Kinder werden. Und dort steht, aufrecht im Verlust, die Mutter, die uns in diese Kindschaft gebiert. Dasselbe geschieht, wenn wir unser Herz in einer erneuerten Zugehörigkeit zur Kirche verankern wollen. Und weil die Kirche am Kreuz entsteht und im Kreuz gründet, ist auch unser Ankergrund die Teilhabe am Kreuz. In jeder kirchlichen Grundlegung gibt es ein Kreuz. »Die Geburtsstunde der Kirche fällt zusammen mit der Stunde der Totenwache.«

2. Das Kreuz ist Jesu »letzte Schlacht«: Dort erringt er seinen endgültigen Sieg. Im Licht dieses Gotteskrieges, der am Kreuz entschieden wird, wollen wir uns in die Lehre vom Kampf als dem eigentlichen Sinn unseres dem Herrn hingegebenen Lebens vertiefen. Ohne diese Dimension des Kampfes ist das »Mark« unseres Christusdienstes nicht zu verstehen. Wir werden in unserer Arbeit als Seelsorger immer versucht sein, den Kampf nicht aufzunehmen oder ihn nur vorzutäuschen oder das »Warum« oder »Wozu« wir kämpfen müssen durcheinanderzubringen, das »Wann« oder das »Wie«. Wie viele Männer und Frauen sind in ihrem pastoralen Wirken in die Irre gegangen, weil sie nicht »nach der Art Gottes« zu kämpfen verstanden! Wie viele haben die Schlacht mit einem Schaukampf verwechselt! Und wie viele haben im Staub des

Alltags den Feind nicht erkannt und sich am Ende gegenseitig verletzt! Andere haben aus Angst vor dem Kampf einen falschen Frieden gesucht und ihr Leben mit einer ebenso unfruchtbaren wie wirkungslosen Harmoniesucht vergeudet.

Bitten wir den Herrn heute um die Gnade, zu verinnerlichen, dass der Sinn unseres apostolischen Lebens im Kampf besteht; eine Gnade, die uns davor bewahren möge, wie törichte Kinder »Frieden zu spielen« und »mit dem Krieg zu spielen«. Um die kämpferische Dimension unseres apostolischen Lebens zu begreifen, müssen wir zunächst anerkennen, dass, wenn wir Gott dienen wollen, in unserem Herzen zwangsläufig ein Kampf stattfinden wird: das Ringen um das Kreuz als die einzige theologische Siegesstätte. Dieser Kampf setzt Urteilsvermögen und die großzügige Bereitschaft voraus, die schwerste und unangenehmste Arbeit auf sich zu nehmen. Wer diesen Weg geht, den führt er wie unseren Herrn nach Jerusalem.

Jesus selbst weist uns darauf hin, dass der christliche *modus vivendi* eine gewisse Feindseligkeit erntet (zumal für einen Mann oder eine Frau, die dem Herrn aus noch größerer Nähe nachfolgen will): *Wer Vater oder Mutter mehr liebt als mich, ist meiner nicht wert, und wer Sohn oder Tochter mehr liebt als mich, ist meiner nicht wert. Und wer nicht sein Kreuz auf sich nimmt und mir nachfolgt, ist meiner nicht wert. Wer sein Leben gefunden hat, der wird es verlieren, und wer sein Leben verliert um meinetwillen, der wird es finden* (Mt 10,37–39). Hinter der Nachfolge Jesu steht die Entscheidung, seinen Weg zu gehen, der unweigerlich ans Kreuz führt. Das ist etwas völlig anderes als die Zugeständnisse eines geteilten Herzens, das von einer friedlichen Koexistenz zwischen dem Herrn der Herrlichkeit und dem Geist dieser Welt träumt!

3. Die Feindseligkeit, unter der jeder zu leiden hat, der sich entschließt, den Weg Christi, unseres Herrn, zu gehen,

bricht sich in den verschiedenen Arten der Verfolgung Bahn, die wir erleben werden. Der christliche Dienst fegt, wenn er authentisch ist, sämtliche nostalgischen Vorstellungen von einem idyllischen Hirtenleben zur Seite. Ich erlaube mir, den heiligen Ignatius zu zitieren: »Dass man Schwierigkeiten hat, ist nichts Neues, sondern im Gegenteil in den Dingen, die für Gottes Dienst und Ehre von großer Wichtigkeit sind, etwas ganz Alltägliches …« »Die Widersprüche, die es gegeben hat und noch immer gibt, sind für uns nichts Neues; im Gegenteil, unsere andernorts gemachten Erfahrungen lehren uns, dass, je mehr wir darauf hoffen, dass Christus unserem Herrn in dieser Stadt besser gedient werde, der Feind, der seinen Dienst immer zu behindern sucht, uns desto mehr Hindernisse in den Weg stellen wird, und zu diesem Zweck bewegt er die einen und die anderen, nämlich dazu, in gutem Glauben, aber schlecht informiert das zu verwerfen, was sie, weil sie es nicht verstehen, für verwerflich halten.«

Zuweilen gehen solche Schwierigkeiten über ein bloßes »Hindernis« hinaus und wachsen sich zu einer echten Verfolgung aus: Die Verfolgung ist ein Normalzustand im Leben eines Christen; er muss sie mit der Demut des unnützen Dieners leben und darf sie sich nicht als Verdienst anrechnen, denn das wäre vermessen. Die frühen Christen haben, was ihre Interpretation der Verfolgung betrifft, eine Läuterung durchgemacht. In einer ersten Phase stellten sie die Verfolgungen, die sie mit dem Ausschluss aus den jüdischen Synagogen trafen, in eine Reihe mit den Sanktionen, die die Boten des Herrn auch in früheren Zeiten erfahren mussten (Mt 23,29–36; Apg 7,51 f). Später verortete man die Christenverfolgung dann in einem eschatologischen Kontext und gab ihr damit eine Bedeutung, die sie zuvor nicht besessen hatte: Sie macht *das Maß voll* (1 Thess 2,15 f), und das just in dem Augenblick, da der Menschensohn als Richter kommt, um die

Guten von den Ruchlosen zu scheiden (vgl. Mt 5,10–12). Die Verfolger richten sich mit ihren Werken selbst. In einer dritten Phase entwickelte sich das Denken weiter: Die Verfolgten werden dazu aufgerufen, »um des Menschensohnes willen« (Lk 6,22; vgl. Mk 8,35; 13,8–13; Mt 10,39) zu leiden und zu sterben und, mehr noch, ihm auf seinem Leidensweg nachzufolgen (vgl. Mt 10,22–23; Mk 10,38). Dieser letztgenannten Vorstellung entspricht das Martyrium des Stephanus, das wir heute im Laufe des Tages in einem ruhigen Moment noch einmal lesen sollten (Apg 6,8–7,60). Stephanus stirbt nicht nur *für* Christus, sondern *wie* Christus und *mit* Christus, und diese Teilhabe am Mysterium des Leidens Jesu Christi trägt den Glauben des Märtyrers: Mit einem solchen Tod verkündet er auf seine Weise, dass der Tod im Leben Jesu nicht das letzte Wort gehabt hat.

Auch wir lernen im Lauf unseres Erdenlebens diese drei Arten kennen, mit Schwierigkeit und Verfolgung umzugehen. Wenn wir die dritte Stufe erreicht haben, sind wir Christus am nächsten. Deshalb ist der Tod Christi gleichsam das grundlegende »A priori« jeder christlichen Einstellung: *Denn die Liebe Christi drängt uns, wenn wir dies bedenken: Einer ist für alle gestorben, also sind alle gestorben. Und zwar ist er für alle gestorben, damit die Lebenden nicht mehr für sich selbst leben, sondern für den, der für sie gestorben und auferweckt worden ist* (2 Kor 5,14–15). Wenn wir Christus am Kreuz betrachten, wird uns bewusst, dass wir ihm unser Leben verdanken, weil – und nur deshalb! – er das seine für das unsere hingegeben hat. Und die Dankbarkeit wird uns, wenn sie echt ist, ebendort verorten: in der Hingabe des Lebens nach dem Beispiel unseres Herrn. Genau an diesem Punkt lösen sich alle »behavioristischen« Erklärungsversuche der christlichen Haltung und Lebensweise in nichts auf. Auf die Großzügigkeit Christi kann man nicht mit einem konventionellen und wohlerzogenen »Vielen Dank!« antworten: Die einzige Antwort, die man geben kann, ist das eigene Leben, und diese Antwort wird gegeben, seit der Herr uns in seiner Einsamkeit am Kreuz den Weg gezeigt hat. Bei dieser Antwort müssen wir, muss unser ganzes Wesen Dankbarkeit sein. Diese »Danksagung« mit dem eigenen Leben wird Tag für Tag Gegenwart in der »Danksagung« schlechthin: der Eucharistie, die zugleich Gedächtnis des Herrenleidens ist. Die Eucharistie legt den Grund der Kirche, nährt sie und erhält sie am Leben. *Denn sooft wir von diesem Brot essen und aus dem Becher trinken, verkünden wir den Tod des Herrn, bis er kommt* (vgl. 1 Kor 11,26). In der Feier der Eucharistie wird die Geburtsstunde der Kirche gegenwärtig, die mit der Todesstunde des Herrn zusammenfällt. Und unsere Art, Dank zu sagen, besteht darin, diesen Tod anzunehmen, uns ihm anzugleichen. Hier wurzelt die tiefste Wesensform unserer Zugehörigkeit zur Kirche.

4. Andererseits ist der Tod Christi der Beginn der wahren Herrlichkeit. *Musste nicht der Messias alles dies erleiden und so in seine Herrlichkeit gelangen?* (Lk 24,26), die Herrlichkeit, die Stephanus vor seinem Tod erblickte (Apg 7,55), die uns verheißen ist und mit der verglichen das, was wir in diesem Leben erleiden, jede Bedeutung verliert (vgl. Röm 8,18). Es ist die Herrlichkeit, die Jesus ersehnte und um die er den Vater mit diesen Worten bat: *Jetzt verherrliche du mich, Vater, bei dir selbst* (Joh 17,5). Die Herrlichkeit Jesu ist die Stunde seines Kreuzes: *Die Stunde ist gekommen, dass der Menschensohn verherrlicht wird. ... Wenn das Weizenkorn nicht in die Erde fällt und stirbt, bleibt es allein. Wenn es aber stirbt, bringt es viele Frucht* (Joh 12,23–24); und damit wirklich niemand mehr daran zweifeln kann, dass zwischen dieser Herrlichkeit und dem Verlust des Lebens ein Zusammenhang besteht, fährt der Herr fort: *Wer sein Leben liebt, verliert es; wer aber sein Leben in dieser Welt hasst, wird es für das ewige Leben bewahren.*

Die Apostel begriffen, dass die Herrlichkeit Jesu sein Kreuz war ... allerdings erst später ... deshalb schreibt Johannes über die Jünger: *Als Jesus verherrlicht war, erinnerten sie sich, dass dies über ihn geschrieben war und man es so für ihn ausgeführt hatte* (Joh 12,16).

Der heilige Paulus wird diese Herrlichkeit des Kreuzes ohne Umschweife zum Ruhm seines Lebens machen: *Ich aber will mich nicht rühmen, außer im Kreuz unseres Herrn Jesus Christus, durch das mir die Welt gekreuzigt ist und ich der Welt* (Gal 6,14). Sich im Kreuz Jesu Christi rühmen, sich des Herrn rühmen (vgl. 2 Kor 10,17) ist Lobpreis und zugleich die beste Verteidigung gegen die Feinde des Kreuzes Christi, gegen die Klugheit dieser Welt, gegen die, die in eigener Verantwortung sprechen und ihre eigene Ehre suchen (vgl. Joh 7,18), die Ehre voneinander annehmen (vgl. Joh 5,44) und *das Ansehen bei den Menschen mehr lieben als das Ansehen bei Gott* (Joh 12,43). Der Herr sagt selbst, dass ihm an dieser menschlichen Ehre nichts liegt: *Ehre von Menschen nehme ich nicht an* (Joh 5,41). Diese so unendlich wichtige Zustimmung zum Kreuz wird in letzter Instanz das Kriterium sein, das darüber entscheidet, ob wir unserem Meister wirklich treu nachgefolgt sind. Die christliche *kaúchesis*, das »Sich-Rühmen« im Herrn, wird, gerade weil sie über das Kreuz führt und sich ganz an diesem ausrichtet, von jeglicher Eitelkeit geläutert – denn sie ist keine eitle Ruhmsucht – und findet ihre Mitte im allerreinsten Ursprung ihres Urhebers, den sie gerne den *Herrn der Herrlichkeit* nennt (1 Kor 2,8).

5. Sich im Kreuz des Herrn zu rühmen setzt ein lebendiges und immerwährendes Gedenken an das Kreuz voraus. *Denk an unseren Herrn Jesus Christus* (vgl. 2 Tim 2,8), diesen Rat werden die Jünger liebgewinnen, und der Herr selbst sagt ihnen, nachdem er ihnen sein Kreuz angekündigt hat: *Schon jetzt habe ich es euch gesagt, bevor es geschieht, damit ihr, wenn*

es geschieht, glaubt (Joh 14,29). Das Gedenken an das Kreuz des Herrn tröstet und bestärkt uns im Frieden und im Dienst an Gott. Dieser Herrlichkeit des Herrn zu gedenken und sich darin zu rühmen, setzt nicht nur voraus, dass wir alle eitlen und nichtigen Herrlichkeiten vergessen, sondern auch, dass wir aus dieser tröstenden Erinnerung Kraft schöpfen für den Augenblick, da meine grundsätzliche Zustimmung zum Kreuz sich in der Prüfung bewähren muss. Weil sie die Erinnerung an die Herrlichkeit des Kreuzes lebendig hielten, konnten die Apostel die Zeichen der Zeit deuten und den Gläubigen Mut zusprechen: *Geliebte, seid nicht befremdet über die Feuersglut, die zu euerer Prüfung über euch gekommen ist, als ob euch etwas Außergewöhnliches widerfahre. Freut euch vielmehr, dass ihr an den Leiden Christi teilhabt, damit ihr euch auch bei der Offenbarung seiner Herrlichkeit voller Jubel freuen könnt. Werdet ihr um des Namens Christi willen geschmäht, seid ihr selig zu preisen. Denn der Geist der Herrlichkeit, der Geist Gottes, ruht auf euch. Nur darf niemand von euch leiden als Mörder oder Dieb oder Übeltäter oder als einer, der sich in fremde Angelegenheiten einmischt. Wenn er aber als Christ leidet, dann soll er sich nicht schämen, sondern Gott verherrlichen in diesem Namen. Denn die Zeit ist da, dass das Gericht beim Haus Gottes beginnt. Wenn es aber bei uns beginnt, was wird das Ende derer sein, die der Heilsbotschaft Gottes nicht gehorchen? Und wenn der Gerechte kaum gerettet wird, wo wird dann der Gottlose und Sünder zu sehen sein? Darum sollen auch alle, die nach dem Willen Gottes leiden, dem treuen Schöpfer ihre Seelen dadurch anbefehlen, dass sie Gutes tun* (1 Petr 4,12–19).

Dieser letzte Satz erinnert uns an die Herzensgesinnung Christi: Er gibt sich hinein in die Hände Gottes, ohne dem Sturm gebieten oder die Krise steuern zu wollen. Dieses Vertrauen ist stark, aber nicht naiv; und es ist dasselbe Vertrauen, zu dem Jesus seinen Jüngern schon vor seinem Tod geraten hat: *Wenn sie euch aber ausliefern, dann macht euch keine Sorgen, wie oder was ihr reden sollt. Denn in jener Stunde wird euch eingegeben werden, was ihr reden sollt. Denn nicht ihr seid es, die dann reden, sondern der Geist eueres Vaters ist es, der in euch redet* (Mt 10,19–20). Dieses Vertrauen verlässt sich auf die Väterlichkeit Gottes, kennt aber auch die herzzerreißende Todesnot, denn es erhält keine umgehende Antwort, sondern muss sich bewähren im Schweigen Gottes, das zur Versuchung der Hoffnungslosigkeit werden kann … Es ist der erschütternde Schrei auf dem Höhepunkt der Prüfung: *Vater, warum hast du mich verlassen?* (vgl. Mt 27,46).

6. Das Gedenken an das Kreuz ist sozusagen der Schauplatz des christlichen Daseins. Abseits dieses Schauplatzes werden wir weder was die Ausübung unseres Dienstes noch was unsere pastoralen Methoden betrifft, die richtigen Entscheidungen treffen: Wir laufen Gefahr, Lösungswege zu suchen, auf denen wir das Kreuz umgehen können. Dann führen wir eines dieser lauen Leben (sind »nicht Fisch und nicht Fleisch«) oder werden einer dieser Seelsorger, deren Tun weder menschlich noch göttlich grundgelegt ist. Wenn wir uns dagegen für den Weg Jesu entscheiden, müssen wir uns ganz auf den Vater verlassen und bereit sein, vom Vater verlassen zu werden.

Das Bewusstsein der rückhaltlosen Hingabe an den Vater und das Gefühl, vom Vater verlassen zu sein, das jedes Kreuz mit sich bringt, verweisen auf den eschatologischen Charakter dieses »Ecksteins« unseres christlichen Lebens. Wir müssen am Kreuz alles verlieren, um alles zu gewinnen. Wer das Kreuz nimmt, verkauft alles, um die eine kostbare Perle oder den Acker zu kaufen, in dem der Schatz vergraben ist. Alles verlieren: *Wer sein Leben verliert um meinetwillen, der wird es finden* (Mt 16,25; Mk 8,34f; Lk 17,33). Wir verlieren alles, um das neue Leben zu suchen; ein neues Dasein wird uns geschenkt werden, doch zuvor müssen wir alles verlieren. Hier gelten keine Klauseln oder Rückversicherungen wie die, zu denen Hananias und Saphira ihre Zuflucht nahmen (Apg 5,1–11): Niemand zwingt uns. Wir sind eingeladen. Doch bei dieser Einladung geht es um »alles oder nichts«: keinen Schlafplatz sein Eigen zu nennen, obwohl selbst die Füchse ihre Höhlen haben; die Toten ihre Toten begraben zu lassen; und sich tagtäglich neu bewusst zu machen, dass es nicht der Herrlichkeit des Herrn entspricht, wenn wir die Hand an den Pflug legen und zurückblicken (vgl. Lk 9,57–62).

Das Kreuz ist das Zeichen für den Kampf, der der Sinn unseres Daseins ist. Mit dem Kreuz verhandelt man nicht, das Kreuz lässt nicht mit sich reden: Man umarmt es oder man weist es zurück. Wenn wir es zurückweisen, dann haben wir unser Leben selbst in der Hand, dann bleibt es eingezwängt in die Enge unseres kleinlichen Horizonts. Wenn wir uns aber entscheiden, das Kreuz zu umarmen, verlieren wir noch im selben Moment unser Leben, wir lassen es los und geben es hinein in die Hände Gottes, in die Zeit Gottes, und wir werden es zurückerhalten, aber auf andere Weise.

Es wird uns an diesem Tag des Gebetes guttun, über diese »Kreuzung« nachzudenken, an der sich unsere Zukunft entscheidet, und den Herrn der Herrlichkeit demütig darum zu bitten, dass er uns an seiner Bestimmung und seinem Kreuz teilhaben lässt. Und die Mutter des Herrn, unsere Mutter und die Mutter der Kirche, wollen wir sehr demütig und mit kindlicher Zärtlichkeit darum bitten, dass sie uns ihrem Sohn anempfiehlt.

Zur vertiefenden Betrachtung im Gebet

Denken wir zum Abschluss noch einmal über den ersten Petrusbrief (1 Petr 4,12–19) nach und wenden wir seine Botschaft auf die Krisen unseres eigenen Lebens an. Umarmen wir dieses Kreuz, das uns hier und jetzt beschieden ist, und geben wir uns voller Vertrauen auf sein Erbarmen hinein in die starken Hände unseres Herrn.

Sünde

1. *Darum wollen denn auch wir, die wir eine so große Wolke von Zeugen um uns haben, allen Ballast und die uns leicht umgarnende Sünde ablegen* ... (Hebr 12,1). Ja, so ist es: Die Sünde umgarnt uns, belagert uns, untergräbt unsere Fundamente und unsere Identität, nämlich unsere Zugehörigkeit zur Kirche. Es ist eine schlaue Belagerungstechnik, denn der, von dem sie stammt, ist sehr schlau. Bei dieser Belagerung geht es um Leben und Tod: *Er wird dir den Kopf zermalmen und du wirst ihn an der Ferse treffen* (Gen 3,15). *Wenn wir sagen, dass wir keine Sünde haben, täuschen wir uns selbst und die Wahrheit ist nicht in uns* (1 Joh 1,8; vgl. ebd. 1,5–2,2). *Jeder, der die Sünde tut, tut auch die Bosheit, ja die Sünde ist die Bosheit* (1 Joh 3,4; vgl. 3,4–10). Der Apostel Johannes stellt, als er uns mit dem Problem der Sünde konfrontiert, einen sehr grundsätzlichen Kriterienkatalog auf: Es gibt keine Gemeinschaft mit Gott ohne Bekehrung des Herzens. Es gibt keine Bekehrung des Herzens außerhalb von Jesus Christus. Ein nicht bekehrtes Herz wandelt in der Finsternis und will nicht lassen von der Finsternis, weil es die Finsternis mehr liebt als das Licht (vgl. Joh 3,19–20). Immer wieder begegnet uns im Evangelium dieses Motiv vom Kampf zwischen Licht und Finsternis. *Und das Licht scheint in der Finsternis, und die Finsternis hat es nicht ergriffen* (Joh 1,5). *Er kam in sein Eigentum, und die Seinigen nahmen ihn nicht auf* (Joh 1,11). *Meine Kinder,* so wendet sich der Apostel an uns, *das schreibe ich euch, damit ihr nicht sündigt* (1 Joh 2,1). Beten wir um die Gnade, die Sünde nicht auf die leichte Schulter zu nehmen (vgl. Röm 6,1).

Einerseits können wir Gott nicht erkennen, ohne uns von Grund auf zu ändern, und andererseits können wir genau

das nicht aus eigener Kraft vollbringen. Nur im Spannungsfeld zwischen diesen beiden Wahrheiten keimt meine Hoffnung. Ein Gebet steigt auf: *Aus der Tiefe, o Herr, ruf ich zu dir*
(Ps 130,1), wohl wissend, dass ich nichts bin (vgl. Ps 103,15–16).
Mit diesem Schrei erkennen wir uns selbst als unfrei und zer-
rissen (Röm 7,15). Und je näher wir dem Licht kommen, desto
klarer wird die Einsicht in unsere Sünden.

Jeder, der die Sünde tut, tut auch die Ungerechtigkeit (1 Joh 3,6).
Dieses Wort ist von eschatologischer Tragweite und meint
das grundlegende Unrecht, das Böse der Endzeit, wenn die
Bösartigkeit der dem Teufel unterworfenen Welt offenbar
wird. Die Sünde ist mehr als eine bloße Schwäche: Sie ist eine
grundsätzliche Abkehr vom Licht. Es gibt einen Zusammenhang zwischen der Abwesenheit des Bösen und der Gegenwart Jesu. Seit Jesus gekommen ist, gibt es keine Entschuldi-
gung mehr (Joh 15,22), und der Geist selbst wird der Welt die
Augen öffnen (Joh 16,8–10). Das Wesen der Sünde, des Bösen,
ist die radikale Ablehnung jener Freiheit, die von der Liebe
verlangt wird. Das Böse besteht nicht so sehr in Taten: Es ist
eine Wurzel, eine Einstellung zum Leben: Man ist böse.

2. Nach und nach fasst die Sünde in unserem Herzen Fuß
und macht es böse, sie verhärtet es. Hinter einem Akt des
Ungehorsams verbirgt sich immer eine Missachtung des
Herrn, eine Abgötterei, eine »Sünde der Zauberei«: *Ungehorsam ist schlimm wie die Sünde der Zauberei, und Eigensinn ist
gleich dem Frevel und Götzendienst* (1 Sam 15,23). Viele Male erinnert uns die Schrift an diese Verhärtung des Herzens durch
die Sünde und an die Gottlosigkeit der Sünder (Röm 1,18ff).
Diese Entwicklung ist abgeschlossen, wenn unsere Bosheit
uns beherrscht, wenn *unsere Frevel uns forttragen wie der Wind*
(vgl. Jes 64,5). Eine solche Verhärtung äußert sich darin, dass
man die Liebe, das fleischgewordene Gotteswort (das uns
von Demut spricht, von Entäußerung und Kreuz) und jede

Einsamkeit, die aus dem Herzen des Herrn kommt, instinktiv zurückweist. Und sie endet damit, dass, wie es scheint, selbst das Wort Gottes die verstockten Herzen nur noch härter und rebellischer werden lässt (Lk 8,9–10; Mt 13,10–13; Mk 4,10–12).

Jesus mahnt uns, im Licht zu wandeln, solange noch Zeit ist, damit wir uns nicht stoßen (Joh 11,9–10). Dieses »solange« gilt auch für die Sünde: Wie lange wird Gottes Geduld noch währen? Der heilige Ignatius fordert uns auf, zu bedenken, »wie sie mich am Leben gelassen und in ihm erhalten haben« (*Geistliche Übungen* 60). Missbrauche ich Gottes Geduld? Spiele ich mit der Liebe? Möge es mir nicht ergehen wie Esau, *der für eine einzige Mahlzeit sein Erstgeburtsrecht verkaufte. Ihr wisst ja, dass er später, als er den Segen erben wollte, abgewiesen wurde; denn er fand keinen Raum zur Sinnesänderung, obwohl er sie unter Tränen suchte* (Hebr 12,14–17).

Beenden wir unser Gebet mit dem Flehen des Propheten Jesaja: *Wo ist dein Eifer und deine Macht, das Beben deines Innern und dein Erbarmen? Halte dich doch nicht von uns fern! Denn du bist unser Vater; Abraham weiß ja nicht um uns und Israel kennt uns nicht. Du bist unser Vater; ›Unser Erlöser seit Anbeginn‹ ist dein Name. Warum, Herr, hast du uns von deinen Wegen abirren lassen und unser Herz verhärtet, dass wir dich nicht mehr fürchten? Wende dich wieder zu uns um deiner Knechte willen, der Stämme deines Erbes! Warum sind Gottlose in dein Heiligtum eingedrungen, warum haben unsere Feinde deine heilige Stätte zertreten? Uns geht es, als hättest du niemals über uns geherrscht, als wären wir nicht nach deinem Namen genannt worden. Zerreiß doch den Himmel und steig herab, so dass vor deinem Angesicht die Berge erbeben!* (63,15–19).

Bitten wir Gott im Gebet um die Gnade der Bekehrung? In welchen Situationen haben wir die Finsternis dem Licht vorgezogen?

Sünde und Hoffnungslosigkeit

1. Wenn wir uns mit der Sünde beschäftigen, dann betrachten wir die *grundlegende Paradoxie unseres Lebens:* den Widerspruch zwischen dem Plan Gottes, der uns in seiner Kirche verankert und in sie einfügt, und der Sünde, die unsere Zugehörigkeit zum Herrn und unserer heiligen Mutter, der hierarchischen Kirche, zu untergraben droht. Seien wir zu Beginn dieser Betrachtung besonders demütig. Denn »als Volk Gottes, das mitten in dieser Welt lebt und oft durch deren Idole versucht wird, muss die Kirche immer wieder die Verkündigung der Großtaten Gottes hören, die sie zum Herrn bekehrt haben, von neuem von ihm gerufen und geeint werden« (*Evangelii nuntiandi* 15). Seien wir demütig, denn wir wissen, wie schwer und wie oft wir gegen das Evangelium gesündigt haben.

Bitten wir den Herrn, uns in dieser Betrachtung spüren zu lassen, dass unsere Sünde die Reichweite unserer heiligen Mutter Kirche beeinträchtigt. Diese »universale Kirche ist ohne Schranken und Grenzen, außer denen, die Herz und Geist des sündigen Menschen leider setzen« (*Evangelii nuntiandi* 61).

Unsere Sünde schadet nicht nur uns selbst, sondern der ganzen Kirche: Wir trüben ihre Heiligkeit, schwächen ihre Fruchtbarkeit und erschüttern ihre Ordnung. Bitten wir um die Gnade, zu »erfahren, wie hohl alle Idole sind« (*Evangelii nuntiandi* 26): vor allem jene, die »der heute häufig zu beobachtenden Entchristlichung« zugrunde liegen (*Evangelii nuntiandi* 52). An dieser Entwicklung haben wir selbst Anteil, und sie stellt einen Angriff auf unseren Glauben dar: »Dieser Glaube ist heute fast immer mit der Säkularisierung, ja sogar mit dem *militanten Atheismus* konfrontiert: Es ist ein Glaube, der Prüfungen und Gefahren ausgesetzt ist; mehr noch, ein Glaube, der angegriffen und bekämpft wird. Er droht erstickt oder ausgezehrt zu werden, wenn er nicht täglich genährt und gestützt wird« (*Evangelii nuntiandi* 54).

2. Wenn uns das bewusst geworden ist, wollen wir den Herrn um die Gnade der Bekehrung bitten, weil seine Güte uns offenbart, dass »die besten Strukturen, die idealsten Systeme schnell unmenschlich werden, wenn nicht die unmenschlichen Neigungen im Herzen des Menschen geläutert werden, wenn nicht bei jenen, die in diesen Strukturen leben oder sie bestimmen, eine *Bekehrung des Herzens und des Geistes* erfolgt« (*Evangelii nuntiandi* 36). Möge er uns die Gnade gewähren, unser Herz wieder ganz an die Verkündigung des Evangeliums zu hängen, das »jeder Mensch … als Gnade und Erbarmung« empfangen kann »und dennoch mit Gewalt an sich reißen« muss (*Evangelii nuntiandi* 10): Das heißt, dass die Gabe Gottes ein Geschenk ist und doch errungen sein will. Gebe er uns die Kraft, beharrlich an der Bekehrung unseres Herzens zu arbeiten.

Bekehrung ist Gnade: Wir müssen darum bitten und uns (am heutigen Tag) für dieses Bittgebet viel Zeit nehmen. Unser Herz verschließt sich in seiner Sünde, es verhärtet sich, und während Gott nie müde wird zu vergeben, übt sich unser ungeduldiges Herz in der menschlichen Kunst, zu müde zu werden, um diese Vergebung zu erbitten. Wir brauchen das Wort Jesu, das uns aufrüttelt: *Ihr Unverständigen, wie träge ist euer Herz, an alles das zu glauben, was die Propheten gesagt haben! Musste nicht der Messias alles dies erleiden und so in seine Herrlichkeit gelangen?* (Lk 24,25–26). Dieses Wort des auferstandenen Herrn wird uns auch lehren, wie hilfreich es ist, sich die eigenen Sünden einzugestehen und sich von ganzem Herzen und aufrichtig zu bekehren. Eine solche Bekehrung können wir nur von Gott erbitten, denn sie ist Teil unserer Berufungsgnade, für die wir offen sein müssen. Bitten wir also, wie der heilige Ignatius es uns immer wieder rät, den Herrn um seine Gnade, damit uns »stets wachsender und intensiver Schmerz und Tränen über meine Sünden« zuteil wird (*Geistliche Übungen* 56).

3. Die Sünde, das Werk Satans, zielt treffsicher mitten hinein in das, was uns zusammenhält: ins Herz, in die Hoffnung. Hoffnungslosigkeit zersetzt das Herz des Menschen. Während die Tugend der Hoffnung zusammenfügt, führt ihr Zerrbild, die Hoffnungslosigkeit – die sich uns als scheinbare Alternative anbietet –, in die Isolation: Der hoffnungslose Mensch zieht sich in sein Schneckenhaus zurück, tritt auf der Stelle und bringt keine Frucht. Führen wir uns die verschiedenen Erscheinungsformen, die diese Hoffnungslosigkeit im Lauf der Heilsgeschichte angenommen hat, noch einmal vor Augen und prüfen wir unser Herz, ob nicht auch in ihm ein solches Zerrbild nistet.

4. *Die Hoffnungslosigkeit eines Volkes,* das in der Wüste Nein sagt zur Hoffnung des lebendigen Gottes und lieber ein Götzenbild anbetet (Ex 32,7–10; 32,15–24); das Nein sagt zur Hoffnung des Heilsplans und sich stattdessen nach den Fleischtöpfen der ägyptischen Sklaverei zurücksehnt (Ex 16,1–3); das Nein sagt zu denen, die es führen wollen, und – die bequemste Form des Anarchismus! – gegen sie murrt (Ex 16,6–8; 17,1–7). Ein Volk, das die Bewährungsprobe, die Schwierigkeit scheut. Bei dieser Versuchung geht es darum, dass die Gabe Gottes ein Geschenk ist und doch errungen sein will (vgl. *Evangelii nuntiandi* 10).

In dem Bestreben, schnell voranzukommen, will das ungeduldige Herz dieses Volkes nicht länger Geschöpf sein, sondern Schöpfer von wohlklingenden Plänen, von Protestplänen. Pläne, die sein Egoismus hervorgebracht hat und die ihrerseits ihre eigene Strafe hervorbringen. Denn die Ungeduld zieht eine Strafe nach sich, die innerlich zu ihr gehört: die Unfruchtbarkeit. Der Ungeduldige, der alles auf einmal erreichen will, steht am Ende vor dem Nichts. Seine Pläne sind wie die Saat, die zwischen die Felsen fällt: Sie haben keinen Tiefgang, sind bloße Worthülsen ohne Substanz. Ungeduld und Hoffnungslosigkeit können die Identität eines Volkes zersetzen, sie können das Bild des Vaters zersetzen, der dieses Volk zusammenruft, und sie können die Entschlossenheit, die Kampfkraft, die apostolische Ausdauer zersetzen (und aus Aposteln Phrasendrescher machen). Letztlich führen Ungeduld und Hoffnungslosigkeit in ihrem Bestreben, Zeit zu sparen, in die Illusion der Zauberei: die Illusion, Gott kontrollieren, Gott beherrschen zu können. Am Kreuz nimmt Christus all diese Pseudo-Herausforderungen an, die aus Ungeduld und Hoffnungslosigkeit erwachsen: In ihm lernen wir, dass Gott der immer Größere ist, dass die Sünde vergeht, dass Geduld und Beständigkeit Kinder der Hoffnung sind. Und deshalb entsteht das Reich Gottes nicht von jetzt auf gleich, sondern muss »mit Geduld im Verlauf der Geschichte fortgeführt werden, um dann voll verwirklicht zu werden am Tage der endgültigen Ankunft Christi« (*Evangelii nuntiandi* 9).

5. *Die Hoffnungslosigkeit zersetzt die Familie* (2 Sam 11.12). David hatte den Auftrag, das Volk Gottes zusammenzuhalten, doch seine Ungeduld trieb ihn, die Familie zu schwächen, die die Grundlage des Volkes ist. Die Hoffnungslosigkeit untergrub seine Sendung, sie untergrub die seinem Bruder geschuldete Gerechtigkeit. Die Zersetzung beginnt beinahe unmerklich, sie schleicht sich ein, als wäre sie nur ein vorübergehender Anflug, dann aber wird sie stärker und versklavt uns. Sie bringt uns dazu, unserer Sendung als Hirten des Gottesvolks untreu zu werden.

6. *Die Ungeduld zersetzt das Vertrauen.* Als David beschließt, das Volk zählen zu lassen (2 Sam 24), setzt er im Grunde die empirische Überprüfung an die Stelle der Hoffnung. Denn seine Kraft einzuschätzen, um später dementsprechend handeln zu können (vgl. Lk 14,28–32), ist etwas ganz anderes als seine Leistung zu messen, um sich ihrer zu rühmen. David »beschränkt« das Heil auf das Maß dessen, was er selbst vermag, und handelt damit nicht anders als die Christen heute, die »oft versucht sind«, die Sendung der Kirche »auf die Dimensionen eines rein diesseitigen Programmes zu beschränken: ihre Ziele auf eine anthropozentrische Betrachtungsweise; das Heil, dessen Bote und Sakrament sie ist, auf einen materiellen Wohlstand; ihre Tätigkeit, unter Vernachlässigung ihrer ganzen geistlichen und religiösen Sorge, auf Initiativen im politischen und sozialen Bereich« (*Evangelii nuntiandi* 32). Wahrscheinlich hat ihn seine eigene Macht überheblich werden und seine Sünden vergessen lassen, so dass David nun der Versuchung erliegt, die Befreiung, die Gott für sein Volk will, »den Erfordernissen irgendeiner Strategie, einer Praxis oder eines kurzfristigen Erfolges« zu opfern (*Evangelii nuntiandi* 33). Er erschüttert die Einigkeit seines Volkes mit Gott und gießt ein neues Götzenbild: »meine Macht, unsere Macht«. Wie oft erleben wir es, dass sich jemand an der Einigkeit des Volkes mit Gott zu schaffen macht! Wie oft verwandelt sich unsere pastorale Leitung in Starker-Mann-Gebärden[22] oder in Anbiederung, wenn wir bestimmten Interessengruppen nach dem Mund reden oder die Hilflosigkeit anderer ausnutzen! Denn auch wir sind Kinder unserer Zeit und laufen daher Gefahr, eher Brüche und Spaltungen zu

[22] Im Original: *caudillismo. Caudillismo* bezeichnet in Lateinamerika den autoritären Führungsstil einer charismatischen Persönlichkeit mit ausgeprägtem Machtbewusstsein und einem Hang zur Rücksichtslosigkeit. [*Anm. der Redaktion*]

Erster Teil

verursachen als Gemeinschaft und Kommunikation zu fördern; eher Unterdrückung und Herrschaft zu stärken als die individuellen und kollektiven Rechte in echter Brüderlichkeit zu respektieren – weil wir selbst an der Blindheit und Ungerechtigkeit teilhaben.

7. *Die Hoffnungslosigkeit zersetzt die Brüderlichkeit* (1 Sam 18,6–17; 1 Sam 19,8–18). Sauls Neid auf David ist eindeutig unklug, denn statt sich als Teil des Volkes zu fühlen und selbst davon zu profitieren, dass sich das gesamte Volk um David, den Gesalbten, schart, zieht er es vor, sich abzusondern, und weigert sich halsstarrig, den Gesalbten Gottes anzuerkennen. Der Neid täuscht sich immer im Ziel: Er kämpft um das Falsche. Wer jemandem ein Gut neidet, verliert das eigentliche Gut: in diesem Fall die Freude am gemeinsamen Projekt, an der institutionellen Gemeinschaft. Denken wir an die wirkungslose Kritik an unseren Mitbrüdern. Sauls Abkapselung und sein Ungehorsam trennen ihn vom Herrn. Und er reißt das Volk mit sich, das sich letztlich sogar an dem vergreift, was Gott geweiht ist: *Doch verschonte das Volk die besten Stücke von Kleinvieh und Rind …, ohne es dem Untergang zu weihen* (1 Sam 15,9) – und sich damit einem ausdrücklichen Befehl Gottes widersetzt: *Zieh hin und schlag Amalek und weih es und all seinen Besitz dem Untergang* (1 Sam 15,3). Außer Neid finden wir in der Sünde Sauls zudem Ungeduld, Anmaßung, Ungehorsam (vgl. 1 Sam 15; 28,3–25) und Demagogie. Ein anders gelagerter Fall ist die Sünde des zweifelnden Zacharias (Lk 1,19–22), die Sünde des Zweifels und des Unglaubens. Der Unglaube des Priesters unterbindet das Gespräch mit den Gläubigen – *er konnte nicht zu ihnen reden* –, tut aber dem Glauben des gläubigen Volkes keinen Abbruch: *Da erkannten sie, dass er im Heiligtum eine Erscheinung gehabt hatte* (Lk 1,22).

8. *Die Hoffnungslosigkeit untergräbt die Beständigkeit im apostolischen Leitungsamt.* Esau, der sein Erstgeburtsrecht gegen

ein Linsengericht eintauscht (Gen 25,19–34; 26,34–35; Hebr 12, 15–18). Die hedonistische Ungeduld, die immer gleich Ergebnisse sehen will und unfähig ist, Opfer zu bringen. Die Nachlässigkeit im Umgang mit den Dingen Gottes, »weil ich keine Lust habe«. Ich glaube, in unserem Seelsorgealltag steht das Linsengericht für jede Art der Schmeichelei. Es fällt uns so schwer, für dumm gehalten zu werden, nicht das letzte Wort zu haben, nicht auf allen Bühnen den Propheten spielen zu dürfen usw. Es fällt uns so schwer, mit einem ehrlichen »Ich weiß es nicht« zu antworten, das weder Verwirrung noch Desinteresse ausdrückt. Als Hirten des gläubigen Gottesvolks müssen wir zuweilen auf schnelle Antworten verzichten und bedenken, dass der Weise auch schweigen können muss. Verzicht auf den Angriff und die sofortige Parade. Verzicht darauf, ein »moderner« Priester zu sein und moderne Reden zu führen, Verzicht auf Neigungen und Abneigungen, die nicht aus meiner Berufung der Zugehörigkeit zu einem Leib, sondern aus inneren Verhärtungen, aus vorgefassten Meinungen erwachsen. Die Liste ließe sich beliebig verlängern.

All das sind Beispiele, anhand derer das Wort Gottes uns die zersetzende Kraft der Hoffnungslosigkeit vor Augen führt. Wir tragen die Möglichkeit in uns, uns von ihr überwältigen zu lassen. Der böse Geist wird *sieben andere mitbringen, die noch schlimmer sind als er,* um uns erneut anzugreifen. Beschließen wir diese Betrachtung in der demütigen Erkenntnis, dass wir Sünder und dennoch vom Herrn erwählt sind, »mit einem Gespräch der Barmherzigkeit. Mit Gott unserem Herrn sich unterhalten und Dank sagen, dass er mir bis zur jetzigen Stunde das Leben geschenkt hat, dann sich vornehmen mit Seiner Gnade in Zukunft sich zu bessern« (*Geistliche Übungen* 61).

Denken wir nun darüber nach, was es heißt, sich von Hoffnungslosigkeit überwältigen zu lassen. Waren wir in letzter Zeit hoffnungslos? Vertrauen wir jetzt gerade, in diesem Augenblick, auf Gottes väterliche Vergebung? Nachdem wir diese Fragen beantwortet haben, wollen wir unser Bittgebet wiederaufnehmen und den Herrn um unsere Bekehrung bitten.

Unsere Väter wurden versucht

1. Unsere Zustimmung zum Ruf Christi wird auf die Probe gestellt werden. Manchmal ist die Versuchung wie ein leises, kaum hörbares Flüstern, dann wieder baut sie sich herausfordernd vor uns auf – doch die Aussage ist immer dieselbe: *Anderen hat er geholfen, sich selbst kann er nicht helfen. Er ist doch der König von Israel! Er soll jetzt vom Kreuz herabsteigen, dann wollen wir an ihn glauben* (Mt 27,42). Wir werden diese Versuchung umso weniger durchschauen, je fester sich unser sündiges Herz an andere Heilswege, an andere Lebensweisen klammert als die, die der Herr für uns vorgesehen hat. Und zuweilen will der Herr eben auch, dass wir wie er der äußersten Einsamkeit des Kreuzes preisgegeben sind: *Bist du nicht der Messias? Hilf dir selbst und uns* (Lk 23,39) … und nicht immer werden wir einen Leidensgefährten bei uns haben, der uns zurechtweist: *Nicht einmal du fürchtest Gott, obwohl dich doch das gleiche Urteil getroffen hat? Uns allerdings mit Recht; denn wir empfangen, was unsere Taten verdienen; dieser aber hat nichts Unrechtes getan* (Lk 23,40f).

Der Feind ist schlau. Er kennt unsere wunden Punkte. Der heilige Ignatius beschreibt ihn wie einen »Anführer, der das, was er haben will, besiegt und ausplündert. Denn wie ein Hauptmann oder Heerführer erst sein Lager aufschlägt und die Stärke oder den Zustand einer Burg ausspäht und sie dann an der schwächsten Stelle angreift, auf die gleiche Weise schleicht auch der Feind der menschlichen Natur umher und belauert ringsum alle unsere Tugenden, die theologischen, die Kardinaltugenden und die üblichen sittlichen; und wo er uns schwächer und hilfsbedürftiger zu unserem ewigen Heil hin findet, dort schlägt er gegen uns los und

trachtet, uns zu überwältigen« (*Geistliche Übungen* 327). Mal
will er uns einschüchtern (»Der Feind verhält sich wie ein
Weib, indem er schwach gegenüber Festigkeit wird und stark
gegenüber Nachgiebigkeit«; *Geistliche Übungen* 325)[23], dann
wieder versucht er uns im Verborgenen zu betören,[24] doch

[23] »Der Feind verhält sich wie ein Weib, indem er schwach gegenüber Festigkeit wird und stark gegenüber Nachgiebigkeit. Denn wie
es dem Weib eigen ist, beim Streit mit einem Mann den Mut zu verlieren und die Flucht zu ergreifen, wenn der Mann ihm die starke Stirn
zeigt; und wie im Gegenteil, wenn der Mann anfängt, den Mut zu verlieren und flieht, Zorn, Rachsucht und Wildheit des Weibes sich stei-
gern und geradezu maßlos werden, so ist es auch dem Feinde eigen,
schwach zu werden und den Mut zu verlieren, so dass seine Versuchungen die Flucht ergreifen, wenn die Person, die sich in geistlichen
Dingen übt, gegen diese Versuchungen des Feindes die starke Stirne
zeigt, indem sie das gerade Gegenteil tut. Wenn dagegen die Person,
die sich übt, beim Erleiden der Versuchungen anfängt, sich zu fürchten und den Mut zu verlieren, dann gibt es auf der ganzen Welt keine
so wilde Bestie wie den Feind der menschlichen Natur, wenn er mit
einer solch ausgewachsenen Bosheit seine zerstörerischen Absichten
verfolgt« (*Geistliche Übungen* 325).

[24] »Desgleichen verhält er sich wie ein eitler Verliebter, indem er
wünscht, verborgen zu sein und nicht entdeckt zu werden. Denn wie
solch ein falscher Mensch, der sich an die Tochter eines guten Vaters
oder die Gattin eines guten Gatten heranmacht und sie zum Bösen
überredet, den Wunsch hat, dass seine Worte und Einflüsterungen
geheim bleiben; und wie es ihm im Gegenteil sehr missfällt, wenn die
Tochter dem Vater oder die Gattin dem Gatten seine eitlen Worte und
seine verkommene Absicht aufdeckt, weil er leicht begreift, dass er
sein Vorhaben nicht mehr ausführen kann, ebenso will und wünscht
der Feind der menschlichen Natur, wenn er seine Listen und Einflüsterungen der gerechten Seele einflößt, dass sie im Geheimen aufgenommen und geheim gehalten werden. Wenn sie diese aber ihrem
guten Beichtvater oder einer anderen geistlichen Person aufdeckt, die
seine Betrügereien und Bosheiten kennt, so grämt ihn das sehr, denn
er begreift, dass er mit seiner schon begonnenen Bosheit nicht zum
Ziel gelangen kann, da seine offenkundigen Betrügereien aufgedeckt
sind« (*Geistliche Übungen* 326).

immer ist er treffsicher und zielstrebig. Er weiß, was er will. Und wenn er etwas angreift, dann deshalb, weil er es für gefährlich hält. Deshalb bezeichnet die christliche Tradition den Ort der Versuchung gerne als Ort der Gnade. Die Versuchung ist eine »schwierige Zeit«, und als solche »gehört sie zum Plan des Vaters und ist wesentlich Zeit der Gnade und des Heils«.[25]

Das gilt nicht nur für die Geschehnisse in unserem Inneren, sondern auch für Versuchungen, die die Gemeinschaft betreffen, denn »die Zeiten der Verwirrung und Prüfung, die unsere brüderliche Gemeinschaft hin und wieder bedrohen, können sich in Zeiten der Gnade verwandeln, die unsere Hingabe an Christus flankieren und glaubwürdig machen«. Während dieser Exerzitien müssen wir sehr aufmerksam auf die Versuchungen achten, die uns überkommen oder unter denen wir in unserem alltäglichen Leben häufiger zu leiden haben. Wenn wir ihnen im Herrn entgegentreten, dann werden sie zu Orten der Gnade. Wir gewinnen nichts, wenn wir uns in trügerischer Sicherheit wiegen und uns über das wahre Gesicht der Versuchung hinwegtäuschen: Darin liegt keine Gnade. Das ist der tiefere Sinn der folgenden Anmerkung des heiligen Ignatius: »Wenn derjenige, der die Exerzitien gibt, spürt, dass beim Übenden keinerlei geistliche Bewegungen, wie zum Beispiel Tröstungen oder Trostlosigkeiten, in seiner Seele eintreten noch dass er von verschiedenen Geistern in Bewegung versetzt wird, dann muss er ihn eindringlich über die Übungen befragen« (*Geistliche Übungen* 6). »Mit großzügigem Geist und Freiherzigkeit gegenüber seinem Schöpfer und Herrn« (*Geistliche Übungen* 5) an den Exerzitien teilzunehmen, erfordert grundsätzlich den

---

[25] Eduardo Francisco Pironio, *Meditación para tiempos difíciles*, Buenos Aires 2005, 2.

Mut zur Wahrheit über das, dessen wir uns in der Regel am meisten schämen: die Sünde, die Versuchung.

Die Versuchung hat immer ein konkretes Gesicht, sie wird uns mit konkreten Worten eingeflüstert, und auch unsere Art, mit der Versuchung umzugehen, ist konkret. Die Versuchung hat in der Kirche ihren eigenen »Stil«: Sie wächst, sie steckt an, und sie rechtfertigt sich. Sie wächst im Inneren des Einzelnen und wird immer lauter. Sie wächst im Inneren der Gemeinschaft und überträgt die Krankheit. Sie ist nie um eine Ausrede verlegen, wenn es darum geht, ihren Standpunkt zu rechtfertigen. Das meint die heilige Teresa, wenn sie schreibt, dass die Nonnen mit ihrem ständigen *hiciéronme sinrazón* (»Sie haben mir Unrecht getan!«) auf dem falschen Weg sind.[26] Wenn der Böse die Fäden in der Hand hält, dann zielt die Versuchung darauf ab, uns in *Feinde des Kreuzes Christi* zu verwandeln (Phil 3,18).

Wenn uns die Versuchung überkommt, dann sollten wir daran denken, dass wir nicht die Ersten sind, denen es so ergeht. Auch unsere Väter kannten die Versuchung, diesen Test, der so viel Aufschluss gibt über das Innere des Menschen. Denn im Grunde dient die Versuchung der Enthüllung der Wahrheit, die sich hinter dem äußeren Anschein verbirgt. Wir sind eitel. Wir huldigen dem Schein. Die Wahrheit kommt ans Licht, bewährt sich in der Versuchung wie das Töpfergeschirr im Brennofen (Sir 27,5). Ähnliches ist in einer altehrwürdigen Kanonisierungsformel ausgedrückt: *Wer ist es, der versucht wurde und unversehrt blieb? Es soll ihm das zum Ruhm gereichen. Wer konnte sich verfehlen und verfehlte sich nicht, konnte Böses tun und tat es nicht? Darum steht sein Glück gefestigt, und Wohltaten verkündet die Gemeinde* (Sir 31,10–11).

[26] Vgl. Teresa von Ávila, *Weg der Vollkommenheit*, Gesammelte Werke Bd. 2, Freiburg im Breisgau 2003, 145.

Unsere Väter wurden versucht, das Volk, dem wir angehören, hat die Versuchung im Lauf seiner Geschichte kennengelernt. Abraham wurde in seinem Glauben geprüft: *Nach diesen Ereignissen stellte Gott Abraham auf die Probe* (Gen 22,1). Aus Glauben wird Gehorsam (vgl. Hebr 11; 8,17–19). Dieses Verhalten unseres Vaters im Glauben wird später zu einem Bezugspunkt für das spirituelle Denken seines Volkes: *Bedenkt, wie er mit Abraham verfuhr* (Jud 8,26; Sir 44,21). Das jüdische Volk wurde während seiner vierzigjährigen Wanderung durch die Wüste versucht. *Denk an den ganzen Weg, den dich der Herr, dein Gott, nun vierzig Jahre lang in der Wüste geführt hat, um dich zu demütigen, dich zu prüfen und deinen Sinn zu erproben, ob du seine Gebote halten willst oder nicht* (Dtn 8,2). Die Versuchung der Wüste ist groß, weil sie nicht nur das sündige Innere ihrer verstockten Herzen enthüllt, sondern weil sich uns dort auch die Treue Gottes offenbart, seine Verheißung: *Der Fels aber war Christus* (1 Kor 10,4; vgl. auch Ex 17,7; Ps 94,9; 77,20; 104,41; 113,8; Dtn 9,22). Der Stab des Mose, dort ein Zeichen des Widerspruchs, wird im Gedächtnis dieses Volkes bewahrt bleiben; und viele Jahrhunderte später wird er – diesmal als Lanze in den Händen eines römischen Hauptmanns – wieder Wasser aus einem Felsen schlagen: *Das war in Wahrheit Gottes Sohn* (Mt 27,54; Joh 19,31–37).

Das Volk wurde versucht, um das Innerste seines Herzens offenzulegen, es wurde in seiner Liebe und Bundestreue auf die Probe gestellt. Und in der Versuchung (im selben Moment oder später, im prophetischen Rückblick) erkennt es die Gegenwart des Herrn, der treu ist, der es immer liebt und der *denen, die ihn suchen, ihren Lohn geben wird* (Hebr 11,6). In der Zeit des Exils, als die Messiaserwartung nur mehr eine Illusion der Alten zu sein schien, wurde das Volk in seiner Hoffnung auf die Probe gestellt. Das Einzige, was sie in dieser Lage wieder an die Verheißung glauben lässt, ist die pro-

Erster Teil

phetische Kraft der Erinnerung: *Bei alldem wollen wir dem Herrn, unserem Gott, danken, der uns ebenso prüft wie unsere Väter! Bedenkt, wie er mit Abraham verfuhr, wie er Isaak prüfte und wie es Jakob im syrischen Mesopotamien erging, als er die Schafe Labans, des Bruders seiner Mutter, weidete! Denn wie er jene zur Erprobung ihres Herzens im Feuer geläutert hat, so bestraft er auch uns nicht, sondern der Herr züchtigt seine Freunde, um sie zu warnen* (Jud 8,25–27).

Das Volk wird immer versucht sein, klare Verhältnisse zu fordern, sichere Garantien als Pfand zu verlangen: *Ihr aber, versucht doch nicht, die Entscheidungen Gottes zu erzwingen! Denn Gott kann nicht wie ein Mensch bedroht oder wie ein Menschenkind beeinflusst werden. Während wir auf seine Rettung warten, wollen wir ihn um Hilfe anrufen. Dann wird er unser Flehen erhören, wenn es ihm gefällt* (Jud 8,16–17). Dagegen besteht die Heiligkeit des Gerechten darin, *gegen alle Hoffnung* zu hoffen (Röm 4,18), wagemutig an die Verheißungen zu glauben, obwohl er nichts in der Hand hat: *Im Glauben sind diese alle gestorben, ohne die Verheißung erlangt zu haben; sie haben sie von fern gesehen und begrüßt* (Hebr 11,13). Sie hielten der Versuchung stand, als sähen sie den Unsichtbaren (vgl. Hebr 11,27).

Die Versuchung ist gleichwohl eine Bewährungsprobe des Menschseins. Sie muss nicht immer als Strafe verstanden werden. Ijob, der Unschuldige, der Inbegriff des Gottesknechts, wird versucht werden. Und diese Versuchung bereitet seine Augen auf die Gottesschau vor: *Vom Hörensagen nur hab' ich von dir gewusst; jetzt aber hat mein Auge dich geschaut. Drum leiste Widerruf ich und bereue in Staub und Asche* (Ijob 42,5–6).

Auch Jesus hat in seinem Leben die Versuchung erfahren. Sie beginnt in der Wüste (Mt 4,1–11), und sie wird weitergehen, denn *als der Teufel mit aller Versuchung am Ende war, ließ er von ihm eine Zeit lang ab* (Lk 4,13). Die Prüfung Jesu führt ihn bis in die Todesangst am Ölberg: *Jetzt ist meine Seele erschüttert. Was soll ich sagen: Vater, rette mich aus dieser Stunde? Aber deshalb bin ich in diese Stunde gekommen* (Joh 12,27; vgl. auch Lk 22,40–46). Jesus wird von seinen Verwandten auf die Probe gestellt (Mk 3,33), von Petrus, den er ohne Zögern »Satan« nennt (Mk 8,33), und von jenen, die auf einen irdischen Messias hoffen (Joh 6,15).

Die Kirche muss Christus auf seinem Weg nachfolgen (Mk 10,38). Petrus wird »im Sieb geschüttelt«, seine Beharrlichkeit wird auf die Probe gestellt werden, damit er, wenn er sich bekehrt hat, seine Brüder stärken kann (Lk 22,31 ff). Auch der Christ muss diesen Weg gehen: Er wird von Gott (1 Thess 2,4) und von der Gemeinde (1 Tim 3,10) geprüft werden, aber er weiß, dass er nicht über seine Kräfte versucht worden ist (1 Kor 10,11–13). Wir wissen, dass wir uns verschiedenen Prüfungen unterziehen müssen, *damit die Erprobung eures Glaubens, viel kostbarer als vergängliches Gold, das durch Feuer erprobt wird, euch gereiche zu Lob, Herrlichkeit und Ehre bei der Offenbarung Jesu Christi* (1 Petr 1,7; vgl. Hebr 12,11); wenn aber die Prüfung unsere Kräfte scheinbar übersteigt, dann wird es hilfreich sein, den Blick empor zu richten, auf den zu schauen, der solchen Widerspruch erduldete (Hebr 12, 3 ff), und nicht schwach zu werden ..., sondern uns mit einer guten Portion Humor selbst Mut zu machen: *Noch habt ihr nicht bis aufs Blut im Kampf gegen die Sünde widerstanden* (ebd.).

Die Versuchung hat ihren Raum im Spannungsfeld zwischen Treue und Untreue. Gott, unser Herr, will eine Treue, die sich in jeder Prüfung erneuert. Doch ebendort kommt auch der Teufel ins Spiel, der Verführer. Satan bezweckt die Untreue der Liebe, die das Volk zum Ehebruch verleitet (vgl. Ez 16); die Untreue der Hoffnung, die es verstockt werden lässt, so dass es nach festen Zusagen und Garantien verlangt: Götzendienst, Fleischtöpfe, Murren – all das bedeutet ein *Nein* zu Liebe und Hoffnung und eine Weigerung, sich von Jahwe führen zu lassen. Die Welt ist der Schauplatz der Versuchung.

Maria war dabei in der großen Schlacht, der großen Prüfung Jesu: seinem Kreuz. Dort hat er sie uns zur Mutter gegeben. Sie weiß, wie sie uns in der Versuchung beistehen kann.

Zur vertiefenden Betrachtung im Gebet

Vor dem Bild Unserer Lieben Frau wollen wir ihr die Versuchungen, die uns überkommen, zu Füßen legen. Erkennen wir unsere Schwäche demütig an und bitten wir sie, dass wir in Zeiten der Bedrängnis nicht vergessen, auf sie zu blicken, damit ihre mütterliche Hand uns führt und geleitet.

Haltungen der
Hoffnungslosigkeit

1. Bitten wir den Heiligen Geist, der uns alles Gute ins Herz zu schreiben und einzuprägen weiß, dass er uns die Gabe der Hoffnung schenkt und dass wir bereit sein mögen, sie zu empfangen. Diese Hoffnung ist etwas anderes als der Optimismus. Die Hoffnung braucht keinen Lärm, sie fürchtet die Stille nicht, sie klammert sich fest wie die Wurzeln im Winter. Die Hoffnung ist zuverlässig, denn sie kommt vom Vater aller Wahrheit. Sie weiß das Gute vom Bösen zu unterscheiden. Sie huldigt nicht dem Besten (verfällt nicht in Optimismus) und rechnet nicht mit dem Schlimmsten (ist nicht pessimistisch). Weil die Hoffnung das Gute vom Bösen unterscheidet, ist sie kämpferisch; und sie kämpft furchtlos und mit offenen Augen, mit der Entschlossenheit dessen, der weiß, dass er einem sicheren Ziel entgegeneilt, wie der biblische Verfasser es so hoffnungsvoll ausdrückt: *Darum wollen denn auch wir … allen Ballast und die uns leicht umgarnende Sünde ablegen und mit Ausdauer in dem Wettkampf laufen, der vor uns liegt* (Hebr 12,1). Genau das ist unsere Option: eine kämpferische Hoffnung.

2. Da diese kämpferische Hoffnung auch auf Klugheit und Unterscheidung beruht, wird es vielleicht von Nutzen sein, über einige Haltungen der Hoffnungslosigkeit zu sprechen, die sich zuweilen in unserem Herzen einnisten. Manchmal lauern sie dicht unter der Oberfläche, und manchmal schlummern sie in den Winkeln unseres Herzens, dort, wo wir den Plunder unseres Daseins »horten« und einer dunklen Besessenheit frönen. Diese Haltungen der Hoffnungslosigkeit sind die Stufen, die ins Anti-Reich führen: Am Anfang sind sie ein

wenig unbescheiden, dann werden sie eitel, und schließlich platzen sie geradezu vor Überheblichkeit.

3. »Am Anfang sind sie ein wenig unbescheiden ...« Damit meine ich einige besondere Formen der Unbescheidenheit *sub angelo lucis*.[27] Ein Beispiel: Wir haben in unseren Einrichtungen, in unseren Diözesen einen spürbaren Rückgang an Berufungen hinnehmen müssen. Phasenweise mussten wir hilflos zusehen, wie unsere durchaus berechtigten Nachwuchshoffnungen sich in nichts auflösten. Doch wie oft haben wir uns geweigert, diesen gemeinsamen Schmerz anzunehmen, ihn gemeinsam zu erdulden! Lieber waren wir unbescheiden und haben uns für den »Reichtum« des Nicht-Leidens entschieden. So vergeuden wir unsere Kräfte und suchen irgendeinen Sündenbock, den wir für das Unheil verantwortlich machen können, oder sprechen uns von unserer Fehleinschätzung frei und verteidigen uns, wie jemand einen Schatz verteidigt, der mit seinem Herzen verwachsen ist (vgl. Lk 12,34). Blenden wir das Geheimnis der Freiheit und der Gnade nicht aus, das Geheimnis, das uns zu willfährigen Werkzeugen macht und uns zu Armen salbt.

4. Angesichts anderer schmerzlicher Umstände in der Situation der Kirche, der Diözese oder unseres Landes tarnt sich die Armut der Lösungen, die in unserer Reichweite liegen, als Reichtum, und wir sehen nicht, dass dieser Reichtum von Rost zerfressen ist, weil er nur aus Kritik besteht. Dann entscheiden wir uns für den Reichtum des Negativen. Oder wir dramatisieren die Umstände eines Unglücks, als wäre es uns lieber, bei einer Tragödie in der ersten Reihe zu sitzen, als selbst mit anzupacken und ein familiäres Problem zu lösen. Es ließen sich noch viele Beispiele finden. Wir sollten im Gebet darüber nachdenken, ob es Hinweise darauf gibt, dass

---

[27] Vgl. oben S. 35, Anmerkung 11.

auch wir uns von solchen Arten des Reichtums angezogen fühlen, und wir sollten den Herrn bitten, uns von diesen Haltungen, diesem Reichtum der Hoffnungslosigkeit zu befreien und uns daran zu erinnern, dass die Hoffnung des Reichs so schmerzvoll ist wie eine Geburt.

5. »… dann werden sie eitel …« Auf einem Boden, der nicht vom Schmerz gepflügt worden ist, findet die Saat keinen Halt (Lk 8,13). Die Eitelkeiten, die sich einschleichen können, sind zahlreich, doch in unserer Situation ist der Defätismus die häufigste. Auch er ist eine Form von Eitelkeit, weil er lieber in einem unterlegenen Heer der Anführer sein, denn als einfacher Soldat in einer Truppe dienen will, die, obwohl dezimiert, immer weiterkämpft. Wie oft träumen wir wie Generäle eines geschlagenen Heers von apostolischen Expansionsplänen! Und dabei verleugnen wir seltsamerweise unsere eigene Kirchengeschichte, deren Ruhm ja gerade darin besteht, dass sie eine Geschichte von Opfern, Hoffnung und täglichem Kampf ist. Dann wieder vergeuden wir Stunden um Stunden mit Planen und Reden über das, was »man machen müsste«: Wir verzetteln uns in diesem »Man-müsste-man-könnte«, statt uns demütig und beharrlich in unsere alltägliche Arbeit zu fügen, die ermüdend ist – ganz einfach deshalb, weil wir nun einmal Menschen sind und seit der Vertreibung aus dem Paradies alles »im Schweiße unseres Angesichts« tun müssen. Das »Man-müsste-man-könnte« hingegen schmeichelt unserer grenzenlosen Phantasie, hat jedoch nichts mit der erlittenen und demütigen Wirklichkeit unseres gläubigen Volkes zu tun. Es ist Eitelkeit – und alle Eitelkeit ist fruchtlos.

6. »… und schließlich platzen sie geradezu vor Überheblichkeit …« Wie oft verleitet uns die Überheblichkeit dazu, die demütigen Mittel des Evangeliums gering zu schätzen. Sie trennt uns von der »göttlichen Schwäche der Seligprei-

sungen«. Sie hindert uns daran, alle Hoffnung nur auf ihn zu setzen und ihn in schlichtem Flehen, unablässigem Beten und in der mühseligen Buße eines jeden Tages zu suchen. Von alledem hält die Überheblichkeit uns fern. Und die Überheblichkeit ist es auch, die uns in unserer Seelsorgeverantwortung vom rechten Kurs abbringt, so dass wir in Konfliktsituationen das Falsche tun: sie in großem Bogen umgehen wie der Levit und der Priester aus dem Gleichnis im Lukasevangelium, damit wir uns nicht »die Hände schmutzig machen«; oder uns in ihnen verstricken, weil wir sektiererisch einen persönlichen Erfolg für uns verbuchen wollen; oder uns einfach zu Schiedsrichtern über die Geschichte aufschwingen, alle Konflikte ignorieren, alle Werte gleich achten und aus Harmoniesucht, aber auf Kosten der Wahrheit und der Gerechtigkeit, ein pluralistisches Miteinander suchen. Unsere Berufung als Boten des Evangeliums verlangt von uns die Demut, uns als Verwalter, aber nicht als Herren zu fühlen; und diese Demut können wir stärken, indem wir die Schmach und Verachtung des Kreuzes Christi in unserer täglichen Arbeit auf uns nehmen und uns abnutzen lassen im gelebten Dienst Jesu Christi, der uns auf diesem Weg vorangegangen ist.

7. Ich glaube, ich spreche für uns alle, wenn ich sage, dass das Gelände schwieriger wird, sobald wir es mit der Schmach und Geringschätzung des gekreuzigten Christus zu tun bekommen. Sie ist der Weg der Hoffnung und schließt mithin jede hoffnungslose Haltung aus. Die Erfahrung lehrt uns, dass die geistlichen Leiter reichlich Mühe damit haben, unsere Vorstellungen von der Nachfolge des gekreuzigten Jesus Christus von der Eitelkeit ihrer Formen zu befreien. Vielleicht kann uns das Vorbild der klugen Jungfrauen helfen. Die darin enthaltene Lehre richtet sich an uns als Institution und an uns als Boten des Evangeliums. Erinnern Sie

sich: Die klugen Jungfrauen weigern sich, ihr Öl zu teilen. Ein voreiliger und unaufmerksamer Leser wird sie deshalb verurteilen und ihnen Bosheit und Egoismus vorwerfen. Eine gründlichere Lektüre offenbart uns jedoch die Größe ihres Verhaltens: Sie teilen nicht, was nicht geteilt werden kann; sie riskieren nicht, was nicht riskiert werden darf: die Begegnung mit ihrem Herrn und den Lohn dieser Begegnung. Mag sein, dass auch wir in unserer Verkündigung Schmach und Geringschätzung erfahren, wenn wir, um dem Herrn nachzufolgen, darauf verzichten, *Ochsen zu erproben, einen Acker zu kaufen oder eine Frau zu nehmen* (vgl. Lk 14,18–20).

8. In der Nachfolge des Herrn wird unsere Demut arm sein, aber nahe daran, »das Wesentliche« zu wissen: was nützt und was schadet – und sich dabei nicht in den Fallstricken der Reichtümer zu verfangen. Und weil das Leben Gottes in uns kein Luxus, sondern unser tägliches Brot ist, wollen wir es mit unserem Gebet und unserer Buße umsorgen. Dieser Geist des Gebetes und der Buße wird uns selbst in den größten Widrigkeiten auf Gottes Wegen hoffnungsvoll nach vorne blicken lassen. Wenn Sie demütig betend und büßend der Hoffnung in der – zuweilen stumpfsinnigen – Arbeit eines jeden Tages Raum geben, dann werden diese weltlichen, von einer »spirituellen Weltlichkeit« (wie Henri de Lubac zu sagen pflegte) geprägten Haltungen von Ihnen abfallen: Haltungen der Hoffnungslosigkeit, die im Reichtum, in der Eitelkeit und in der Überheblichkeit wurzeln.

Zur vertiefenden Betrachtung im Gebet

Zum Abschluss dieser Gebetszeit schlage ich Ihnen vor, auf die »demütige Tochter Zion« zu blicken. Sie wird die Gier des Reichtums, der Eitelkeit und der Überheblichkeit in unserem Inneren zum Schweigen bringen. Sprechen wir langsam die ruhigen Worte des Hymnus aus dem Brevier:[28]

Lass mich dich ansehen, einfach nur dich ansehen,
mich deinem Anblick öffnen und nichts weiter;
ganz ansehen dich und gar nichts dabei sagen,
dir alles sagen, stumm und ehrerbietig.

Den Wind nicht hindern, deine Stirn zu kühlen;
nur wiegen meine wunde Einsamkeit
in deinen Mutteraugen voller Liebe,
in deinem durchsichtigen Erdennest.

Die Stunden stürzen ein, und eigensinnig
nähren die Menschen töricht sich vom Abfall
und vom Tumult des Lebens und des Todes.

Dich ansehen, Mutter; eben nur betrachten,
in deiner Zärtlichkeit das Herz verstummen lassen,
in deiner keuschen Lilienstille. Amen.

---

[28] Die vom Autor zitierten Hymnen werden im spanischen Sprachraum im Stundengebet der Kirche verwendet. Bei den Hymnen der Stundenliturgie unterscheiden sich regionalkirchliche Traditionen, so dass es keine geprägten Übersetzungen im Deutschen gibt.

Die Erinnerung

Wenn der heilige Ignatius uns auffordert, uns »die empfangenen Wohltaten der Schöpfung, der Erlösung und der besonderen Gaben« ins Gedächtnis zu rufen, »indem ich mit großer Hingebung abwäge, wie viel Gott unser Herr für mich getan hat« (*Geistliche Übungen* 234), meint er damit nicht nur, dass wir für alles, was uns geschenkt worden ist, dankbar sein sollen; vielmehr will er uns lehren, mehr zu lieben, will uns in unserem begonnenen Weg bestärken – und genau das bewirkt die Erinnerung. Die Erinnerung als Gnade der Gegenwart des Herrn in unserem apostolischen Leben. Die Erinnerung an die Vergangenheit, die uns begleitet: nicht als eine schwere Last, sondern als etwas, das wir im Licht unseres gegenwärtigen Bewusstseins interpretieren können. Bitten wir um die Gnade, *unsere Erinnerung zurückzugewinnen*: die Erinnerung an unseren persönlichen Weg, daran, wie der Herr uns gesucht hat, die Erinnerung an meine Familie, die Erinnerung meines Volkes. Der Blick zurück kann uns aufrütteln, damit wir das Wort Gottes intensiver erfassen: *Erinnert euch doch an die vergangenen Tage, als ihr nach euerer Erleuchtung manchen schweren Leidenskampf bestanden habt* (Hebr 10,32). *Denkt an euere Vorsteher, die euch das Wort Gottes verkündet haben. Schaut auf das Ende ihres Lebens und ahmt ihren Glauben nach!* (Hebr 13,7). Diese Erinnerung bewahrt uns davor, uns *durch mancherlei fremde Lehren verführen* zu lassen (Hebr 13,9), diese Erinnerung *festigt unser Herz* (ebd.).

1. *Die Erinnerung der Völker.* Genau wie die einzelnen Menschen haben auch die Völker eine Erinnerung. Auch die Menschheit hat eine gemeinsame Erinnerung. Im Gesicht eines Indios spiegelt sich die lebendige Erinnerung eines lei-

denden Volkes; in der Stimme eines *Riojano*[29] hören wir den heiligen Nikolaus von Bari. Roberto José Tavella, der Erzbischof von Salta, erzählte gerne, dass er in einem Dorf seiner Diözese einmal einen Indio beobachtet habe, der inbrünstig betete, und das über lange Zeit, so dass der Bischof sich wunderte und ihn fragte, was er denn da bete. »Den Katechismus«, antwortete der Mann. Er meinte den Katechismus des heiligen Toribio de Mogrovejo.[30] Die Erinnerung der Völker ist kein herzloser Computer. Die Völker bewahren die Dinge in ihrem Herzen wie Maria. Der Bund zwischen dem Volk und Christus, dem »wundertätigen Herrn«, in der Stadt Salta[31], das Fest der »Begegnung« *(Tinkunaco)* in der Stadt La Rioja: Alle diese religiösen Manifestationen des gläubigen Volkes sind ein spontanes Aufbrechen seiner kollektiven Erinnerung. Alles ist darin enthalten: der Spanier und der Indio, der Missionar und der *Conquistador,* die spanische Be-

---

[29] *Riojano:* La Rioja ist der Name einer Stadt und zugleich einer Provinz im Nordwesten Argentiniens. Die Statue des heiligen *Nikolaus* von Bari, des Schutzpatrons von La Rioja, zieht alljährlich am Jahreswechsel in einer Prozession durch die Stadt und begegnet dort dem Niño Jesús Alcalde, der Figur eines Christusknaben mit Bürgermeister-Szepter. Diese »Begegnung« *(Tinkunaco)* gibt dem Fest seinen Namen. *[Anm. der Redaktion]*

[30] Der Katechismus des heiligen Toribio ist der Katechismus des III. Provinzialkonzils von Lima (1582–83), ein dreisprachiger Katechismus (in Spanisch und den indigenen Sprachen Quechua und Aimara) nach dem Muster des Catechismus Romanus des Trienter Konzils. Toribio de Mogrovejo oder auch Toribio von Lima (1538–1606) wird als »Anwalt der Indios« verehrt. *[Anm. der Redaktion]*

[31] *Salta* ist der Name einer Stadt in den Anden, weit nördlich von La Rioja. In der Kathedrale werden Christus und Maria als »Señor del Milagro« (»Herr des Wunders«) und »Virgen del Milagro« (»Jungfrau des Wunders«) verehrt und im September durch ein großes volksreligiöses Fest, die »Festividad del Milagro«, gefeiert. *[Anm. der Redaktion]*

völkerung und die Mestizen. Hier in Buenos Aires ist es genauso: Nach Luján[32] kommen Leute aus dem Landesinneren, die Arbeit suchen, oder Einwanderer, die in Südamerika ihr Glück machen wollen … doch der Verbindungspunkt ist immer derselbe: die heilige Jungfrau, Unsere Liebe Frau, Symbol der spirituellen Einheit unserer Nation, die in der Erinnerung unseres Volkes wurzelt.

Denn die Erinnerung ist eine einende und Ganzheit stiftende Kraft. Während der Verstand zerstörerisch wirkt, wenn man ihn sich selbst überlässt, wird die Erinnerung zum lebendigen Kern einer Familie oder eines Volkes. Eine Familie ohne Erinnerung verdient diesen Namen nicht. Eine Familie, die ihre Großeltern – ihre lebendige Erinnerung! – nicht respektiert und umsorgt, ist als Familie schon zerfallen. Doch eine Familie und ein Volk, die sich erinnern, sind eine Familie und ein Volk mit Zukunft.

Auch die Menschheit hat eine gemeinsame Erinnerung. Die Erinnerung an den uralten Kampf zwischen Gut und Böse. Den ewigen Kampf zwischen Michael und der Schlange, der »alten Schlange« (vgl. Offb 12,7–9), die für immer besiegt ist und sich dennoch als »Feind der menschlichen Natur« wieder erhebt. *Wie bist du vom Himmel gefallen, Glanzgestirn, Sohn der Morgenröte!* (Jes 14,12). *Doch hinabgestürzt bis du ins Totenreich, in die allertiefste Tiefe* (14,15). Das ist die Erinnerung der Menschheit, das Gemeinschaftsgut aller Völker und die Offenbarung Gottes an Israel. Denn die menschliche Geschichte ist ein langer Kampf zwischen der Gnade und der Sünde, doch diese gemeinsame Erinnerung hat ein konkretes

---

[32] *Luján*, eine Stadt im Osten Argentiniens in der Provinz Buenos Aires, ist der bedeutendste Wallfahrtsort Argentiniens. In der Kathedrale wird eine Marienfigur aus dem 17. Jahrhundert verehrt: »Nuestra Señora de Luján« ist die Schutzpatronin Argentiniens. *[Anm. der Redaktion]*

Erster Teil

Gesicht: das Gesicht der Menschen unserer Völker. Es sind Menschen, die wir nicht kennen und deren Namen nicht in den Geschichtsbüchern auftauchen. Vielleicht sind ihre Gesichter von Leid und Benachteiligung gezeichnet, doch ihre Würde, die sich mit Worten nicht ausdrücken lässt, erzählt uns von einem Volk mit Geschichte, mit einer gemeinsamen Erinnerung: dem gläubigen Gottesvolk.

2. *Die Erinnerung der Kirche.* Das ist das Leiden des Herrn. Eine der Antiphonen des Fronleichnamsfestes, die der heilige Thomas verfasst hat, nimmt darauf Bezug: *Recolitur memoria passionis eius.*[33] Die Eucharistie ist das Gedächtnis des Herrenleidens. Darin liegt unser Triumph. Die Kirche hat diese Wahrheit zuweilen vergessen und den weltlichen Triumph gesucht, doch die Auferstehung ist nicht denkbar ohne das Kreuz. Die ganze Geschichte der Welt ist im Kreuz enthalten: Gnade und Sünde, Erbarmen und Reue, das Gute und das Böse, Zeit und Ewigkeit. Der Kirche klingt die Stimme Gottes in den Ohren, der durch seinen Propheten spricht: *Fürchte dich nicht; denn ich habe dich ausgelöst ...* und werde dich wieder auslösen (Jes 43,1–21). *Seid mutig und stark! ... Denn der Herr, dein Gott, ist es, der mit dir zieht! Er wird seine Hand nicht von dir lassen und dich nicht im Stich lassen.*

... Fürchte dich nicht und verzage nicht! (Dtn 31,6–8). Die Erinnerung an Gottes Heil, an den bereits zurückgelegten Weg, gibt Kraft für die Zukunft. Mit ihrer Erinnerung legt die Kirche Zeugnis ab für Gottes Heil. *Dann brauchst du keine Furcht vor ihnen zu haben. Denk an das, was der Herr, dein Gott, dem Pharao und allen Ägyptern widerfahren ließ ... an die starke Hand und den erhobenen Arm, mit denen dich der Herr, dein Gott, herausgeführt hat! Ebenso wird der Herr, dein*

---

[33] »Das Gedächtnis seines Leidens wird erneuert«; aus der Antiphon *O sacrum convivium. [Anm. der Redaktion]*

Gott, mit all den Völkern verfahren, vor denen du dich fürchtest!
(Dtn 7,18–20).

Das Volk Gottes wurde auf dem Weg durch die Wüste versucht. Gott führte es dorthin wie ein Vater sein Kind. Das Buch Deuteronomium erteilt uns denselben Rat, der uns auch an anderen Stellen der Schrift begegnet: *Denk an den ganzen Weg, den dich der Herr, dein Gott, nun vierzig Jahre lang in der Wüste geführt hat ... So erkenne denn in deinem Herzen, dass der Herr, dein Gott, dich erzieht, wie jemand seinen Sohn erzieht* (Dtn 8,2–5). Niemand vermag etwas zu verstehen, wenn er kein gutes Gedächtnis hat, wenn er sich nicht erinnert. *Auf jeden Fall hüte dich und achte darauf, dass du die Ereignisse, die du mit eigenen Augen gesehen hast, nie vergisst und sie dir zeit deines Lebens nie aus dem Sinn kommen. Verkünde sie vielmehr deinen Kindern und Enkeln* (Dtn 4,9). Eifersüchtig wacht unser Gott über unsere Erinnerung an ihn – so eifersüchtig, dass er sich bei dem geringsten Anzeichen der Reue erbarmt: »Er denkt an den Bund, den er unseren Vätern geschworen hat«.

Wer sich dagegen nicht erinnert, lässt sich auf Götzen ein. Der Götzendienst ist die Strafe, die das Vergessen in sich trägt (Dtn 4,25–31). Die Knechtschaft bricht über uns herein: *Weil du vor lauter Überfluss dem Herrn, deinem Gott, nicht in Freuden und nach Herzenslust gedient hast, sollst du ... dem Feind dienen* (Dtn 28,47–48). Nur die Erinnerung lässt uns Gott entdecken, der mitten unter uns wohnt, und lässt uns begreifen, dass jede Vorstellung eines Heils, das nicht von Gott kommt, Götzendienst ist: Dtn 6,14–15; 7,17–26.

Weil die Kirche sich an Gottes Erbarmen erinnert, versucht sie dem Gesetz treu zu sein. Die Zehn Gebote, die wir unseren Kindern beibringen, sind das andere Gesicht des Bundes, das normative Gesicht, das das Erbarmen Gottes in einen menschlichen Rahmen spannt. Als das Volk aus Ägypten herausgeführt wurde, empfing es die Gnade. Und das Gesetz ist die Ergänzung der empfangenen Gnade, die andere Seite derselben Medaille. Die Gebote sind die Frucht der Erinnerung (Dtn 6,1–12), und deshalb müssen sie von Generation zu Generation weitergegeben werden: *Wenn dich morgen dein Sohn fragt: Was sollen die Gebote, Gesetze und Rechtssatzungen, die der Herr, unser Gott, euch vorschrieb, dann sollst du ihm sagen: Wir waren Sklaven des Pharao in Ägypten, da führte uns der Herr mit starker Hand aus Ägypten heraus. Der Herr wirkte vor unseren Augen gewaltige und unheilvolle Zeichen und Wunder an Ägypten, am Pharao und an seinem ganzen Haus, uns aber führte er von dort heraus, um uns herzubringen und uns das Land zu geben, das er unseren Vätern eidlich versprochen hatte. Der Herr befahl uns, alle diese Gebote zu befolgen und den Herrn zu fürchten, damit es uns allezeit gut geht und damit er uns am Leben erhält, wie es heute der Fall ist* (Dtn 6,20–24). Die Erinnerung bindet uns an eine Tradition, eine Norm, ein lebendiges, ins Herz geschriebenes Gesetz. *Prägt also diese meine Worte euerem Herzen und euerer Seele ein, bindet sie euch als Zeichen um die Hand* (Dtn 11,1–32). So, wie Gott das »Geschenk«, den »Plan« des Heils an seinem Herzen und seinem ganzen Sein festgebunden hat. Dass die Kirche und jeder Einzelne von uns die Erinnerung pflegt, wurzelt in ebendieser Sicherheit: Der Herr denkt an mich; er hat mich in seiner Liebe festgemacht.

Aus alledem folgt, *dass unser Gebet immer von der Erinnerung geprägt sein muss.* Das Gebet der Kirche hält uns das vom Sohn im Heiligen Geist gewirkte Heil Gottes, des Vaters, immer vor Augen. Das Credo ist eine Zusammenfassung nicht nur der christlichen Wahrheiten, sondern auch der Heilsgeschichte: »geboren von der Jungfrau Maria«, »gelitten unter Pontius Pilatus«, »gekreuzigt«, »auferstanden«. In unserem Credo lebt die Glaubensgeschichte des Volkes Israel weiter, das, wenn es dem Herrn opferte, dieses Gebet sprach: »Ein heimatloser Aramäer war mein Vater. Er zog hinauf nach Ägypten ... Als uns dann die Ägypter schlecht behandelten ..., schrien wir zum Herrn, ... und der Herr hörte auf unser Rufen ... führte uns aus Ägypten weg ... und gab uns dieses Land« (vgl. Dtn 26,1–11).

Und die Erinnerung ist eine Gnade, um die wir bitten müssen. Vergessen ist so leicht, vor allem, wenn es uns gut geht ... *Wenn dich nun der Herr, dein Gott, in das Land bringt, das er deinen Vätern Abraham, Isaak und Jakob eidlich versprochen hat, in ein Land mit großen und schönen Städten, die du nicht gebaut hast, mit Häusern voll von Gütern, die du nicht erworben, mit ausgehauenen Zisternen, die du nicht ausgehauen, mit Weinbergen und Ölbäumen, die du nicht gepflanzt hast –, wenn du dich dort satt isst, dann nimm dich in Acht, dass du nicht den Herrn vergisst, der dich aus Ägypten, dem Sklavenhaus, herausgeführt hat* (Dtn 6, 10–12). *Nimm dich in Acht, dass du den Herrn, deinen Gott, nicht vergisst, indem du seine Gebote, Gesetze und Rechtssatzungen, die ich dir heute vorschreibe, nicht hältst ... Wenn du dich satt isst, schöne Häuser baust, um darin zu wohnen, dein Groß- und Kleinvieh sich vermehrt, wenn du Silber und Gold anhäufst und überhaupt alles, was dir gehört, zunimmt, dann nimm dich in Acht, dass dein Herz nicht hochmütig wird und du den Herrn, deinen Gott, vergisst, der dich aus Ägypten, dem Sklavenhaus, herausführte* (Dtn 8,11–14).

Bitten wir um die Gnade der Erinnerung, damit wir Leben und Tod voneinander unterscheiden können: *Siehe, heute habe ich dir Leben und Heil, Tod und Unheil vor Augen gestellt ...* (Dtn 30,15–20; vgl. auch Dtn 11,26 und das ganze Kap. 28). Das ist die Wahl zwischen Gott und den Götzen, die wir Tag für Tag neu treffen müssen. Darüber hinaus wird unsere Erinnerung uns barmherzig machen, weil in unserem Herzen jene große Wahrheit nachhallt: *Denk daran, dass du in Ägypten Sklave warst* (Dtn 15,15).

Und möge der Herr seiner Kirche dieselbe Gnade gewähren, die er dem großen Anführer, dem Meister der Erinnerung, gewährt hat: *Sein Auge war nicht matt geworden* (Dtn 34,7). Mögen die Götzen, die niemals Geschichte, sondern immer Gegenwart sind, das Auge unserer Erinnerung nicht trüben. Sie ist der Schauplatz unserer ersten Liebe (Jer 2, 1–13). Mögen wir niemals die Worte hören, die der Herr an den Engel der Gemeinde in Ephesus richtet: *Ich habe gegen dich, dass du deine erste Liebe verlassen hast* (Offb 2,4).

Die Jungfrau und Mutter, die *alles in ihrem Herzen bewahrte*, wird uns in der Gnade der Erinnerung unterweisen, wenn wir sie demütig darum bitten. Wie eine andere biblische Mutter, die Mutter der Makkabäer, versteht auch sie sich darauf, in der »Muttersprache« (vgl. 2 Makk 7,21.27), in der Sprache unserer Väter zu uns zu reden, die wir *in pristinos dies*, in den vergangenen Tagen (vgl. Hebr 10,32), erlernt haben. Möge uns Marias zärtliche Liebe niemals fehlen, die uns das Wort Gottes in dieser vertrauten Sprache ins Ohr flüstert. Dann werden wir die Kraft haben, den Schmeicheleien des Bösen zu widerstehen und über ihn zu lachen.

Zur vertiefenden Betrachtung im Gebet

Nach diesen Überlegungen wollen wir zurückblicken. Nehmen wir uns einen Augenblick Zeit, uns dankbar daran zu erinnern, welche Gnaden Gott unser ganzes Leben lang in uns gewirkt hat.

Zweiter Teil
Das Offenbarwerden des Herrn

Epiphanie und Leben

1. Wir hören von der Darstellung Jesu im Tempel (Lk 2,22–40): *Es kommt zu seinem Tempel der Herr,* heißt es in der ersten Lesung der Tagesliturgie (vgl. Mal 3,1–4). Und der, der da in den Tempel kommt, ist ein Mensch in unserem Fleisch: *Da nun die Kinder an Fleisch und Blut Anteil bekommen haben, so hat auch er in gleicher Weise daran Anteil bekommen* (Hebr 2, 14–18). Es ist das erste Mal seit der Vertreibung aus dem Paradies, dass *unser gerecht gemachtes Fleisch* das Haus des Vaters betritt. Jahrhunderte sind vergangen, und nun erfüllt sich die Verheißung.

2. Das greise Volk empfängt ihn in Gestalt von Simeon und Hanna. Sie begreifen, dass Jesus mehr ist als nur ein vollkommener Mensch: Er ist »der Erlöser«, Gott. Deshalb stimmen sie den Lobpreis an. Sie ahnen die Gottheit hinter der menschlichen Gestalt. Die beiden alten Menschen verkörpern Geduld und Hoffnung, Treue und Verkündigung.

3. Der Vater erwartet seinen Sohn Adam. Seit Jahrhunderten schon wartet er auf ihn wie der Vater im Gleichnis

(Lk 15,20). Und er eilt ihm entgegen – in der Person des Geistes, der den beiden Alten die Worte des Loblieds eingibt: *Hanna kam zu derselben Stunde hinzu, lobte Gott und sprach von dem Kind zu allen, die auf die Erlösung Jerusalems warteten* (Lk 2,38). Es erfüllt sich, was geheim war, und man wird es auf den Dächern verkünden (Mk 4,22; Lk 8,17; 12,2).

4. Licht erfüllt den Tempel, denn das Licht tritt ein: *ein Licht zur Offenbarung für die Heiden und als Herrlichkeit für dein Volk Israel* (Lk 2,32). Es ist »Lichtmess«, und dieses Licht wird als Osterkerze die Osternacht und als strahlende Sonne das Ende der Zeiten erhellen. Die Gerechten »finden durch das Licht zum Licht« *(lumen requirunt lumine),* wie es der Hymnus vom Fest der Erscheinung über die drei Weisen sagt. Im Tempel wird heute die endgültige Epiphanie vorweggenommen.

5. Die Exerzitien bauen aufeinander auf. Die *Struktur* der ignatianischen Methode ruht auf einigen zentralen Betrachtungen. Da wir schon mehrfach daran teilgenommen haben, ist uns diese Struktur wohlvertraut. Am Anfang stehen »Prinzip und Fundament«: Hier werden die Grundlagen gelegt, die Wissenschaft des Gleichmuts (»Indifferenz«), die Methodologie des Soweit-Als im Hinblick auf das »Mehr«. Die »Erste Woche« führt uns zu zwei elementaren Dingen: der Erkenntnis der Sünden und der Abscheu vor ihnen; sie sind die Wurzeln, die der weltliche Geist in uns geschlagen hat. Und sie führt uns dazu, mit dem »ans Kreuz gehefteten« Jesus darüber zu sprechen. Es gibt nur einen sicheren Weg, auf dem wir uns in das Labyrinth unserer Sünden vorwagen dürfen: an der durchbohrten Hand Jesu. In der »Zweiten Woche« werden wir den Ruf hören, für das Reich zu arbeiten; wir werden den Sinn des Kampfes verstehen und erkennen, was auf dem Spiel steht; wir werden uns in die Bedeutung der einzigen Waffe vertiefen, die uns den Sieg bringen wird, nämlich der Demut; und wir werden unsere Entscheidung

treffen. In der »Dritten« und »Vierten Woche« betrachten wir das Ostergeheimnis und im Licht desselben unsere Eingliederung in die Gemeinschaft und in die Kirche. Und in ebendiesem Licht bekräftigen wir die getroffene Entscheidung.

6. All diese Dinge sind in den Betrachtungen enthalten, die ich Ihnen in diesen Tagen vorlege. Jeder soll sie so entdecken, wie der Geist es ihm eingibt. Der rote Faden der Betrachtungen wird die Epiphanie sein. Versunken in das Geheimnis der Erscheinung des Herrn wollen wir Exerzitien halten, und jeder soll dabei die Schwerpunkte setzen, die ihm im Herrn die richtigen zu sein scheinen.

Gebet[34]

Wen hältst du da in deinen Armen,
sag es uns, greiser Simeon,
weshalb verspürst du solche Freude?
»Gesehen habe ich das Heil.

Ein Banner sein wird dieses Kind,
wird Zeichen sein des Widerspruchs,
mit seinem Tod bringt Leben er
und Auferstehung durch sein Kreuz.«

Du, Jesus, bist Marias Sohn
und Gottes Sohn von Ewigkeit,
ein Licht, die Völker zu erleuchten,
zu zeigen uns den Weg des Heils. Amen.

[34] Die hier und im Folgenden als Gebet vorgeschlagenen Hymnen werden im spanischen Sprachraum im Stundengebet der Kirche verwendet. Bei den Hymnen der Stundenliturgie unterscheiden sich regionalkirchliche Traditionen, so dass es keine geprägten Übersetzungen im Deutschen gibt.

Erwartung der Epiphanie

1. Der heilige Diakon Ephräm schreibt in seinem *Kommentar zum Diatessaron* (Kap. 18,15–17), der Herr habe die Zeit seiner Ankunft verborgen, »damit wir wachsam seien und ein jeder von uns meine, sie trete zu seiner Lebzeit ein. … Sein letztes Kommen ist nämlich seinem früheren ähnlich. … Wie aber sollte ihm das verborgen sein, was von ihm selbst festgesetzt worden ist, da er ihnen doch selbst die Zeichen seines Kommens dargelegt hatte? … Er aber hob seine Zeichen hervor, damit alle Völker und Zeiten vom ersten Tag an glaubten, seine Ankunft werde sich in ihrer Lebzeit ereignen. ›Seid wachsam!‹, denn wenn der Leib schläft, herrscht die natürliche Ordnung über uns, und wir handeln nicht so, wie wir es wollen. Dies geschieht nach dem eisernen Gesetz der Natur. Denn wenn ein schwerer Schlaf über unsere Seele fällt, das heißt Schwachheit und Traurigkeit, dann herrscht der Feind über sie und macht mit ihr das, was sie nicht will. Gewalt herrscht über die Schöpfung, und der Feind über unsere Seele. Deshalb hat der Herr, als er von der Wachsamkeit gesprochen hat, die Wachsamkeit von Körper und Seele gemeint, damit der Körper nicht in einen tiefen Schlaf falle und die Seele in Erstarrung aus Furcht«.[35]

2. Der Herr ist »der, der da kommt« – deshalb müssen wir wachsam sein. Wir müssen seine Offenbarung erwarten. Er wird sich zeigen. Sich offenbaren heißt, etwas Unbekanntes aufdecken, sich »entbergen«. Offenbarwerden hat etwas mit

---

[35] Ephräm der Syrer, *Kommentar zum Diatessaron,* übersetzt und eingeleitet von Christian Lange. Fontes Christiani 54, Band II, Turnhout 2008, S. 517–521.

Zweiter Teil

Verklärung zu tun: Epiphanie. Betrachten wir zu Beginn dieser Meditation das 60. Kapitel aus dem Buch Jesaja.

3. Der Herr hat gesagt, er werde kommen wie ein Dieb in der Nacht. Seien wir aufmerksam und tun, was getan werden muss. Hilfreich sind Mt 24,42 und Mt 25,1 ff. Die Jungfrauen durften schlafen, doch auf das kleinste Zeichen hin mussten sie bereitstehen. Markus (13,33–37) rät uns, die Tür zu bewachen.

4. Es gibt eine *aktive Wachsamkeit*. Sie besteht darin, einige Dinge zu tun und andere zu unterlassen. Aus dieser aktiven Wachsamkeit erwächst die Treue. Der treue und der ungetreue Knecht (Mt 24,45): Der Treulose bemächtigt sich des ihm Anvertrauten: Entweder will er selbst daraus seinen Nutzen ziehen (Mt 21,33–46), oder er ist faul und ein schlechter Verwalter (Mt 25,14–30).

5. Mangelnde Wachsamkeit und Untreue gehen Hand in Hand. Sie bestärken einander. Man nimmt die Einladung des Herrn nicht an, weil das Herz an seinem eigenen Urteil, seinem eigenen inneren Raum, seinen eigenen Angelegenheiten hängt. Die zur Hochzeit Geladenen feiern lieber ihr eigenes Fest. Und auch der ist untreu, der sich beide Optionen offenhalten will: der zur Hochzeitsfeier geht, sich aber nicht entsprechend kleidet, das heißt, sich nicht festlegt (Mt 22,11–14).

6. Es gibt jedoch eine Wachsamkeit, die mehr ist als bloße Aufmerksamkeit: die erwartende Wachsamkeit. Die Schrift erzählt uns von der erwartungsvollen Wachsamkeit der gerechten Männer, frommen Frauen und des treuen Gottesvolks. Da ist Johannes der Täufer, der Jesus fragen lässt, ob er der sei, den sie *erwarten* (Mt 11,3), Josef von Arimathäa, *der auf das Reich Gottes wartete* (Mk 15,43), Simeon (Lk 2,25) oder das gläubige Volk, zu dem Hanna spricht (Lk 2,38) und das *voller Erwartung war* (Lk 3,15). Es stellt sich die Frage, ob unsere Wachsamkeit diese Dosis der hoffnungsfrohen Erwar-

tung in sich trägt. *So ist meine Erwartung und Hoffnung, dass ich in keiner Hinsicht beschämt werde* (Phil 1,20); *die Schöpfung wartet sehnsüchtig auf das Offenbarwerden der Söhne Gottes* (Röm 8,19) und *die Erlösung unseres Leibes* (8,23), *wir erwarten in Geduld* (8,25). Diese Erwartung drängt auf die Ankunft des Gottesreichs, deshalb müssen wir, wie der heilige Petrus sagt, *die Ankunft des Tages Gottes erwarten und beschleunigen,* und – das rät er uns um ebendieser Erwartung willen – *eifrig darauf bedacht* sein, *ohne Fehler und Makel und in Frieden von ihm angetroffen zu werden* (2 Petr 3,12–14).

7. Gott selbst, so stellt die Schrift es dar, sieht unserer Erlösung erwartungsvoll entgegen (2 Petr 3,8–9). Das Offenbarwerden Gottes zu erwarten heißt, seiner väterlichen Sehnsucht entgegenzueilen. Das bedeutet für uns, dass wir sehnsüchtig und doch auch geduldig warten müssen, wachsam und treu, und dabei helfen uns das Gebet und die tägliche Gewissenserforschung. Es bedeutet, seine *Ankunft* zu erwarten (Jak 5,7–9), sein *Erscheinen* herbeizusehnen (2 Tim 4,8), erwartungsvoll auf die Offenbarung *des großen Gottes Christus Jesus* zu hoffen (Tit 2,13). Auf Christus zu warten, auf das Erscheinen Christi, und auf nichts anderes.

8. Deshalb erfleht die Gemeinschaft das Kommen Gottes (Num 6,25; 1 Kor 16,22; Offb 22,20). Bitten wir um das Offenbarwerden dessen, der sich für mich in der Vernichtung seiner Verherrlichung ein für allemal offenbart hat. Diese Bitte wird unsere Hoffnung erneuern.

Gebet

Dies ist die Zeit, da du kommst,
Bräutigam, so plötzlich,
der du die Wachenden einlädst
und die Schlafenden vergisst.

Siehe, wir warten,
Bräutigam, dass du kommst,
und das Herz wacht,
während die Augen schlafen.

Gib uns einen Platz an deinem Tisch,
Liebe, die du des Abends kommst,
ehe die Nacht hereinbricht
und die Tür sich schließt. Amen.

Das Offenbarwerden
der Sünde

1. Das Erscheinen Jesu Christi bringt die Gegenwart des Bösen, der Sünde ans Licht. Jesus sagt es ganz offen: *Euch kann die Welt nicht hassen; mich aber hasst sie, weil ich bezeuge, dass ihre Werke böse sind* (Joh 7,7). Nur durch die Gnade Gottes, das heißt durch die Offenbarung Jesu Christi, kann man sich der Wahrheit und Wirklichkeit der Sünde nähern: *Dazu ist der Sohn Gottes erschienen, um die Werke des Teufels zu zerstören* (1 Joh 3,8). Jesus ist der Stein des Anstoßes, das Zeichen des Widerspruchs. Seine Menschwerdung und sein Opfer führen dazu, *dass die Gedanken aus vielen Herzen offenbar werden* (Lk 2,35). Das Erscheinen Jesu Christi ist letztlich ein Gericht: *Darin aber besteht das Gericht, dass das Licht in die Welt gekommen ist und die Menschen die Finsternis mehr liebten als das Licht; denn ihre Taten waren böse* (Joh 3,19). In seiner Gegenwart ist nichts *verhüllt, was nicht enthüllt, und nichts verborgen, was nicht bekannt wird* (Lk 12,2; vgl. Mt 10,26; Mk 4,22; Mt 5,5).

2. Im sündigen Herzen des Menschen gibt es – wie ein geheimnisvolles Festhalten an der Herrschaft dessen, was Paulus »das Gesetz« nennt (vgl. Röm 7,13) – einen verborgenen, sorgfältig geheim gehaltenen Bereich: seine heimliche Scham, seine Wunde, mit der er sich selbst quält, seine Angst, an die er sich klammert, seinen lebensverneinenden Hang zum Tod, der ihn bedroht, und vieles andere mehr. Wir alle kennen diesen Bereich in unserem Herzen, und oft kommt es vor, dass wir Zuflucht darin suchen. Wir sehen ihn und denken, das genügt. Doch unser Blick auf dieses unser angekettetes Herz ist schwach, kurzsichtig. Nur das Erscheinen Jesu und sein Gericht können diese Fehlsicht (und dieses

Fehlurteil) ans Licht bringen und korrigieren, denn dazu ist er in die Welt gekommen: *Zum Gericht bin ich in diese Welt gekommen, damit die Blinden sehend und die Sehenden blind werden* (Joh 9,39). Wir sind blind, wir sind, was uns selbst betrifft, nicht »heilssichtig«. Wenn wir uns an diesem unserem Unvermögen festklammern, dann wollen wir den verborgenen Bereich in unserem Herzen weiterhin geheim halten, dann wollen wir nicht erlöst werden – und in letzter Konsequenz führt diese zunehmende Blindheit zur endgültigen Verhärtung des Herzens.

3. Jesus setzt sich dieser Herzenshärte aus, die – von Fall zu Fall – verschiedene Formen annimmt, jedoch immer denselben Ursprung hat: die Sünde als Hülle, die die Sicht verschleiert (vgl. 2 Kor 3,14 ff), als Gottesabkehr und Verstocktheit dessen, der sich seiner Erlösergnade nicht öffnet (denken wir an den tragischen Text aus dem Römerbrief: 1,18 ff), als trügerisches Selbstgenügen dessen, der nicht nur die Sünde, sondern auch die Verstocktheit gewählt hat, weil er der Sünde trotz erdrückender Beweislast nicht entsagt (Mt 28,11–15). Einem Herzen, das über längere Zeit in der Finsternis gelebt hat, ergeht es wie dem Maulwurf: Es wird von jedem Licht geblendet. Diese Herzenshärte hat schon Jesaja prophezeit: *Hört, ja, hört, doch versteht nicht! Seht, ja, seht, doch erkennt nicht! Mache fett das Herz dieses Volkes, mach seine Ohren schwer, verkleb seine Augen, dass es mit seinen Augen nicht sieht, mit seinen Ohren nicht hört und sein Herz nicht zur Einsicht kommt, dass es sich nicht bekehrt und keine Heilung findet* (Jes 6,9 f; vgl. Mt 13,14 ff; Apg 28,26–27; Joh 12,40). Oft ist es die Angst, die ein Herz verhärten und mit aller Kraft an dieser Verhärtung festhalten lässt: Das ist das Drama des Herodes. Er weiß um die Hoffnung Israels, und er hat die nötigen Signale erhalten, um wenigstens einen Funken Licht in sein Herz hineinzulassen ... und doch verschließt er sich; er flüchtet sich in Heu-

chelei und Lüge und schließlich ins Verbrechen. Der heilige Quodvultdeus hat dies in seiner zweiten Predigt über das Symbol sehr treffend formuliert: *Necas parvulos corpore, quia te necat timor in corde* (»Du tötest die Kinder leiblich, weil dich die Angst im Herzen tötet.«). Es ist ein furchtbares Drama, das Jahrzehnte später im verderbten und schwachen Herzen seines Erben eine Fortsetzung finden wird, mit einer lasterhaften Frau, den Launen einer koketten Tänzerin, einem kapriziösen Einfall ... und einem Kopf auf einer Schüssel.

4. Bei Männern und Frauen, die Christus akzeptieren, geschieht es zuweilen, dass das Herz nicht restlos verhärtet. Ihre Verhärtung ist schwächer und verdichtet sich nicht zur Sünde der Verstocktheit, der Sünde gegen den Heiligen Geist. So verhält es sich mit den Aposteln, die Jesus selbst aufrütteln muss, weil sie angesichts der Tatsache der Auferstehung *unverständig und herzensträge* sind (Lk 24,11), und mit vielen anderen wie den Emmausjüngern oder mit der Einsamkeit des Petrus, nachdem er das leere Grab gesehen hat, oder mit der Angst der im Abendmahlssaal Verschanzten, die glauben, ein Gespenst zu sehen, oder mit dem Positivismus des Thomas. Auch hinter dieser schwächeren Form der Herzensverhärtung lauert eine Furcht: die Furcht vor der Enttäuschung. *Vor Freude* konnten die Jünger *noch immer nicht glauben und nur staunen* (Lk 24,41). Die Furcht, dass die Freude und der Jubel, den jedes Erscheinen des Herrn auslöst, nur ein flüchtiges Trugbild sind. So ergeht es den Matten und Lauen im Dienst des Herrn: Sie sind zu bedauern in ihrer Angst, einem Gespenst nachgelaufen zu sein ... Und daher rührt auch diese typische Starre, die ihre Freude lähmt, ihren Blick trübt und das Licht der Ankunft Jesu verdunkelt.

5. Andere – und auch sie sind lau und mittelmäßig im Geiste – huldigen dem *Schein*, dem Zerrbild der Offenbarung. Sie ziehen es vor und streben danach, *gut zu erscheinen, für*

gut gehalten zu werden (vgl. Mt 6,5.16.18; 23,27ff; 2 Kor 13,7), dabei ist doch der Herr der allein Gute, der erscheinen muss, um das kranke Herz von seiner Verdrehtheit zu heilen. Das ist das Drama der Eitelkeit, des eitlen Ruhms, der uns wie ein künstliches Licht allzu oft fasziniert, aber nicht wirklich erhellt, weil er den Tag nicht überdauert. Das Licht der Epiphanie, der Erscheinung des Herrn, ist das einzige, das die sündigen Schlupfwinkel unseres Herzens mit dem milden Licht der Krippe zu erleuchten vermag, das einzige, das wahrhafte Freude hervorbringt: die Freude dessen, der sich erlöst weiß.

6. Das Offenbarwerden der Sünde hat ebenfalls seine Geschichte, und das nicht nur im Herzen des Menschen, sondern auch in den Institutionen, den Völkern, in der ganzen Welt. Das Unkraut, das neben dem Weizen keimt, wächst bis zum Tag des Herrn, jenem Tag Christi, dem die Herrschaft des Antichrists vorangehen muss (2 Thess 2,2f.6.8). Das ist der Tag, da sich Gottes Zorn über die sündige Menschheit enthüllen wird (Röm 1,18), der Tag der Vergeltung, da Gottes gerechtes Gericht offenbar wird (Röm 2,5), der Tag des Feuers (1 Kor 3,13). Dann wird sich über aller Verstocktheit und Lauheit die Prophezeiung der Apokalypse erfüllen (18,23), denn dieser Tag wird der Tag der Dunkelheit sein: *Kein Licht einer Lampe wird mehr in dir scheinen und die Stimme von Bräutigam und Braut wird nicht mehr in dir zu hören sein. Denn deine Kaufleute waren die Großen der Erde, durch deine Zauberkünste sind alle Völker verführt worden.* Tag des Zorns und über alle Maßen bitter, da die Finsternis sich auf ewig selbst genügen wird, da die Verhärtung des Herzens die Unumkehrbarkeit ihrer törichten Prophetie erkennt, großer Tag, da jedes menschliche Herz auf die Haltung festgelegt wird, die es sein Leben lang eingenommen hat.

Gebet

Verkläre mich, Herr, verkläre mich.
Aber nicht nur mich allein,
läutere auch
alle Kinder deines Vaters,
die dich mit mir anbeten oder angebetet haben,
oder vielleicht nie eine Mutter hatten,
die sie lehrte, das Vaterunser zu stammeln.

Verkläre uns, Herr, verkläre uns.

Wenn sie dich vielleicht nicht kennen oder an dir zweifeln
oder dich lästern, dann wisch ihnen das Gesicht ab
wie Veronika es dir tat;
zieh den dichten Wasservorhang weg von ihren Augen,
damit sie dich sehen, Herr, wie ich dich sehe.

Verkläre sie, Herr, verkläre sie.

Die Offenbarung als Heilsgeschichte

1. Wir werden den geheimnisvollen Heilsplan Gottes, der sich im Lauf der Geschichte hat offenbaren wollen, nie ganz erklären können. Er ist wie ein langer Weg, auf dem Gott, der Vater, seinen Kindern, den Menschen, Schritt für Schritt beibringt, sein Antlitz zu entdecken. Dabei sind die einzelnen Offenbarungen des Herrn kein Stückwerk: In jeder von ihnen war auf geheimnisvolle Weise bereits das gesamte Mysterium seines Heilsplans verborgen ... doch weil unsere Herzen verhärtet sind, haben wir Menschen das ganze Geheimnis Gottes in Christus erst nach und nach und nur stückweise begriffen. Dasselbe gilt auch für unsere persönliche Geschichte: Der Herr offenbart sich »historisch«, im ergründlichen Mysterium einer Person, die Gott sucht und sich von ihm suchen lässt, ihn zurückweist, ihn flieht ... das heißt im historischen Mysterium unseres Wandels in der Gnade und in der Sünde.

2. Der Herr hat sich den Menschen *vielmals und auf vielerlei Weise* (Hebr 1,1) offenbart: Er hat ihnen seinen Namen (Ex 6,3), seine Absichten (Ex 33,12), seine Wege (1 Kön 8,36; 2 Chr 6,27), seine Mysterien oder Geheimnisse (Ps 50,8; Dan 2,28–30), seinen Bund (Ps 24,8), seine Macht (Jer 16,21) und seine Herrlichkeit enthüllt (2 Makk 2,8). Im gesamten Verlauf dieser Geschichte erschien der Herr *auch weiterhin* (1 Sam 3,21). Der Herr offenbarte sein Heil, und *nach diesem Heil suchten und forschten die Propheten, die über die euch zugesagte Gnade weissagten. Sie forschten nach, auf welche oder was für eine Zeit der Geist Christi in ihnen hinweise, indem er die für Christus bestimmten Leiden und die darauf folgenden Verherrlichungen im*

Voraus bezeugte (1 Petr 1,10–11). Dieselbe Heilsgeschichte ist auch für unser gegenwärtiges christliches Leben, für unsere große kleine Geschichte, verbindlich: *Umso fester steht das prophetische Wort, das wir besitzen. Ihr tut gut, darauf zu achten wie auf ein Licht, das an einem finsteren Ort leuchtet, bis der Tag anbricht und der Morgenstern aufgeht in euren Herzen* (2 Petr 1,19).

Wenn wir lernen, unser Leben anhand der Meilensteine der Heilsgeschichte neu zu lesen, wird es uns helfen, die Offenbarung zu entdecken, die wir mit der Verkündigung des Evangeliums empfangen haben: *Gottesgerechtigkeit aus Glauben zu Glauben* ... (Röm 1,17), weil diese Offenbarung, *die vom Gesetz und von den Propheten bezeugt wird* (Röm 3,21), uns so überliefert worden ist – von Glaube zu Glaube und Gnade um Gnade (Joh 1,16). In der Geschichte der Offenbarung, die Gott seinem auserwählten Volk geschenkt hat, finden wir also auch die Vorbilder, auf die wir in unserem eigenen Glaubensleben blicken und achten müssen: eine *so große Wolke von Zeugen* (Hebr 12,1), die uns vorangegangen sind, die die Verheißungen von fern gesehen und gegrüßt haben, weil sie das künftige Heil erwarteten, das Gott *im Voraus durch seine Propheten in den heiligen Schriften verheißen hat* (Röm 1,2). Jede Offenbarung Gottes ist auf die Epiphanie seines Sohnes, unseres Herrn Jesus Christus, hingeordnet.

3. Der Gott unserer Väter hat sich nicht nur mit Worten und Prophezeiungen, sondern auch in seinen Werken offenbart: seinen großen Taten, seinen Wundern. Das Wort Gottes erklärte den Sinn dieser Werke, die ihrerseits das Wort bestätigten. Deshalb tritt unser Gott des Alten Testaments auch als der »Gott der großen Gesten« auf: *Er ist dein Ruhm, er ist dein Gott, der mit dir war und jene gewaltigen und furchtbaren Taten wirkte, die du mit eigenen Augen gesehen hast!* (Dtn 10,21). Das Volk, das Gottes gewaltige Taten anerkennt, stimmt sein

Loblied an: *Ein Geschlecht rühmt deine Werke dem andern, alle deine Macht verkünden sie. Sie rühmen den hehren Glanz deiner Hoheit, weithin vermelden sie den Ruf deiner Wunder. Sie reden von der Macht deiner furchtbaren Taten, von deiner Größe geben sie Kunde* (Ps 145,4–6; vgl. auch Jes 64,2; Ps 106,22; 2 Makk 3,24; 14,15; 15,27; Num 6,25). Mithin hat Gott durch das Wort, durch seine Taten und durch das Gesetz sein Volk auf die Offenbarung des einen Wortes, der einen Tat, des einen Gesetzes vorbereitet: *Bevor aber der Glaube kam, waren wir unter dem Gesetz in Gewahrsam gehalten bis zu der Zeit, da der Glaube offenbart werden sollte. So ist das Gesetz unser Zuchtmeister auf Christus hin geworden, damit wir aus dem Glauben gerechtfertigt würden* (Gal 3,23 f).

Würden wir die Heilsgeschichte als in sich geschlossene Offenbarung von Gottes Taten, Worten und Gesetz betrachten, ohne auf diesem Weg zur Fülle Christi zu gelangen, dann wären wir nicht imstande, die endgültige Offenbarung zu empfangen, die uns gerecht macht; dann wären wir nicht frei. Gott spricht und offenbart sich seinem Volk, er gibt ihm die Richtung vor und weist ihm den Weg, der aber immer zur endgültigen Offenbarung führt: Christus, durch den wir *wirklich frei* sind (Joh 8,36).

4. Ich habe bereits gesagt, dass unser Leben, wenn es in die Offenbarung Gottes eintreten will, sich in diese Geschichte einfügen, ja mehr noch, im Licht der Meilensteine dieser Geschichte neu gelesen werden muss. Dort gelangt sie zu ihrer vollständigen Erklärung und größten Sinnfülle: Alles gehört uns, das ist wahr, *wir aber gehören Christus und Christus gehört Gott* (vgl. 1 Kor 3,23). Unser eigenes Leben oder das Leben der Institution, der wir angehören, nicht unter diesem Blickwinkel unserer auf Christus und Gott ausgerichteten Herrschaft über alle Dinge zu deuten, hieße, sich auf rein menschliche Haltungen und weltliche Kriterien zu beschränken, die

jenseits (oder diesseits) des vom Kreuzmysterium geworfenen Schattens liegen. In der Weihnachtsgeschichte offenbart Jesus sich den einfachen Menschen: Hirten und demütigen Weisen (den Sterndeutern). Die Vorlieben Gottes erstrecken sich weder auf bestimmte Gesellschaftskreise noch auf die Weisheit dieser Welt, sondern einzig und allein auf die Einfachheit und Demut, die bewirken, dass ein Mensch, der sich in die Geschichte einfügt, dies als Knecht in jenem einzigen »Knecht« tut, der diesem ganzen Weg erst seinen Sinn gibt.

5. Am Ende der *Geistlichen Übungen* schlägt der heilige Ignatius uns vor, uns »die empfangenen Wohltaten der Schöpfung, der Erlösung und der besonderen Gaben« ins Gedächtnis zu rufen, »indem ich mit großer Hingebung abwäge, wie viel Gott unser Herr für mich getan hat und wie viel Er mir von dem gegeben, was Er besitzt, und folgerichtig, wie sehr derselbe Herr danach verlangt, Sich selbst mir zu schenken, soweit er es nur vermag gemäß seiner göttlichen Anordnung« (*Geistliche Übungen* 234). Bei diesem »Abwägen« geht es darum, den Spuren Gottes in meinem Leben nachzuspüren – jenes Gottes, der sich mir letzten Endes als Erbe schenken will, der mein Erbe ist. Folgen wir dem Rat des heiligen Ignatius und betrachten zum Abschluss dieser Gebetszeit Jesus Christus, unseren Herrn, auf den jedes Kundwerden der Verheißung verweist. Lesen wir unter seinen zärtlichen Blicken unser Leben – das Leben der Institution Kirche – noch einmal neu: mit seinen Höhen und Tiefen, seinen Schwierigkeiten und seinen Freuden ... wie das Buch Deuteronomium es uns vorgibt (8,2–6): *Denk an den ganzen Weg, den dich der Herr, dein Gott, nun vierzig Jahre lang in der Wüste geführt hat, um dich zu demütigen, dich zu prüfen und deinen Sinn zu erproben, ob du seine Gebote halten willst oder nicht. Er demütigte dich und ließ dich Hunger leiden ... Deine Kleider sind nicht in Lumpen zerfallen und deine Füße nicht an-*

geschwollen, nun schon vierzig Jahre lang. So erkenne denn in
deinem Herzen, dass der Herr, dein Gott, dich erzieht, wie jemand
seinen Sohn erzieht. Halte also die Gebote des Herrn, deines Got-
tes, … und fürchte ihn.

Gebet

Weil, Herr, ich dich gesehen habe
und dich wieder sehen möchte,
möchte ich glauben.
Ich habe dich gesehen, ja, als ich Kind war
und mit Wasser getauft wurde,
und, rein von alter Schuld,
dich unverschleiert sehen konnte …
Meine Augen sind es müde,
so viel Licht zu sehen und doch nicht zu sehen;
durch die Dunkelheit der Welt
gehe ich wie ein sehender Blinder.
Du, der du dem Blinden das Augenlicht gabst,
und auch dem Nikodemus,
träufle in meine trockenen Pupillen
zwei frische Tropfen Glauben.

Offenbarung als Sendung

1. Die Epiphanie Gottes in Christus, die Offenbarung seines Geschenks, beschränkt sich nicht auf Jesu irdisches Dasein: Nach wie vor wird sie im Lauf der Geschichte »von Glaube zu Glaube« weitergegeben: durch Männer und Frauen, die sie in ihrem eigenen Leben angenommen haben und für ihre Mitmenschen zu Jüngern und Aposteln werden. Wie Paulus an Timotheus schreibt: *Ich habe deinen aufrichtigen Glauben in guter Erinnerung, der schon in deiner Großmutter Loïs und in deiner Mutter Eunike gewohnt hat und der jetzt – dessen bin ich gewiss – auch in dir ist* (2 Tim 1,5). Auch wir können hier und jetzt vom Glauben unserer Väter sprechen, wir können uns an Männer und Frauen erinnern, die Gottes Werkzeuge waren, weil er uns seine Gnade durch sie hat offenbaren wollen; und wir können nach vorne schauen auf die, die unsere Sendung und unser Zeugnis dieser Offenbarung empfangen werden: unsere Kinder.

2. Jeder von uns kann mit Paulus sagen: Es hat ihm gefallen, *mir seinen Sohn zu offenbaren, damit ich ihn unter den Heiden verkündige* (Gal 1,16), denn wir sind gleichsam die »Adressaten« der Herrlichkeit Gottes, die in Christus erschienen ist (vgl. Joh 21,1). Im mystischen Sinne können auch wir sagen, dass wir den auferstandenen Herrn in unserem Leben gesehen haben (vgl. 1 Kor 9,1; 15,8.11), und wir sind selig, weil wir ihn gesehen haben und glauben, ohne ihn leibhaftig zu sehen. Wir können sagen, dass wir – wie die Jünger – teilhaben am *Christusgeheimnis …, das in früheren Generationen den Menschen nicht bekannt war. Jetzt ist es seinen heiligen Aposteln und Propheten durch den Geist offenbart worden* (Eph 3,4–5). Daher rührt unsere feierliche Empfindung und Dankbarkeit

gegenüber dem, *der die Macht hat, euch zu stärken gemäß meinem Evangelium und der Botschaft von Jesus Christus, gemäß der Offenbarung jenes Geheimnisses, das ewige Zeiten verschwiegen war, jetzt aber enthüllt und durch prophetische Schriften nach Anordnung des ewigen Gottes allen Völkern kundgetan worden ist, den Glaubensgehorsam zu erwecken – ihm, dem allein weisen Gott sei Ehre durch Jesus Christus in alle Ewigkeit! Amen* (Röm 16,25–27).

3. Von Christus selbst, der sich uns offenbart, empfangen wir die Sendung als Apostel (vgl. Röm 1,5), und derselbe Christus spricht und handelt durch uns (Röm 15,18). Dieser Christus ist nicht schwach, sondern wirkt machtvoll durch die Verkündigung, die in uns wächst, wenn wir seine Offenbarung annehmen (2 Kor 13,3). Wir haben als Erben am Sendungsauftrag der Jünger teil: das zu enthüllen, was uns offenbart und von Jesus gesagt worden ist (Mt 10,26ff). Wer den Jünger hört, hört Jesus selbst (Lk 10,16), und deshalb setzt sich im Jünger-Sein die Offenbarung, die Epiphanie, die »Entbergung« Gottes fort. Dem Jünger ist der Geist der Wahrheit verheißen, der Zeugnis ablegen, ihn alles lehren und ihn zur vollen Wahrheit führen wird (Joh 14,26; 15,26; 16,13). Und der *Gehorsam gegenüber dem Heiligen Geist*, durch den uns jede Offenbarung zuteil wird (vgl. 1 Kor 2,10), gibt uns die Gewissheit, dass das, was wir weitergeben, wirklich die Offenbarung Christi und nicht die Offenbarung der Menschen ist (1 Thess 2,13).

4. Die Epiphanie Gottes setzt uns, wenn wir sie akzeptieren, in Bewegung wie einst Abraham, sie macht uns zu ihren Überbringern, zu Jüngern. Sie wird für uns der Stern der Weisen (Mt 2,27.9ff) oder der Zweifel Josefs sein (Mt 1,20), der im Traum erhaltene Auftrag des Engels, das Kind zu retten (Mt 2,13.19.22), oder die Nachricht, die Maria von der Schwangerschaft ihrer Kusine erhält (Lk 2,26–38). Immer aber geht dieses »Überbringer-Sein« über das bloße Ausrichten einer

Nachricht hinaus, es ist mehr, als eine wahre Geschichte zu erzählen oder eine Wahrheit zu beweisen. Wenn wir sie in uns aufnehmen, nimmt Gottes Epiphanie im Leben des Jüngers Gestalt an, so dass sie nur noch von dieser »Inkarnation« her weitergegeben werden kann, das heißt nicht mit klugen Worten über Fleisch und Blut, nicht mit menschlicher Weisheit, sondern mit dem Ärgernis, mit der Unausweichlichkeit des Kreuzes: Sie kann nur durch das *Martyrion*, das *Zeugnis*, überbracht werden. Der Jünger ist zuallererst ein Zeuge: *Auch ich kannte ihn nicht. Aber um Israel mit ihm bekannt zu machen, deshalb bin ich gekommen und taufe mit Wasser ... Ich habe es gesehen und bezeuge, dass er der Erwählte Gottes ist* (Joh 1,31.34).

5. Jesus will, dass das Licht unserer Wahrheit, das heißt das Zeugnis, das wir von ihr ablegen, die Menschen erleuchtet, damit sie – wenn sie unsere guten Werke sehen – den Vater im Himmel preisen (Mt 5,16ff). Das ist der eigentliche Sinn unserer Zeugenschaft: die Herzen derer, die unser Zeugnis sehen und hören, mit Freude zu erfüllen, so dass sie den Vater rühmen und preisen. In gewisser Weise legt der Jünger das Mysterium der Epiphanie Christi neu auf. Mit seinem Zeugnis bringt er das Licht, das zur Freude führt; und *von der Freude zur Glorie.* Der Jünger ist Licht, wie Jesus über Johannes gesagt hat: *Jener war die Lampe, die brennt und leuchtet. Ihr aber wolltet euch für den Augenblick an ihrem Licht erfreuen* (Joh 5,35). Das Leben des Jüngers muss tadellos sein, damit dieses Licht die Finsternis herausfordert: *Tut alles ohne Murren und Bedenken, damit ihr rein seid und lauter, Kinder Gottes ohne Makel mitten in einer verdrehten und verkehrten Generation, unter der ihr leuchtet als Lichter in der Welt* (Phil 2,14–15).

6. Das Zeugnis des Jüngers ist der Grund seiner beständigen Loslösung. Er muss den Glauben verkündigen und seine Brüder stärken. Er muss arbeiten, um in den Herzen der Menschen die fruchtbare Freude zu wecken und den Lobpreis

　　　　　　　　　　　　　　　Zweiter Teil

des Vaters, der im Himmel ist. Er muss abnehmen, damit der Herr wächst. Seine endgültige Bestimmung ist, wenn er seiner Berufung als Jünger treu bleibt, bereits vorgezeichnet: *Amen, amen, ich sage dir: Als du jung warst, hast du dich selbst gegürtet und bist gegangen, wohin du wolltest. Wenn du aber alt geworden bist, wirst du deine Hände ausstrecken und ein anderer wird dich gürten und dich führen, wohin du nicht willst* (Joh 21,18). Das improvisiert man nicht – darauf bereitet man sich ein Leben lang vor.

Gebet

Gott sehen im Geschöpf,
Gott sehen, der sterblich geworden,
menschlich eingefasst
die Schönheit des Himmels sehen.

Die Freude weinen sehen,
sehen, dass der Reichtum arm
und die Größe klein ist
und dass Gott es so gewollt hat.
Wie große Gnade
hat der Mensch an jenem Tag empfangen!
Wäre ich es nur, könnte ich es sehen!

Frieden bringen in so viel Krieg,
Wärme, wo so viel Kälte ist,
mit allen teilen, was mein ist,
auf Erden einen Himmel pflanzen.
Schaudern macht diese Sendung,
die der Herr uns anvertraut hat!
Wäre ich es nur, könnte ich es tun! Amen.

Jesus Christus,
Offenbarung des Vaters

1. Die ganze Geschichte der Offenbarung Gottes, die für uns Heilsgeschichte ist, erfüllt sich in Christus. Er ist es, der in *der Fülle der Zeiten* kommt. Er ist »der Offenbarer« des Vaters. Und er ist es auch, auf den die ganze frühere Offenbarung hinweist, das heißt, er ist das größte Geheimnis, das der Vater uns enthüllen will, weil sich – in der Offenbarung Christi – der Vater selbst in seiner geheimnisvollen Fülle in Christus offenbart.

2. Jesus Christus ist der endgültige *Offenbarer* des Gottesgeheimnisses. Er verkündigt den Vater und bringt Kunde von ihm (vgl. Joh 1,18), und er sagt der Welt, was er von seinem Vater gehört hat (Joh 3,3.32; 8,26; 15,15). Denn er ist der eingeborene Sohn, der in die Welt kommt, er spricht mit Vollmacht und ist sich seiner Sendung als Offenbarer des Vaters bewusst. Er besitzt Autorität und macht dies auch deutlich: *Da staunten sie über seine Lehre; denn er lehrte sie wie einer, der Macht hat, und nicht wie die Schriftgelehrten. ... Da erstaunten alle und stritten untereinander: Was ist das? Eine neue Lehre voll Macht! Sogar den unreinen Geistern befiehlt er und sie gehorchen ihm. Und die Kunde von ihm drang bald überallhin in die ganze Umgegend von Galiläa* (Mk 1,22.27f). Jesus versetzt die, die seine Worte hören und seine Taten sehen, in Erstaunen. Diese erstaunliche Kraft erwächst aus seinem Sein, daraus, dass ihm *alle Gewalt gegeben ist im Himmel und auf der Erde* (Mt 28,18). Deshalb scheiden sich an seiner Offenbarung des Gottesgeheimnisses die Geister und die Herzen der Menschen (vgl. Lk 1,35). Die gottgegebene Autorität des eingeborenen Sohnes wird zum Stein des Anstoßes unter den Men-

schen (vgl. Mt 21,42; Apg 4,14). Als Offenbarer des Geheimnisses der Dreifaltigkeit Gottes tritt Jesus Christus mit nie gesehener Autorität in das Leben der Menschen ein, doch er wird auch die Ablehnung am eigenen Leib erfahren, die diese Offenbarung zwangsläufig hervorruft.

3. Als Offenbarer Gottes erleuchtet Jesus Christus jeden Menschen (Joh 1,9), weil er selbst *das Licht der Menschen* ist (Joh 1,4ff; 8,12). Die Gegenwart Jesu bewirkt, dass *die Finsternis weicht und das wahre Licht leuchtet* (1 Joh 2,8). Doch auch hier begegnet uns wieder das Drama der Abkehr vom Licht; auch dieses Licht, in dem sich das Gesetz und die Propheten erfüllen, wird abgelehnt, weil seine Verkündigung anders ausfällt als erwartet, andere Maßstäbe aufstellt, als man sich das vorgestellt hatte; sie äußert sich in unbegreiflichen und doch suggestiven Widersprüchen. Deshalb wird die Fülle der Zeiten und die Fülle der Botschaft Gottes ebenjenen verkündet, die, rein menschlich betrachtet, wenig Fülle vorzuweisen haben: einfachen Leuten, solchen, die demütig die Gebote halten (Joh 14,21), armen Fischern (vgl. Mt 5,3) – ihnen schenkt Jesus jene Kenntnis des Vaters, die allein der Sohn offenbaren kann (Mt 11,27): *Wenn ihr mich erkannt habt, habt ihr auch den Vater gesehen* (vgl. Joh 14,7–9). Er preist den Vater sogar deswegen: *Ich preise dich, Vater, Herr des Himmels und der Erde, dass du dies vor Weisen und Klugen verborgen, Unmündigen aber offenbart hast. Ja, Vater, so hat es dir gefallen. Alles ist mir von meinem Vater übergeben. Niemand weiß, wer der Sohn ist, als nur der Vater, und niemand, wer der Vater ist, als nur der Sohn und wem es der Sohn offenbaren will* (Lk 10,21–22).

4. Das Evangelium, das uns diese Worte Jesu überliefert, berichtet, er sei dabei *voll Freude* und *vom Heiligen Geist erfüllt* gewesen (Lk 10,21). Hier bricht sich die innere Freude der Dreifaltigkeit Bahn, die sich, wenn sie sich den Menschen kundtut, auch in ihren Herzen regt, wie es Elisabet in der

Episode der Heimsuchung widerfahren ist (Lk 2,39–45), oder auch den Hirten (Lk 2,10–20), ja jedem, der sich Jesus guten Willens näherte und von ihm die Offenbarung des Vaters, das Leben, erhielt (1 Joh 1,2). Diese Freude verleiht Tapferkeit und ist beinahe zwanghaft, denn wer sie erfährt, kann über das, was er gesehen und gehört hat, unmöglich schweigen (Apg 4,20), und diese Freude hat auch inmitten von Verfolgung und Strafe Bestand: *Sie aber gingen voll Freude vom Hohen Rat weg, weil sie gewürdigt worden waren, für den Namen (Jesu) Schmach zu leiden* (Apg 5,41).

Es ist eine Freude, die alle menschlichen, übernatürlichen und sogar wundersamen Erfolge übersteigt. Und die Fülle dieser Freude besteht für die, die sie erfahren durften, darin, dass ihre Namen *im Himmel eingeschrieben sind* (vgl. Lk 10, 17–20).

Der heilige Ignatius nennt diese Freude »geistlichen Trost«: »Ich nenne es Trost, wenn in der Seele eine innere Bewegung verursacht wird, durch welche die Seele in Liebe zu ihrem Schöpfer und Herrn zu entbrennen beginnt, und wenn sie infolgedessen kein geschaffenes Ding auf dem Antlitz der Erde mehr in sich zu lieben vermag, es sei denn im Schöpfer ihrer aller. Desgleichen, wenn einer Tränen vergießt, die ihn zur Liebe seines Herrn bewegen, sei es aus Schmerz über seine Sünden oder über das Leiden Christi unseres Herrn oder über andere unmittelbar auf Seinen Dienst und Lobpreis hingeordnete Dinge. Schließlich nenne ich Trost jeglichen Zuwachs an Hoffnung, Glaube und Liebe und jede *innere Freude,* die zu den himmlischen Dingen und zum eigenen Seelenheil aufruft und hinzieht, indem sie der Seele *Ruhe und Frieden* in ihrem Schöpfer und Herrn spendet« (*Geistliche Übungen* 316). Dies sei der »Normalzustand« eines Menschen, der die Offenbarung Jesu bereitwillig und mit einfachem Herzen empfängt.

Zweiter Teil

Selbst inmitten von Widrigkeiten (wie etwa der Geißelung der Apostel) bleibt diese geistliche Tröstung in irgendeiner Form erhalten ... Selbst am Kreuz wird sie dem nicht verweigert, der das offenbarende Wort, den tiefen Frieden – der eine der Stufen der Tröstung darstellt – gläubig empfängt.

5. Wer die Stimme Jesu hört (vgl. Joh 10,3.27), wird von Freude erfüllt. Doch diese Freude hat wie die Freude Abrahams (Joh 8,56) eine endzeitliche Dimension. Wie Jesus »voll Freude« und »vom Heiligen Geist erfüllt« war, so wird auch unsere Freude mit der Hilfe desselben Geistes lernen, über die Zeit hinauszublicken. Durch die Freude erhält die Geschichte unserer Erlösung Zugang zur Herrlichkeit Gottes. Und es ist Jesus, der uns die Herrlichkeit des Vaters offenbart (Joh 1,14), weil der Vater im Sohn verherrlicht ist (vgl. Joh 14,13). So ist auch der liebevolle, aber ernste Vorwurf zu verstehen, den Jesus an Marta richtet: *Habe ich dir nicht gesagt, dass du die Herrlichkeit Gottes sehen wirst, wenn du glaubst?* (Joh 11,40). Das ist die Herrlichkeit, die Christus offenbart, von der er geradezu überquillt (vgl. Joh 2,11), die Herrlichkeit, die uns jetzt in der Hoffnung erleuchtet (weil sie Fülle des Lichts ist): der Hoffnung, sie einst auf ewig schauen zu dürfen. *In seiner rechten Hand hielt er sieben Sterne und aus seinem Mund ging ein scharfes, zweischneidiges Schwert hervor und sein Angesicht war wie die Sonne, die scheint in ihrer Kraft* (Offb 1,16). Am Ende der Zeiten wird die Offenbarung Gottes ganz Licht sein, Licht auf immer, und das nicht nur für jeden Einzelnen von uns, sondern für die ganze Welt: *Auch braucht die Stadt weder Sonne noch Mond, damit sie ihr leuchten; denn die Herrlichkeit Gottes hat sie erleuchtet und ihre Leuchte ist das Lamm* (Offb 21,23).

6. Wir haben gesagt, dass Jesus Christus nicht nur der Offenbarer, sondern zugleich die *Höchste Offenbarung des Vaters* ist. Die Öffnung unserer Augen und Ohren durch Gott (vgl. Num 22,31 und 1 Sam 9,15) hat ihre Geschichte, ihr Wann und

Wie, das auf Christus zustrebt und in ihm mündet: *Vielmals und auf vielerlei Weise hatte Gott von alters her zu den Vätern gesprochen durch die Propheten. Am Ende dieser Tage hat er zu uns gesprochen durch den Sohn, den er zum Erben des Alls eingesetzt, durch den er auch die Welt erschaffen hat. Er, der Abglanz seiner Herrlichkeit und Ausprägung seines Wesens ist, der auch das All trägt durch sein machtvolles Wort, hat Reinigung von den Sünden bewirkt und sich zur Rechten der Majestät in der Höhe gesetzt* (Hebr 1,1–3). Gott offenbart uns Christus. Gott errettet uns *aufgrund seines freien Ratschlusses und seiner Gnade, die uns in Christus Jesus vor ewigen Zeiten geschenkt wurde, die jetzt aber durch die Erscheinung unseres Retters Christus Jesus offenbar geworden ist, der den Tod vernichtet, Leben und Unvergänglichkeit ans Licht gebracht hat durch das Evangelium* (2 Tim 1,9–10). In Christus ist *die Gnade Gottes ... erschienen als Heil für alle Menschen* (Tit 2,11), *die Güte und Menschenfreundlichkeit Gottes, unseres Retters* (Tit 3,4).

Er ist das fleischgewordene Wort, das Wort des Lebens (Joh 1,4; 1 Joh 1,1), das die ersten Apostel und Jünger gesehen und gehört und mit ihren Händen berührt haben: Deshalb werden sie seliggepriesen, weil sie gesehen und gehört haben, was viele Propheten gerne gesehen und gehört hätten (vgl. Mt 13,16; 1 Petr 1,12). Doch diese Seligpreisung bezieht sich weniger darauf, dass sie Christus leibhaftig gesehen haben, als vielmehr darauf, dass er ihnen vom Vater offenbart worden ist (Mt 16,17). Und so ist es auch nur scheinbar ein Widerspruch, wenn Jesus selbst verkündet: *Selig, die nicht sehen und doch glauben* (Joh 20,29). Diese Seligpreisung gilt uns allen, wenn wir uns nicht auf die Offenbarung in Fleisch und Blut verlassen (vgl. Mt 16,17), sondern unser Herz für die höchste Offenbarung des Vaters, sein großes Geschenk, öffnen und uns in die Geschichte jener einreihen, die *gegen alle Hoffnung* hoffen (Röm 4,18), die sich von Gott an den Ort führen lassen, den sie zum Erbe erhalten sollen, ohne zu wissen, wohin es geht (vgl. Hebr 11,8), die standhaft aushalten, als sähen sie den Unsichtbaren (vgl. Hebr 11,27).

7. Der Vater macht uns Christus zum Geschenk, und dieses Geschenk ist der Erweis seiner Liebe: *Darin ist die Liebe Gottes unter uns erschienen, dass Gott seinen einzigen Sohn in die Welt gesandt hat, damit wir durch ihn leben* (1 Joh 4,9). Das gilt für uns alle, für uns, die wir selig sind, weil wir weder gesehen noch gehört haben, denn die Offenbarung Christi ist ein Geschenk des Vaters und Werk des Geistes und wird jedem zuteil, der den Geist selbst in seiner Seele wirken lässt (vgl. 1 Kor 14,26.30; Phil 3,15). Der Geist führt zur Wahrheit (Joh 16,13). Christus Jesus, der sichtbar im Fleisch erschienen ist, ist für alle Zeiten gekommen, *zu leuchten denen, die in Finsternis und in Todesschatten sitzen, und unsere Füße zu lenken auf den Weg des Friedens* (Lk 1,79). Deshalb geht das Offenbarwerden Jesu Christi über die Geschichte hinaus und erfüllt sich jenseits der gegenwärtigen Zeit: in der endgültigen *Offenbarung Jesu Christi, die Gott ihm gegeben hat, damit er seinen Knechten zeigt, was bald geschehen muss* (Offb 1,1).

Gebet

Wort Gottes, ew'ges Gotteslicht,
Quell aller reinen Wahrheit du,
du Glorie, die das All erhellt,
du Fackelschein in dunkler Nacht.

Du Wort, gesprochen ewiglich –
welch Jubel! – in des Vaters Sinn,
dem Menschen in der Zeit geschenkt,
das Mensch ward in der Jungfrau Schoß.

Mit gottgesandtem Lichterglanz,
Leuchtfeuer Gottes, strahlet fort!
Menschen und Völkern weist den Weg,
tut auf den Straßen Wahrheit kund! Amen.

Die Epiphanie der Braut

1. Die Liturgie vom Fest der Erscheinung des Herrn verbindet drei Zeichen miteinander. In der Antiphon der Zweiten Vesper lesen wir: »Drei Wunder heiligen diesen Tag: Heute führte der Stern die Weisen zum Kind in der Krippe. Heute wurde Wasser zu Wein bei der Hochzeit. Heute wurde Christus im Jordan getauft, uns zum Heil. Halleluja.«[36] Es ist eine *dreifache Epiphanie* – vor den Heiden (den Weisen), vor dem Volk Israel (in der Taufe) und vor den Jüngern (bei der Hochzeit von Kana) –, mit der sich der *Messias* und *Sohn Gottes* offenbart. Doch die Liturgie stellt die drei Mysterien nicht bloß nebeneinander, sondern setzt sie in der Laudes-Antiphon zueinander *in Beziehung:* »Heute wurde die Kirche *dem himmlischen Bräutigam vermählt:* Im Jordan wusch Christus sie rein von ihren Sünden. Die Weisen eilen mit Geschenken *zur königlichen Hochzeit.* Wasser wird in Wein gewandelt und *erfreut die Gäste.* Halleluja.«[37]

Es ist der bräutliche Aspekt, der die drei Mysterien miteinander verbindet: Der Bräutigam ist Christus, der Messias, der seine Braut, die Kirche, liebt und sich für sie hingibt (vgl. Eph 5,25), der sie reinigt in den Wassern der Taufe und sie zu eigen nimmt. Es ist von einer Hochzeit die Rede (nicht nur von einem Verlöbnis, womit ja auch eine Verheißung gemeint sein könnte: die »Verlobten«, die sich einander versprechen),

---

[36] Magnificat-Antiphon der zweiten Vesper am Fest der Erscheinung des Herrn, auf Deutsch zitiert nach: Stundenbuch für die katholischen Bistümer des deutschen Sprachgebietes. Erster Band: Advent und Weihnachtszeit (1978), 301.

[37] Benedictus-Antiphon der Laudes am Fest der Erscheinung des Herrn, auf Deutsch zitiert nach: a.a.O., 294.

und von einem *Hochzeitsfest* mit geladenen Gästen, die Geschenke bringen und sich am guten Wein erfreuen. Es ist die Erscheinung Christi, aber nicht nur: Der Königssohn, der Sohn Gottes, nimmt sein Volk zu eigen und vereinigt sich mit ihm wie der Bräutigam mit der Braut. Es ist die Epiphanie einer Hochzeit und damit auch die Epiphanie der Braut: der heiligen und sündigen Mutter Kirche.

2. Im Lauf der Heilsgeschichte wird die Ehe als Stammes- und Volksgeschichte, als Familiengeschichte begriffen, die im Gebot Gottes wurzelt (Gen 1,27ff). Auch im Neuen Testament nehmen viele Stellen darauf Bezug (vgl. Mk 10,6; Mt 19,4; Eph 5,31). Da ist die Rede davon, dass die Brautleute Vater und Mutter verlassen, um sich *aneinander zu binden*. Sie machen sich auf den Weg – das heißt, sie müssen sich zuvor gelöst haben –, um zu verschmelzen, um *ein Fleisch zu sein*. Doch das ist noch nicht das Ende: *So verschmolzen* werden Mann und Frau ihr Leben mit seinen ganz eigenen Wechselfällen führen, zu denen auch der Bruch (der Ehebruch) oder die Trennung (der Tod eines Partners) gehören können, und beide werden sie ihrer Fülle entgegenstreben. Alles ist in Etappen gefasst: das Verlöbnis (Adam träumt von Eva, ehe er sie kennt), die Hochzeit (eine Zeit des Feierns und der Freude) und der Weg zur Fülle (»auf dass du die Kinder deiner Kinder sehen mögest bis in die dritte und vierte Generation«). All das wird zum *Symbol* der Heilsgeschichte: Es gibt eine Zeit des Wartens vor der Ankunft Christi: das Verlöbnis; eine Zeit der Hochzeit: die Gegenwart des verheißenen Messias auf Erden; eine Zeit der Trennung: die Witwenschaft; und eine Zeit des Weges hin zur endgültigen Erfüllung: die Erwartung der eschatologischen »endgültigen Hochzeit«.

Einerseits ist also die Ehe als Stammes- und Volksgeschichte konzipiert, und andererseits ist sie die Geschichte des Gottesvolks, die sich über die bräutlichen Symbole selbst definiert. Das erklärt, weshalb die neutestamentlichen Vorstellungen sowohl von der Ehe als auch von der Heilsgeschichte in die Situation des (auch eschatologischen) »Schon-Jetzt« der Gegenwart Jesu ein- und zugleich auf das ewige »Jetzt« der endzeitlichen Vollendung hingeordnet sind.

3. Die Beziehung zwischen Mann und Frau wird als Symbol für die Beziehung zwischen Jahwe und seinem Volk und zwischen Jesus und der Kirche herangezogen. Der heilige Paulus zitiert den Propheten Hosea (Röm 9,25): Das Volk wird als »Geliebte«, das heißt als die Braut des Alten Testaments angeredet werden: Gefährtin (Gen 2,23 f) und Hilfe für den Mann (Gen 1,27; 2,18b). Israel ist die Verlobte oder Braut Jahwes (Jer 2,2; Jes 62,5), eine festlich hergerichtete, geschmückte Braut, deretwegen die Menschen von überallher zusammenströmen: *Erhebe deine Augen und schaue ringsum: Sie alle sammeln sich und kommen jetzt zu dir. So wahr ich lebe, spricht der Herr, du sollst sie anlegen allesamt wie einen Schmuck und dich damit gürten wie eine Braut* (Jes 49,18). Erhebe deine Augen und schaue …, mit diesen Worten wird der Prophet auch Jerusalem, Gottes Braut und Volk, seine Epiphanie prophezeien (vgl. Jes 60,4). Das Volk zeigt sich als Braut, und alle strömen zu ihm wie zu einer Hochzeit, damit es ein prächtiges Fest wird. Es ist »die Geliebte« aus dem Hohelied, von der auch der Prophet Hosea immer wieder spricht. Und dasselbe Bild wird auf das Verhältnis zwischen Jesus und der Kirche angewandt: *Ich eifere nämlich um euch mit Gottes Eifersucht; denn ich habe euch einem einzigen Mann verlobt, um euch als reine Jungfrau zu Christus zu führen* (2 Kor 11,2), diesem Christus, der das Haupt der Kirche ist, wie ein Mann das Haupt seiner Ehefrau ist (Eph 5,22). Diesem Christus, der *das Haupt der Kirche ist, die er als seinen Leib erlöst hat … Es hat ja noch nie einer seinen eigenen Leib gehasst, sondern er hegt und pflegt ihn, wie auch Christus die Kirche. Denn wir sind Glieder seines*

Leibes (Eph 5,23.29f). *Dieses Geheimnis ist groß; ich beziehe es auf Christus und die Kirche* (Eph 5,32).

4. Auf der Hochzeit von Kana *begann Jesus seine Zeichen ... und offenbarte seine Herrlichkeit und seine Jünger glaubten an ihn* (Joh 2,11). Er wählt eine Hochzeitsfeier, um jetzt schon in seine »Stunde« einzutreten (vgl. Joh 2,4f). In Israel war es üblich, die Hochzeit mit einem Mahl zu feiern. Mit einem Mahl hat es begonnen, und mit einem Mahl wird es auch enden: mit der Hochzeit des Lammes, die auf den endgültigen Bund des siegreichen Christus mit den Seinen anspielt: *Lasst uns jubeln und fröhlich sein und ihm die Ehre geben; denn die Hochzeit des Lammes ist gekommen und seine Frau hat sich bereit gemacht. Ihr wurde verliehen, sich in leuchtend weißes Leinen zu kleiden. Das Leinen sind die gerechten Taten der Heiligen* (Offb 19,7f). Hier erfüllt sich die Prophezeiung des Jesaja: *Bereiten wird der Herr der Heerscharen allen Völkern auf diesem Berg ein Festmahl mit fetten Speisen, ein Mahl mit alten Weinen, mit markigen, fetten Speisen, mit alten erlesenen Weinen! Auf diesem Berg nimmt er die Hülle weg, die auf allen Völkern liegt, und die Decke, die über allen Nationen ausgebreitet ist. Er vernichtet den Tod auf immer, Gott, der Herr, wischt ab die Tränen von jedem Angesicht und nimmt seines Volkes Schmach hinweg von der ganzen Erde. Ja, der Herr hat gesprochen* (Jes 25,6–9).

Auch die Erzählungen vom letzten Abendmahl stellen zwischen dem Tod Jesu für sein Volk, die Kirche, und dem endgültigen messianischen Mahl einen Zusammenhang her: *... bis zu dem Tag, an dem ich mit euch von neuem davon trinke im Reich meines Vaters* (Mt 26,29). *Ihr seid es, die in meinen Prüfungen bei mir ausgeharrt haben. Deshalb vermache ich euch das Reich, wie es mein Vater mir vermacht hat: Ihr sollt in meinem Reich an meinem Tisch essen und trinken und auf Thronen sitzen, um die zwölf Stämme Israels zu richten* (Lk 22,28–30). Die Teilnahme am Hochzeitsmahl des glorreichen Herrn ist ent-

scheidend (vgl. Mt 25,10–13). Er selbst wird in der Herrlichkeit seinem Volk dienen, seiner Braut, der Kirche; er, der, eben weil er Knechtsgestalt annahm, über alle erhöht wurde (vgl. Phil 2,6–10), wird sich in der Fülle seiner Herrlichkeit daran erfreuen, Knecht seiner Knechte und Diener seiner Braut zu sein (vgl. Lk 12,35–38). Das ist das *Entscheidende* am endgültigen Hochzeitsmahl: Auch dort – nun aber nicht mehr im Kontext von Sünde (vgl. Hebr 10,18) und Tod – wird Christus sich seiner Kirche als Diener hingeben, sie umsorgen und sie mit einem Festmahl feiern.

5. Nicht jeder geht zum Hochzeitsmahl, sondern der, der eingeladen ist, und der *Geladene* ist selig: *Selig, wer am Mahl im Reich Gottes teilnehmen wird!* (Lk 14,15). Die geladenen Gäste sind zahlreich (vgl. Mt 22; Lk 14,16; Mt 20,16). Die Geladenen eilen herbei, und es herrscht eine *freudige* Stimmung: *Wer die Braut hat, ist der Bräutigam. Der Freund des Bräutigams aber, der dabeisteht und ihn hört, freut sich herzlich über die Stimme des Bräutigams. Diese meine Freude ist jetzt in Erfüllung gegangen* (Joh 3,29). Diese Freude ist uns seit alter Zeit vorhergesagt: *Darum will ich mich freuen über den Herrn, jubeln soll meine Seele über meinen Gott. Denn er hat mich mit den Gewändern des Heils bekleidet, in den Mantel der Gerechtigkeit mich gehüllt, wie ein Bräutigam sich den Kopfschmuck aufsetzt, wie eine Braut sich schmückt mit ihrem Geschmeide* (Jes 61,10). *Denn wie der junge Mann sich mit der Jungfrau vermählt, so vermählt sich dein Erbauer mit dir; wie der Bräutigam sich freut über die Braut, so freut sich dein Gott über dich* (Jes 62,5; vgl. auch Ps 45).

Diese Freude, die beim Hochzeitsmahl herrscht, wird im endgültigen Jerusalem und auch in unserer Zeit des Wartens die Form des *Gottesdienstes* annehmen. *Solange sie den Bräutigam bei sich haben, können sie nicht fasten* (Mk 2,19). Der Gottesdienst ist auch das Fest, mit dem die Gegenwart des Bräutigams gefeiert wird: *Jesus antwortete ihnen: Können die*

Hochzeitsgäste trauern, solange der Bräutigam bei ihnen ist? Es werden aber Tage kommen, da wird ihnen der Bräutigam genommen sein. Dann werden sie fasten (Mt 9,15). Unter den Jüngern herrscht Freude, weil Jesus bei ihnen ist: Sie fasten nicht, sondern feiern.

Es fällt auf, dass vor allem Jesus selbst und auch Johannes, der ihn im Jordan tauft, es sind, die Jesus den Bräutigam nennen (vgl. Joh 3,29ff). Der Täufer, der Zeugnis von ihm ablegt, der ihn das *Lamm Gottes* nennt (Joh 1,32–36), nennt ihn auch »Bräutigam«. Er bezeugt, das sich das Wort dessen erfüllt hat, der ihn ausgesandt hatte zu taufen (Joh 1,33f); er sieht den Geist auf Jesus herabsteigen, er hört die Stimme des Vaters, der sich dafür verbürgt, dass dieser da sein Sohn ist: Und in seinem Herzen betrachtet dieser gläubige Jude, der die Hochzeit seines Volkes mit dem Messias erwartet, die Taufe im Jordan als die Epiphanie dieser Hochzeit: Der Bräutigam reinigt die Braut von ihren Sünden.

6. Ich habe an den Text erinnert, in dem Jesus prophezeit, dass der Bräutigam der Braut und den Hochzeitsgästen entrissen werden wird. *Es werden aber Tage kommen,* so heißt es bei Markus (2,19ff), *dann werden sie fasten,* und auch Lukas spricht von *jenen Tagen* (5,34ff). Wenn ihr *der Bräutigam entrissen* ist, weint die Braut und bleibt allein und als Witwe zurück. Hier manifestiert sich die *Witwenschaft der Kirche,* die die endgültige Ankunft des Bräutigams erwartet. Die verwitwete Kirche, die von Plünderern bedrängt wird (vgl. Mt 23,14; Mk 12,40; Lk 20,47). Die *verwitwete Kirche,* die dem Herrn mit Fasten und Beten dient und nicht müde wird, ihn in ihren Nöten und den Nöten ihrer Kinder anzuflehen und zu bedrängen (Lk 18,3). Die verwitwete Kirche, die alles gibt, *was sie zum Leben hatte* (Mk 12,42; Lk 21,2), damit all ihre Arbeit *Gottesdienst* wird zu Ehren des Bräutigams, den ihr Herz erwartet. Die verwitwete Kirche, für die jedes ihrer Kinder ihr

»einziges Kind« ist, dem sie in der Taufe einen Namen gegeben und das Leben geschenkt hat, umso »einziger«, je mehr
es dem Reich »gestorben« ist ... und deshalb weint sie um
dieses einzige Kind (Lk 7,12).

Das Bild der verwitweten Kirche tritt uns – feierlich in
ihrem stillen Schmerz – auch in Marias Anwesenheit unter
dem Kreuz vor Augen. Sie, die in Kana in Galiläa *dabei war*
(Joh 2,1), stand auf Golgota *bei dem Kreuz* (Joh 19,25). In Kana
hatte sie bei einer Hochzeitsfeier Fürsprache eingelegt, damit die »Stunde« Jesu jetzt schon beginne; hier empfängt sie
schweigend ihre Kinder im Tausch gegen den Sohn ... und
während aus der geöffneten Seite ihres Sohnes die Kirche
geboren wird, bringt sie die Kinder der Kirche zur Welt, die
von diesem Moment an ihre Kinder sind. Es ist die *Stunde* der
»Taufe«, mit der Jesus getauft werden musste (Lk 12,50), die
Stunde des Bangens, bis sie vollzogen ist (ebd.), die Stunde
der Epiphanie der Kirche.

7. Die verwitwete Kirche verharrt im Gebet (Apg 1,14;), verkündet das Evangelium (vgl. Apg 6,4) und hilft den Armen
(Apg 6,2); dabei erwartet sie den Geist, der beständig kommt
und sie fruchtbar macht, damit sie neue Kinder gebiert; und
sie erwartet ihren Bräutigam, der zur endgültigen Hochzeit
wiederkehren wird. Sie hat es gewissermaßen akzeptiert, von
ihrem Bräutigam getrennt zu sein, den sie sehnsüchtig erwartet: *Komm, Herr Jesus!* (Offb 22,20). Sie hat als Erste die
Einladung zur Hochzeit erhalten und angenommen.

Doch nicht alle, die zum Hochzeitsfest geladen sind, haben den Ruf angenommen, ja mehr noch: Sie haben ihn abgelehnt und sich für ihr eigenes Fest oder sogar für das *Anti-
Fest* entschieden: den Acker, das Geschäft oder die Grausam-
keit derer, die *seine Knechte ergriffen, misshandelten und töteten*
(Mt 22,2–14). *Die Hochzeit ist zwar bereit, aber die Eingeladenen
waren unwürdig* (ebd.). Weil sie sie in ihrem Herzen nicht zu

schätzen wussten, weil sie nicht wollten und später nicht mehr zurückkonnten. Ihnen war ihr Acker, ihre fünf Joch Ochsen oder ihre eigene Hochzeitsfeier (die Hochzeit mit sich selbst, mit den eigenen, egoistischen Plänen) wichtiger (Lk 14,15–24). Ihre Strafe schwebt bereits über ihren Köpfen: *Ich sage euch nämlich: Keiner von jenen Männern, die eingeladen waren, wird an meinem Mahl teilnehmen* (Lk 14,24). Sie sind keine Freunde des Bräutigams, sie sind keine Angehörigen der Braut – des Volks, der Kirche –, die den Herrn liebt.

Diese Männer und Frauen treten nicht vereinzelt auf, sondern bilden ihrerseits eine Generation, einen Stamm: Sie sind das *böse und ehebrecherische Geschlecht,* das Zeichen fordert, Epiphanien nach menschlichen Vorstellungen, esoterische Epiphanien (vgl. Mt 12,39; 16,4); dieses ehebrecherischen Geschlechts wird der Herr sich schämen, wenn er wiederkommt, um seine endgültige Hochzeit zu feiern (Mk 8,38). Ein Geschlecht, das nicht nur die Einladung zum Fest ablehnt, nicht nur seine Vorstellung von einem überzeugenden Zeichen durchsetzen will, sondern aus Verstocktheit so weit geht, sein eigenes Anti-Fest zu veranstalten: Menschen wie Herodias, die Johannes den Täufer ja gerade wegen eines Ehebruchs so verabscheut (Mk 6,17) und deshalb ein Festgelage zu einem teuflischen Höhepunkt treibt; Menschen wie die Anhänger der Isebel (Offb 2,20ff) oder der großen Hure (Offb 17,1ff), die am großen Tag der endgültigen Hochzeit verurteilt und verworfen werden. Sie laufen fanatischen Irrlehrern nach, kehren sich ab von dem, was Gott verbunden hat (vgl. 1 Tim 4,3), und bieten letztlich ihre Leiber feil, machen sie zu Gliedern ihrer Treulosigkeit, ihres korrupten Willens, ihrer Prostitution: *Der Leib dagegen ist nicht für die Unzucht da, sondern für den Herrn und der Herr für den Leib. Gott aber hat den Herrn auferweckt und er wird auch uns auferwecken durch seine Macht. Wisst ihr nicht, dass euere Leiber Glieder Christi sind? Darf ich*

die Glieder Christi nehmen und zu Gliedern einer Dirne machen?
Auf keinen Fall! Oder wisst ihr nicht, dass, wer einer Dirne an-
hängt, ein Leib mit ihr ist? Es werden ja, so heißt es, die zwei ein
Fleisch sein. Wer jedoch dem Herrn anhängt, der ist ein Geist
mit ihm. Meidet die Unzucht! Jede andere Sünde, die ein Mensch
begeht, bleibt außerhalb seines Leibes; wer aber Unzucht treibt,
versündigt sich an seinem eigenen Leib (1 Kor 6,13–18). Hinter
diesen Worten verbirgt sich mehr als bloß die vordergrün-
dige Mahnrede gegen die Unzucht. Indem er diese Sünde
nimmt und wägt, wie viel »Hässlichkeit und Bosheit« sie »in
sich birgt« (*Geistliche Übungen* 57), betritt Paulus auch eine
symbolische Ebene: Wer *der Einladung zur Hochzeit nicht folgt,*
ist dem Bräutigam nicht treu. Deshalb wird er nicht dem Leib
der Braut, der Kirche, sondern der *Dirne,* der »Anti-Kirche«
anhängen, die der Leib des Antichrists ist.

8. Der *Ehebruch,* ja schon der bloße Wunsch, die Ehe zu
brechen (Mt 5,27 ff), gilt von jeher als schwere Sünde. Er wird
mit aller Strenge bestraft (Dtn 22,22), weil er mit dem Bruch
des Bundes einhergeht (vgl. Gen 20,3 ff). Deshalb hat er in
Israel, anders als in anderen Kulturen oder Religionen, auch
eine öffentliche Dimension, weil er nicht nur gegen das Fundament und Privatrecht der Ehe, sondern gegen göttliches
Recht verstößt (Ex 20,14). Er bedroht das Fundament eines
Volkes und seinen Bund mit Gott. Deshalb wird er von der
Gemeinschaft bestraft und im Verdachtsfall einem *Gottes-*
urteil unterworfen (Num 5,11–31). Der Ehebruch ist zudem
unvereinbar mit der Hoffnung auf das Reich Gottes (1 Kor
6,9 ff) und wird eigens von Gott gerichtet (vgl. Hebr 13,4).
Das ist der Grund dafür, dass jeglicher Zweifel und jegliche
Ungenauigkeit der Lehre im Hinblick auf die Wiederkunft
Christi und das Gericht (2 Petr 3,3–10) mit vermehrter Frei-
zügigkeit einhergehen, von der der Ehebruch nicht nur ein
Teil, sondern für die er gleichsam ein Sinnbild ist. »Verborge-

nen Hochmut straft Gott mit offenkundiger Ausschweifung«, sagten die Wüstenväter: Der Hochmut dessen, der nicht zur Hochzeit erscheint, bringt letztlich all das mit sich, was Paulus unter den *Werken des Fleisches* auflistet (vgl. Gal 5,19ff; 1,29ff; Eph 5,3ff).

Der Ehebruch ist der *Kult des Fleisches,* das heißt der *Götzendienst,* das *Heidentum,* von dem sich die Gemeinschaft in aller Deutlichkeit distanzieren muss (1 Kor 6,12–20; 5,9–12). Dorthin gelangt, wer sich wie Salomon mit der Welt anfreundet (Jak 4,4). Und weil der Ehebruch Sinnbild des Götzendienstes ist, ist er auch ein Verstoß gegen die Einheit Gottes mit seinem Volk, die Einheit Christi mit seiner Kirche (Hos 1–3; Jer 3,8ff; 2,1ff; Ez 16; 23; Jes 50,1). Die flüchtige und faszinierende Freude des eigenen Festes, des eigenen Heilsplans, endet in eschatologischer Freudlosigkeit und hoffnungsloser Witwenschaft: der Witwenschaft einer unfruchtbaren Witwe, die weder Kinder noch einen Bräutigam hat, der zu ihr zurückkehren wird (Jer 7,34; 16,9; Offb 18,23).

9. Der Weizen und das Unkraut der Kirche sind die törichten und die klugen Jungfrauen (Mt 25,1–12). So ist der Lauf der Welt. Inmitten unserer Geschichte zeigt Christus uns seine Braut, seine Kirche, lädt uns zu seiner Hochzeit ein, bittet uns wach zu bleiben und ihn zu erwarten, um mit ihm zu feiern, stellt den guten Wein bereit und ruft die Geladenen auch von fern. Das Einzige, was er von uns verlangt, ist ein passendes Gewand (das heißt unsere Läuterung durch die Taufe, mit der er seine Braut geheiligt hat). Drei sehr große und untereinander verwobene Mysterien sind nötig, um uns diese Epiphanie der Kirche anzuzeigen. Und über diesen drei Mysterien, in einzigartiger Würde, Maria, Mutter und Bild der Kirche: ihre Gegenwart in Kana (Joh, 2,1), ihre Gegenwart an der Krippe beim Eintreffen der Weisen (Mt 2,11), ihre Gegenwart bei der bang erwarteten »Taufe« Jesu, dem Kreuz (Joh 19,25ff), als

Wasser und Wein – Wasser der Taufe und Wein des Blutes – aus der Seite dieses neuen Adam hervorströmen (Joh 19,34), damit die neue Eva – Fleisch von seinem Fleisch (Gen 2,21–24) – geboren wird, von der er geträumt hat.

So hat er sie gewollt, und so wird er sie sehen, wenn sich »seine« Erwartung erfüllt. Denn auch er (wenn wir es wagen dürfen, so zu sprechen) *wartet* wie der Vater im Gleichnis Tag um Tag, er kann es kaum erwarten, sie kommen zu sehen, *bereit wie eine Braut, die sich für ihren Mann geschmückt hat* (Offb 21,2); *im Besitz der Herrlichkeit Gottes* und mit einem Lichtglanz *wie der eines kostbaren Edelsteins, wie kristallklarer Jaspis* (Offb 21,11). Und sie wird ein Heiligtum suchen, wo sie ihre sittsame Erwartung verbergen kann, und keines finden, *denn der Herr, ihr Gott, der Allherrscher, ist ihr Tempel, er und das Lamm. Auch braucht die Stadt weder Sonne noch Mond, damit sie ihr leuchten; denn die Herrlichkeit Gottes hat sie erleuchtet und ihre Leuchte ist das Lamm. In ihrem Licht werden die Völker einhergehen und die Könige der Erde werden ihre Herrlichkeit in sie hineintragen. Ihre Tore werden tagsüber nicht geschlossen; Nacht wird es ja dort nicht mehr geben. Und man wird die Schätze und die Kostbarkeiten der Völker zu ihr bringen. Aber niemals wird irgendetwas Unreines in sie hineinkommen oder einer, der Abscheuliches treibt und lügt, sondern nur die, die im Lebensbuch des Lammes eingetragen sind* (Offb 21,22–27). Das ist es, was Jesaja vorhergesehen hat (60), das ist die Hoffnung, die hinter dem Stern der Weisen steht. Das ist es, was der geöffnete Himmel bei der Taufe Jesu kundtut und die geöffnete Seite des Bräutigams, aus der Wein und Wasser fließen.

Selig, die ihre Kleider waschen (Offb 22,14), um Hochzeit zu feiern. *Der Geist und die Braut aber sagen: Komm! Wer es hört, soll sprechen: Komm! Wer Durst hat, der komme. Wer will, empfange das lebendige Wasser des Lebens umsonst* (Offb 22,17). *Komm, Herr Jesus!* (Offb 22,20).

Gebet

Du heil'ge Kirche, schöne Braut,
eile entgegen deinem Herrn,
schmück deine Wohnung, feg sie aus,
deinem Erlöser zum Empfang.

Breit freudig deine Arme aus
für sie, des Heilands Mutter keusch,
das immer off'ne Himmelstor,
durch das Gott kam in diese Welt.

Dem ew'gen Vater Ehr' und Ruhm,
und auch dem Sohn, den er gezeugt,
und der, durch Heil'gen Geistes Werk,
von der Jungfrau geboren ward. Amen.

Der Weg zur endgültigen Offenbarung

1. Die Heilsgeschichte geht weiter mitten unter den Menschen. Die Kirche, Braut und Witwe, Jungfrau und Mutter, Heilige und Sünderin, ist unterwegs zu ihrer endgültigen Hochzeit (vgl. Offb 21,2) und gibt alles, was sie zum Leben hat (Mk 12,42; Lk 21,2). In dieser Geschichte offenbart sich der Herr jedem Mann und jeder Frau, er offenbart sich seiner Kirche inmitten der Wechselfälle des Lebens, das immer im Spannungsfeld von Gnade und Sünde verläuft. Die fruchtbare, mit Weizen beladene Ähre ist neben den dürren Ähren und sogar neben dem Unkraut gewachsen. Und der Zweifel im Hinblick auf die Ankunft des Herrn, ihren Zeitpunkt und ihre Echtheit, bleibt niemandem erspart. Die Verwirrung erfasst sowohl den Jünger als auch den Feind, und diese Verwirrung enthält immer einen Ruf Gottes, seinen Aufruf, weiterzugehen, sich vom Offenbarwerden der Gnade berühren zu lassen und die Entbergung des Herrn zu ermöglichen.

2. Der schwache, beinahe willenlose Herodes vernahm in seinem Herzen den Ruf der *Verwirrung: Herodes, der Tetrarch, hörte von allem, was geschah, und war ratlos, weil von einigen gesagt wurde, Johannes sei von den Toten auferweckt worden, von anderen aber, Elija sei erschienen, wieder von anderen, einer von den alten Propheten sei auferstanden. Herodes aber sagte: Johannes habe ich enthaupten lassen; wer ist aber dieser Mann, von dem ich solche Dinge höre?* (Lk 9,7–9). Dieselbe Verwirrung wird am Ende der Zeiten eintreten, wenn die verschiedensten Gerüchte aufkommen und einander widersprechen in ihren Angaben über das Wann und das Wo der glorreichen Wiederkunft des Herrn (vgl. Mt 24,26–30). Johannes der Täu-

fer, der Größte unter den von einer Frau Geborenen, fühlt die *Einsamkeit seines verwirrten Herzens*. Er fürchtet, sich geirrt zu haben, und die Klarheit der am Tag der Taufe empfangenen Verkündigung (vgl. Joh 1,32–34) verwandelt sich im Kerker in nagenden Zweifel: *»Bist du es, der kommen soll, oder müssen wir auf einen anderen warten?«* (Lk 7,18–23). Auch er wird im Feuer des Zweifels geprüft, des Zweifels an seinem Leben und an seiner Sendung. Er demütigt sich, fragt und unterwirft sich. Er neigt das Haupt ... so tief, dass es ihm abgeschlagen wird. Im Alten Testament ist die Verwirrung, die die Auserwählten des Herrn befällt, zuweilen auch das erste Anzeichen der Rettung: Nach seinem Triumph über die Baalspriester fürchtet sich Elija vor den Drohungen einer Frau; er ist verwirrt, kurz davor, aufzugeben, und lebensmüde (vgl. 1 Kön 19). Er braucht Gottes Hilfe, um seinen Weg weiterzugehen. Auch die Verwirrung der Gegenwart des Herrn – im Sturm, im Feuer, im Erdbeben oder im sanften Säuseln? – bleibt ihm nicht erspart. Jona, der Eigensinnige, will nicht mehr leben, weil seine Verwirrung ihn völlig blockiert: Er begreift nicht, dass seine eigenen Vorhersagen (Vorhersagen überdies, die er ja zunächst auf Gottes Veranlassung hin getroffen hatte) letztlich doch nicht der von Gott gewollten Wirklichkeit entsprechen. In seinem Fall ist die Verwirrung nahe daran, in *Verbitterung* auszuarten (vgl. Jona 4,3).

3. Man darf die Verwirrung nicht mit der zweifelnden *Neugier* Satans verwechseln, der will, dass Jesus ihm seine Identität preisgibt, damit er sich gegen ihn wappnen kann. Diese Neugier des Satans in der Wüste, der wissen will, ob Jesus der Sohn Gottes ist oder nicht (Mt 4,1–11), ist auch die Neugier derer, die ihn aufforderten, vom Kreuz herabzusteigen (Mt 27,39–44); derer, die Zeichen verlangten (vgl. Lk 11,29ff); oder derer, die ihm schwierige Fragen vorlegten wie die nach der kaiserlichen Steuer, nach der Bestrafung der Ehebreche-

rin, nach der Schwagerehe usw. Ihnen gegenüber bewahrt Jesus sein messianisches Geheimnis; allenfalls antwortet er mit einem Wort Gottes, das er der Geschichte seines Volkes entnimmt, oder damit, dass er den Widerspruch, den sie ihm vorlegen, an sie zurückgibt. Der *Verwirrte* ist immer offen für Gottes Heil; der *Neugierige* hingegen nicht. Der eine spürt in seinem Herzen eine Unruhe, die ihn nach der Wahrheit suchen lässt, und vielleicht auch eine gewisse Bereitschaft, sie anzunehmen (oder zumindest die Sehnsucht nach der Sehnsucht); der andere sucht die Wahrheit, weil er sie kontrollieren will. Der eine fragt, der andere diskutiert.

4. Die *Verwirrung und die teuflische Neugier* begegnen einander in Jerusalem: in Gestalt der Weisen und des Herodes. Die, die aus dem Osten kommen, sind einem Stern gefolgt. Sie verlieren ihn aus den Augen und finden sich inmitten höfischer Intrigen wieder. Das berührt sie nicht weiter, denn sie sind aufrichtige Männer. Sie sind nur verwirrt, weil der Stern nicht mehr zu sehen ist: Sie sehnen sich nach ihm. Und ihr Herz füllt sich mit überaus großer Freude, als sie Jerusalem verlassen und den Stern wieder erblicken (Mt 2,10). *Die Freude befreit sie von der Verwirrung,* sie haben die Prüfung bestanden, und jetzt führen sie den Tyrannen an der Nase herum (Mt 2,16). Der neugierige Herodes erschrak, und er muss einen solchen Lärm geschlagen haben, dass *ganz Jerusalem mit ihm* erschrak (Mt 2,3). Er spioniert der Wahrheit hinterher, er informiert sich über alles, Zeit und Ort, um endlich die Weisen zu seinen Botschaftern zu ernennen: Sie sollen ihm Kunde bringen von diesem Kind, damit auch er *ihm huldigt,* das heißt, es vernichtet, denn – wie der Satan in der Wüste – verlangt er die Wahrheit über das messianische Geheimnis zu wissen, um den Gesalbten Gottes zu töten. Herodes war dazu nicht imstande; wohl aber der Satan, der, intrigant und siegesgewiss, seinen Tod herbeiführte und genüsslich einen

Bissen vom Fleisch des Menschensohns nahm, ohne zu ahnen (wie es in einem patristischen Text heißt), dass er damit den Köder und das Gift der Gottheit schluckte, das ihn endgültig vernichten würde (so stellt es der heilige Abt Maximus Confessor dar[38]: Der Schreck des Herodes verwandelt sich in heftigen Zorn (Mt 2,16) – die Raserei des bösen Geistes, die die ganze Geschichte hindurch fortdauern wird bis zur zweiten Ankunft des Herrn.

5. Am Tag der zweiten Ankunft des Herrn, jenem großen und furchtbaren Tag (Joël 2,11; 3,4; Mal 3,32; Apg 2,20), ist das Ende des Weges erreicht. Dann gibt es keinen Raum mehr für Verwirrung. Satan, die alte Schlange, der Antichrist, wird zunächst erstarken und dann vom Kyrios, vom Herrn aller Herrlichkeit, vernichtet werden (2 Thess 2,1–12). Der Kampf um den Glauben, den die sündigen, aber gutwilligen Männer und Frauen unablässig führen, ist ein Unterpfand für diesen Tag (vgl. 1 Tim 6,12–14). Der Tag der Parusie wird der Tag der endgültigen Ankunft Christi sein. Er wird in der Fülle seiner Macht erscheinen (1 Kor 1,7; 2 Thess 1,7). Und auch die himmlische Herrlichkeit *(dóxa)* wird dort erscheinen, wird sich enthüllen (wird Epiphanie und Entbergung sein) und uns alle gegenwärtigen Leiden vergessen machen (Röm 8,18f.). Das ist der Tag der endgültigen Offenbarung (vgl. 1 Petr 1,5ff; 1,13; 4,13; 5,1), der endgültigen Offenbarung jener Herrlichkeit, die wir schon bei der Verklärung Jesu, in Kana in Galiläa und am Auferstehungsmorgen erahnen durften.

6. An »den Tag des Herrn« zu denken, stärkt den Menschen in Zeiten der Verwirrung. Vielleicht finden wir uns am ehesten in der Situation wieder, von der das 21. Kapitel des Johannesevangeliums erzählt. Dort ergeht der »zweite Ruf« des Herrn. Er hat uns im Glauben bestärkt und fordert uns

[38] Vgl. *Patrologia Graeca* 90, 1182–1186.

nun auf, weiterzugehen. An den Ufern des Sees von Tiberias (eine Anspielung auf den ersten Ruf), bei einem wunderbaren Fischfang (ähnlich dem vor seiner Auferstehung) und in einem eucharistischen Kontext (der an die Brotvermehrung erinnert) erkennen die Jünger den Herrn: Sie *erkennen* ihn *wieder* und sie *erkennen* ihn *an*. Und ebendort erhält Petrus die Gnade der Erinnerung an sein dreimaliges Leugnen. Wie in einer Neuauflage der Szene aus dem 16. Kapitel des Matthäusevangeliums legt er nun ein dreifaches Bekenntnis ab und empfängt die Sendung und die Verheißung seiner Entäußerung. Wenn wir *verwirrt sind, müssen wir uns diesen Moment ins Gedächtnis rufen* und im Stillen die erlösenden Worte des Herrn wiederholen: *Was geht das dich an? Du aber folge mir!* (Joh 21,19–22). Und diese Nachfolge überdauert die Zeit und überdauert unsere Verwirrung, wenn wir demütig flehend das Haupt neigen und in keuschem Gehorsam mit der Kirche beten: *Komm, Herr Jesus!* (Offb 22,20). Amen.

Gebet

Ihretwegen seid ihr gekommen,
doch nun, Könige, schaut nicht mehr nach den Sternen,
denn da, wo die Sonne ist,
verblassen die Sterne.

Folgt nicht mehr eurem Stern,
staunend über sein schönes Licht,
denn da, wo die Sonne ist,
verblassen die Sterne.

Haltet an, denn hier ist der,
der den Himmeln Licht gibt:
Gott ist der sicherste Hafen.
Nun, da ihr den Hafen gefunden habt,
schaut, Könige, nicht mehr nach den Sternen.

Dritter Teil
Die Sendschreiben an die sieben Gemeinden

Gegenwart des Herrn und
Freude am Dienst

An diesem ersten Tag werden wir, um uns in die Gegenwart des Herrn zu versetzen, der auf uns schaut und uns liebt, den Anfang der Offenbarung des Johannes zu Hilfe nehmen, damit die Schau des Herrn, die Johannes zuteil wurde, auch unsere Augen erfülle und seine Stimme bis ins Innerste unseres Herzens dringe.

Romano Guardini sagt: »Die Geheime Offenbarung ist ein Buch des Trostes. Keine Theologie der Geschichte oder der letzten Dinge, sondern ein Trost, den Gott beim Ausgang der Apostelzeit seiner Kirche in die Hand gegeben hat. Dieses Trostes bedurfte sie, denn sie war sehr bedrängt.«[39] Wie spendet der Herr Trost? Nicht so, dass er etwa sagt: »Im Grunde ist die Bedrängnis nicht so schlimm, wie es aussieht«, sondern indem er sie in all ihren Schrecknissen ansieht und uns über

---

[39] Romano Guardini, *Der Herr*. Betrachtungen über die Person und das Leben Jesu Christi, Ostfildern / Paderborn [18]2011, 588.

allen irdischen Wirklichkeiten den Himmel zeigt. Er zeigt uns Jesus Christus, der schweigend und wartend erscheint. »Er sieht alles, wägt alles, vom innersten Beginn im Herzen bis zur letzten Auswirkung im Gang der Ereignisse, und schreibt alles in ›das Buch‹ seines unfehlbaren Wissens … Er wird das Wort sprechen, das jedes Menschenwerk enthüllt, jedem seinen genauen Wert gibt und ewig währt …«[40]

Der Trost des Herrn erscheint nicht in Form von Ratschlägen oder theologischen Distinktionen, sondern in Form von Bildern und symbolischen Ereignissen, die in rechter Weise gedeutet werden müssen. Johannes transponiert die gesamte Offenbarung auf die Ebene von Gestalten und Symbolen und folgt damit dem ästhetischen Gesetz der Heiligen Schrift, demzufolge jedes Heilsereignis sichtbare Gestalt annimmt, das ganze Wort Fleisch wird. Ohne diese Dialektik von Ereignis und Schau hätte unser Glaube keine menschliche Gestalt, sondern wäre irrational und spiritualistisch.[41]

Die richtige Weise, sich diesen »Gestalten« zu nähern, ist es nicht, jede einzelne allegorisch zu deuten oder zu versuchen, sie uns vorzustellen. Es handelt sich um Schau. Eine Schau von der Art, wie sie sich in unseren Träumen ereignet, wobei ein starker Eindruck oder ein starkes Gefühl, in seinem Drang überaus deutlich und zugleich verborgen, sehr kraftvolle Gestalten und Formen hervorruft. »Im Traum arbeitet die Phantasie des Lebens, um dessen verborgenem Drang zu dienen; in der Vision waltet der Geist Gottes und formt die Bilder der Welt zu neuen Gestalten, um in ihnen einen göttlichen Sinngehalt darzustellen.«[42]

---

[40] Guardini, *Der Herr,* 589.
[41] Vgl. dazu Hans Urs von Balthasar, Offenbarung und Schönheit, in: ders., *Verbum Caro.* Skizzen zur Theologie I, Einsiedeln 1960, 100–134.
[42] Guardini, *Der Herr,* 591.

Von der Perspektive des Traumes her gibt uns Guardini den Schlüssel an die Hand, um die Offenbarung des Johannes zu lesen. Er greift das Bild des Johannes auf, der angesichts des versiegelten Buches weint: *Da weinte ich sehr, weil niemand für würdig befunden wurde, das Buch zu öffnen und darin zu lesen*« (Offb 5,4). »Warum weint der Mann? Und mit diesem besonderen, das Innere erschütternden Weinen? Man könnte wieder eine verstandesmäßige Antwort versuchen ... Doch das wäre keine lebendige Erklärung ... Jeder hat schon einmal erlebt, dass er träumte: Da stand etwas; oder da lag etwas, ein Buch vielleicht, auf einem Tisch, war verschlossen, und er wusste mit seinem Innersten, dass alles daran hänge, ob das Buch aufgeschlagen würde, alles! Es ging aber nicht, und er war ganz verzweifelt. Wenn jemand gefragt hätte, warum er weinte, so hätte er auf das Buch hingezeigt und gesagt: Ja, siehst du denn nicht? Das Buch? Dass es nicht aufgeht?«[43] In der Vision passiert dasselbe. Doch das, was hier vorbeizieht, ist nicht das natürliche Leben mit seinen Impulsen, Ängsten und Hoffnungen, sondern das neue und heilige Leben Gottes. »Das redet; drückt sich in den Gestalten aus, die da auftauchen ...«[44]

Deshalb besteht die rechte Haltung, um die Offenbarung des Johannes zu lesen, darin: »Man muss lauschend werden, im Geiste folgsam; die Bilder aufnehmen, wie sie kommen; in sie hineinspüren; ins Einverständnis mit ihnen gelangen: Dann versteht man – soweit Gott das Verstehen gibt.«[45]

Lesen wir, was der Herr dem Johannes aufzuschreiben auftrug, mit dem Empfinden, dass dies das Bild des Priesters ist, den auf Erden zu vertreten uns aufgetragen ist: *Da*

---

[43] Guardini, *Der Herr*, 592.
[44] Guardini, *Der Herr*, 593.
[45] Ebd.

wandte ich mich um, die Stimme zu sehen, die mit mir sprach. Als ich mich umgewandt hatte, sah ich sieben goldene Leuchter und mitten unter den Leuchtern einen, der wie ein Mensch aussah, gekleidet mit einem Gewand, das bis auf die Füße reichte, und um die Brust gegürtet mit einem goldenem Gürtel. Sein Haupt und seine Haare waren weiß wie weiße Wolle, so weiß wie Schnee, und seine Augen wie Feuerflammen; seine Füße glichen Golderz, das im Schmelzofen glüht, und seine Stimme war wie das Rauschen vieler Wasser. In seiner rechten Hand hielt er sieben Sterne und aus seinem Mund ging ein scharfes, zweischneidiges Schwert hervor und sein Angesicht war wie die Sonne, die scheint in ihrer Kraft (Offb 1,12–16).

Das Bild des Herrn ist das des Priesters (Gewand und Gürtel), alt (weißes Haar) und jung zugleich (Füße von im Schmelzofen geläutertem Metall), der inmitten seiner Kirche steht und seine priesterliche Sendung erfüllt. Der Herr hat die Haltung des Richters eingenommen: Er steht fest auf den Beinen, sein Blick reinigt und zieht an wie die Sonne, wenn sie mit all ihrer Kraft leuchtet. Seine Stimme lässt sich vernehmen und sie scheidet wie ein zweischneidiges Schwert.

Dieses isolierte Bild des Herrn erfüllt uns mit Furcht. Wer kann von sich sagen, dass er ihn repräsentiert? Wer hat eine solche Vorstellung von sich, wenn er die Messe feiert oder die Beichte hört? Doch dieses erhabene und unzugängliche Bild des Herrn sprengt jede Form, wenn er spricht. Denn das, was diese Stimme sagt – eine Stimme wie das Tosen von vielen Wassern –, ist kein zündendes Orakel, sondern ein sanftes und gebieterisches »Fürchte dich nicht«. Und der »himmlische Priester«, der einem Phantasiebild gleicht, verwandelt sich in Jesus, der in unserem Boot schläft, der über die Wasser geht, der für uns das eucharistische Brot teilt und der zu uns sagt: »Du Kleingläubiger, warum hast du gezweifelt?«

Das Wort im Sinne des göttlichen Wortes gleicht einem heiligen Sturm – wie die Stürme in den alten Theophanien, in denen Jahwe sich als das *mysterium fascinosum et tremendum*[46] offenbart –, und als menschliches Wort wird es sanft, so sanft sogar, dass es sich in die kleinen Tropfen Blutes verwandelt, die still aus dem durchbohrten Herzen unseres Herrn am Kreuz rinnen. Deshalb fügt der Herr dem »Fürchte dich nicht« hinzu: *Ich bin es, der Erste und der Letzte und der Lebendige. Ein Toter bin ich gewesen, doch nun bin ich lebendig in alle Ewigkeit ...* (Offb 1,17–18). Mehr noch: *Fürchte dich nicht, denn ... ich habe den Schlüssel des Todes, deines Todes, des Todes eines jeden, in Händen* (vgl. Offb 1,18).

Wenn wir diesen Herrn sehen und es geschehen lassen, dass er uns seine Botschaft im Spannungsfeld von Bildern und Worten kundtut, dann können wir uns nach unserer Freude am Dienst, nach unserem Eifer, nach unseren Traurigkeiten und Sorgen fragen. Die Gestalt des Herrn heiligt als Symbol, und als Wort nähert sie sich auf menschliche Weise und macht menschlich. Wir können uns fragen, wie wir uns selbst weihen, mit welchen Gefühlen wir die Vergebung der Sünden gewähren und auf welche Weise wir im Alltag den Menschen nahekommen. Verbirgt sich hinter all unseren Gesten dieselbe Liebe? Der Herr hat alle rituellen Mechanismen außer Kraft gesetzt und nur die Liebe geheiligt, die sich in diesem »Fürchte dich nicht« als Wort und Geste der Hingabe zu erkennen gibt. Jede Traurigkeit im Dienst, jedes Erschlaffen, jedes Austrocknen der Quellen des Eifers rühren vom Verlust des Kontakts mit diesem lebendigen Herrn her.

[46] »Geheimnis, das anzieht und das Furcht und Zittern auslöst«. Der Doppelcharakter des Göttlichen als »mysterium tremendum et fascinans« galt dem Religionswissenschaftler Rudolf Otto (1869–1937) als die Grundkategorie religiöser Erfahrung: Rudolf Otto, *Das Heilige*, München 1917. [*Anm. der Redaktion*]

Die Menschen empfinden uns in unseren rituellen Gesten als abstrakt, wenn wir ihnen nicht sagen können: »Ich bin es, der mit dir lebt, der sich freut, wenn du lachst, und leidet, wenn du weinst.« Die Menschen empfinden uns als nutzlos, wenn unsere brüderliche Begleitung sich nicht in eine gute Liturgie verwandelt, wenn wir nicht in der Lage sind, aus dem täglichen Brot heiliges Brot zu machen. Und auf irgendeine Weise bemerkt man es, nimmt es als Sterilität wahr und verliert die Freude. In dieser Gestalt des Herrn, der sich zeigt und zu uns spricht, liegt die Quelle der Freude. Es ist diese Freude, die uns zu jungen »Presbytern« (Ältesten) und zu jungen »Alten« (*Niemand möge deine Jugend geringschätzen*, sagt Paulus zum »Presbyter-Bischof« Timotheus) macht. Vor ihm müssen wir uns um unseren Tod nicht kümmern, denn dieser steht schon unter seinem Schutz und seiner Gewähr. Er hat ihn in seiner Hand. Er wird nicht zu früh oder zu spät oder in schlechter Weise eintreten. Ist nicht die Sorge um unseren Tod – in all seinen Formen: in Gestalt der Erfahrungen des alltäglichen Sterbens und des endgültigen Todes – die Wurzel dieses Greisenalters, das uns die Freude rauben will?

Brief an die Gemeinde von Ephesus
(Offb 2,1–7):
Die Süßigkeit des Kreuzes

Wir fragen uns, worin die Verzweiflung der Kirche von Ephesus besteht, die der Herr heilen will. Es könnte sich um gewisse Streitigkeiten und Verbitterung handeln, die daher rühren, dass man so viel gegen die Bösen kämpfen muss, *leidet* und *Lügner aufdeckt* und dabei die erste Liebe verloren hat. Ephesus nagt an Konflikten, und der Herr will der Gemeinde vom Baum des Lebens, von seinem Kreuz, zu essen geben, das süß und leicht zu tragen ist. Die erste Liebe wird im reifen Alter nicht in Form der »Verliebtheit« wiedererlangt, sondern als die Süßigkeit des Kreuzes.

Symbole der unendlichen Hoheit des Herrn:
Sterne und Leuchter

Christus tröstet Ephesus, indem er sich als der zeigt, der die sieben Sterne in seiner Rechten hält und zwischen den sieben Leuchtern wandelt. Der Herr hat nicht nur die Schlüssel unseres Todes in Händen, sondern auch die sieben *Sterne*, das heißt die *Engel* der sieben Kirchen. Unter Engel sind die Bischöfe und Priester zu verstehen, die Männer, denen die Gemeinden anheimgestellt sind, die gesandt sind, um sie zu beschützen, zu lenken und zu erleuchten. Diese Sterne bzw. Engel verweisen nicht nur auf die Priester, sie »sind« es tatsächlich. Dasselbe gilt von den goldenen Leuchtern, diesen hohen, Licht tragenden Säulen, zwischen denen der *Men-*

schensohn wandelt. Sie sind tatsächlich unsere Kirchen, deren Leben und deren leuchtende Wirklichkeit. Versetzen wir uns auch in die Gegenwart unserer kirchlichen Gemeinschaft und bitten wir den Herrn, »dass er wandle« unter unseren Schafen und uns die Gnade verleihe, uns zu bekehren, damit er unseren Leuchter nicht von seiner Stelle rücken muss.

Das innere Wissen, das der Herr von uns hat

Ich weiß um deine Werke … Aber ich habe gegen dich, dass du deine erste Liebe verlassen hast (Offb 2,2.4).

Im Lauf der Jahre verändert sich der Charakter der Menschen wie der Wein: Entweder er ist gut abgelagert oder zu Essig geworden. Ein fröhlicher Alter, vor dem die Söhne Respekt haben und dessen Rat sie suchen, ein Großvater, dessen Enkel ihn mit Freude besuchen, um seinen Geschichten zu lauschen – das kommt nicht von selbst. Und auch nicht ein nörgelnder, lästiger, mürrischer »Greis« … oder ein seniler oder unreifer Alter … Und die Vorbereitung dessen, was wir im dritten Lebensalter sein werden, beginnt jetzt, mit der Frage nach unserer ersten Liebe.

In der Offenbarung des Johannes gibt es einen Text über die erste Liebe, die in der kirchlichen Gemeinde erloschen ist, der für uns nützlich sein kann. Die Kirche von Ephesus hat viele Verdienste: einen guten Lebenswandel, das Ertragen von Mühsal, Geduld im Leiden, eine rechte Ordnung der Gefühle (… *du kannst die Bösen nicht ertragen* …) und die rechte Lehre (… *du hast die Lüge der falschen Apostel aufgedeckt* …). Doch der Herr geht tiefer, und mit einem Vorwurf konfrontiert er die Kirche mit einem Mal mit dem einzig Entscheidenden: *Was ich gegen dich habe, ist, dass du deine Liebe von einst verloren hast* (Offb 2,4). Dieselbe Haltung zeigt der Herr gegenüber der Kirche von Laodizea, die ganz das Gegenteil der Kirche in Ephesus ist. Laodizea ist weder kalt noch heiß (Offb 3,15). Und weil die Gemeinde lau ist, sagt ihr der Herr, er werde sie »ausspeien« aus seinem Mund. Laodizea ist eitel und selbstgefällig; die Gemeinde hält sich für reich: *Reich bin ich und habe Reichtum erworben und nichts habe ich nötig …* (Offb 3,17). Der Herr lässt sie ihre Blindheit angesichts des einzig Wichtigen erkennen: Erneuere deinen Eifer und tu Buße! Dieser Tadel entspringt der Liebe: »Ich weise die zurecht, die ich liebe«, und schaue nicht so sehr auf die Sünden, sondern auf die Haltung dem Herrn gegenüber, der kommt, der an unserer Tür ruft, um uns zu unserem »letzten Mahl« zu laden.

Wir können sagen, dass vor dem »Letzten«, vor dem endgültigen Gericht, das einzig und allein nach der Liebe fragt, zweitrangige Tugenden und Fehler ihre Bedeutung verlieren. Beide Kirchen müssen sich bekehren und die erste Liebe, den ersten Eifer wiedererlangen.

Was heißt es, »die verlorengegangene Liebe wiederzuerlangen«? Geht es darum, zur ersten Glut zurückzufinden? Ist das nicht ein wenig naiv? Die erste Liebe muss wiedererlangt werden, aber nicht durch heroische »Anwandlungen« wie in der Jugend, sondern einzig mit dem Schlag eines reifen Herzens. Wenn jemand bemerkt, dass ihm die Impulse des ersten Eifers abhanden gekommen sind, so kann er sich dazu in unterschiedlicher Weise verhalten. Einige versuchen es mit einer »Schönheitsoperation der Seele«, und um sich der Jugend anzugleichen, ahmen sie deren Art, sich zu kleiden und zu sprechen nach. Abgesehen von den wirklich bedauerlichen Fällen kann man sagen, dass dies höchstens ein oberflächlicher Anstrich ist, der die wahre Herausforderung übertüncht. Andere heften sich an äußeres Handeln und versteifen sich in einer »ernsten« Haltung, die nach Pharisäertum und Verzicht riecht. Jenseits der Fragen um die Kleidung – zwischen Soutane und Jeans –, die eine innere Haltung widerspiegeln, geht es um etwas weniger Oberflächliches, das man an unserer Haltung zur Arbeit erkennen kann.

Der Verlust der ersten Liebe veranlasst einige zu einer Art eifrigen Flucht in das, was wir »zweitrangige Aufgaben« nennen könnten. Die Krise in der Mitte des Lebens *(midlife crisis)* ist eine Einladung des Herrn, Glaube, Hoffnung und Liebe zu vertiefen. Die Flucht dagegen zeigt sich darin, zu »sekundären« Tugenden Zuflucht zu nehmen: Einige widmen sich dem sozialen Bereich mit einem Engagement, das sie den üblichen liturgischen Formen entfremdet. Andere wiederum werden pedantisch, was die Riten betrifft. Doch in beiden Fällen ist dies nicht hinreichend, um die wahre Herausforderung anzunehmen. Die erste Liebe muss eine Bekehrung durchmachen, die zur Folge hat, dass man »sich allein auf Jesus Christus konzentriert«.

Es geht also darum, den Blick auf Jesus Christus zu heften. *Denk an Jesus Christus* (2 Tim 2,8). Aber an den Jesus Christus, der sein Antlitz verhärtete und seinen Blick auf Jerusalem richtete. Dieser Jesus Christus, der entschlossen seiner Erhöhung am Kreuz und in den Himmel entgegengeht, wie uns Lukas sagt (Lk 9,51). Denn wenn wir mit ihm gestorben sind, werden wir mit ihm Leben (2 Tim 2,11). Wenn wir unseren Blick auf unseren eigenen Tod und auf unsere Auferstehung richten, dann bewirkt das, dass unser Leben seinen Mittelpunkt verschiebt. Die Achse liegt nicht mehr darin, was wir »tun könnten«, sondern darin, was der Herr aus uns gemacht hat und was er tun wird, wobei er das mit integriert, was wir beiseitegelassen haben.

Es gibt eine Evangelienperikope, die besser als unsere Gedankengänge das veranschaulichen kann, was wir sagen wollen. Es ist die Stelle, in der Maria, die Jesu Tod vorausahnt, Jesus mit Nardenöl salbt und seine Füße mit ihren Haaren trocknet. Als Judas dies sieht, gerät er in Zorn und macht ihr jenen bitteren Vorwurf, der die Armen zum Vorwand nimmt (Joh 12). Was für Maria freudiger Ausdruck ihrer Liebe zu Jesus ist, wird für Judas zum Anlass für Traurigkeit, in die sich Verärgerung und Zorn mischen. Der, der die Freundschaft mit Jesus nicht mehr teilt, kann auch die Gefühle dieser Freundschaft nicht teilen. Ja, schlimmer noch: Er hegt das gegenteilige Gefühl: Verbitterung. Mit seiner Verbitterung gegenüber Maria zeigt Judas sein wahres Gesicht, ein Herz, das die Zeiten des Herrn schlecht deutet. Die Haltung des Judas rührt ans Zentrum jedweder Verbitterung. Judas hat eine »Vorstellung« von dem, was zu tun ist, eine Vorstellung, die sich gegenüber dem lebendigen Jesus, den er vor sich hat, verselbstständigt, gegenüber dem Jesus, dessen Zeit zu Ende geht, der weiterhin Lehren durch sein Leben selbst erteilt und entschlossen seinem Kreuz entgegengeht. Dieser Ortswechsel spiegelt sich in Maria, die den Herrn liebt, in der, deren Liebe sie in die richtige Position bringt: in die der Seele, die auf Knien anbetet und unter Tränen betet.

Ankündigung und Verheißung einer endgültigen Fülle: vom Baum des Lebens essen

Wer ein Ohr hat, der höre, was der Geist den Gemeinden sagt: Wer siegt, dem werde ich zu essen geben vom Baum des Lebens, der im Paradies Gottes steht (Offb 2,7). Der Baum des Lebens ist der Baum, der auf dem Platz des himmlischen Jerusalem gepflanzt ist, in dessen Mitte der Fluss lebendigen Wassers fließt, klar wie Kristall, und der vom Thron Gottes und vom Lamm ausgeht. An seinen Ufern stehen Lebensbäume, die zwölfmal im Jahr Frucht bringen, einmal im Monat, und ihre Blätter dienen dazu, die Völker zu heilen (Offb 22,1–2).

Die Verheißung des Lebens macht unser Herz weit. Das ist das Heilmittel gegen die Verbitterung, die Traurigkeit und den Zorn, die das Herz verengen. Der heilige Ignatius hält in seinen Regeln zur Unterscheidung der Geister fest, dass die Waffe des Dämons gegen die geistliche Fröhlichkeit und Freude intellektueller Natur ist. Der Dämon erweckt in uns Gedanken, die »trügerisch und Scheingründe« und umso gefährlicher sind, je mehr Wahrheit sie enthalten. Im geistlichen Leben muss man die Freude gegen die scheinbaren Gründe verteidigen, gegen die, welche sich in Diskussionen und nichtigen Streitereien ergehen. Daraus erwachsen Neid, Uneinigkeit, Beleidigungen, Verdächtigungen und unaufhörliche Konflikte (1 Tim 6,4–5). Gegen die »Ideen«, die das Herz verfinstern und eng machen, ist das Heilmittel, dieses Herz emotional zu weiten mittels der gesunden Lehre, die der Liebe Jesu Christi gedenkt. Es geht darum, sich an die heilsamen Vorschriften unseres Herrn Jesus Christus und an die Lehre zu halten, die der Frömmigkeit geziemt (1 Tim 6,3). Diese Lehre ist keine andere als die von der Süßigkeit des Kreuzes, die einzige Lehre, die Paulus kennen (kosten) will: *Ich hatte mir nämlich vorgenommen, unter euch nichts anderes zu kennen als Jesus Christus, und zwar als den Gekreuzigten* (1 Kor 2,2).

Das Herz weit machen setzt eine reflexive Annahme des eigenen Charakters voraus, einschließlich der Sünden, um uns ganz dem Herzen des Herrn anzugleichen. Der Alte, der reife Mensch lässt nicht zu, dass die Ideen, die »in der Luft liegen«, die im äußeren oder inneren Umfeld vorhanden sind, seine Emotionen hochkochen lassen, sondern fasst Mut, all das zu empfinden, was sein Herz bewegt, und hält die Spannungen und die verschiedenen Gemütszustände in heiterer Gelassenheit aus, in einer Haltung der Unterscheidung, froh, die Leiden Christi auf seine Schultern laden zu können.

Brief an die Kirche von Smyrna
(Offb 2,8–11):
Die Kürze der Zeit

Worin besteht die Trostlosigkeit der Kirche von Smyrna? Smyrna war nicht verbittert wie Ephesus. Die Gemeinde weiß wohl zu leiden, doch möglicherweise jagt ihr der Dämon Angst ein, wie dem Petrus auf dem Wasser, indem er ihr das Empfinden gibt, dass die Leiden lange andauern werden. Deshalb tröstet sie der Herr damit, dass das Leiden von kurzer Dauer sein wird (»zehn Tage«), dass in ihm das Erste mit dem Letzten, der Tod mit dem Leben einhergeht und die Zwischenzeit nicht länger dauert als ein Seufzer. *Der Herr, dein Gott, ist ein Gott voller Mitleid, er wird dich nicht verlassen und dich nicht vernichten.*

Symbol der unendlichen Hoheit des Herrn: Der Erste und der Letzte, der tot war und wieder lebendig ist

Der Herr stellt sich der Kirche von Smyrna als der Erste und der Letzte vor, als der, der tot war und wieder zum Leben kam. Die Kirche erleidet Bedrängnis, und der Herr tröstet sie, indem er sich als der zu erkennen gibt, der das Leben hat und über es verfügt als etwas, das ihm zugehört. Und dieser herrschaftliche Besitz des Lebens bestimmt über die Dauer des Leids, kürzt die Leidenszeit ab, die »nichts« ist im Vergleich zur verheißenen Herrlichkeit (dem Kranz). Er ist der *Logos*, das Wort, das im Anfang war … *und das Wort war bei Gott, und Gott war das Wort … Alles ist durch es geworden, und ohne es ist nichts geworden, was geworden ist. In ihm war das Leben* (Joh 1,1). Sowohl die Menschen als auch die Ereignisse bestehen im Grunde aus einem Wort. Der Logos als schöpferisches Wort ist im innersten Kern eines jeden Ereignisses, auch der schrecklichsten. Ohne ihn wären sie nicht. Deshalb können die Bedrängnisse den Christen nicht ängstigen oder ihm das Empfinden geben, es gäbe etwas, das keinen Sinn hat. Er ist der Sohn, der das Leben gibt, wem er will (Joh 5,21). Der Herr, der allen Dingen von der Ewigkeit her – als Alpha und Omega – Sinn verleiht, will ihnen auch von innen her Sinn verleihen, indem er unser Fleisch annimmt und sich unsere menschliche Geschichte zu eigen macht. Er ist der, der tot war und wieder lebendig wurde. Er ist der treue Hohepriester voller Mitleid: *Er hat in seinen Erdentagen Gebete und Bitten mit lautem Schreien und unter Tränen vor den getragen, der ihn vom Tod erretten konnte, und ist seiner Gottesfurcht wegen erhört worden. So hat er, obwohl er Sohn war, an dem, was er litt, den Gehorsam gelernt und ist, nachdem er zur Vollendung gelangt war, für alle, die ihm gehorchen, Urheber ewigen Heils geworden* (Hebr 5,7–9).

Kenntnis und Urteil des Herrn über die Treuen

Dieser treue Hohepriester voller Mitleid ist es, der Smyrna tröstet, indem er diese Gemeinde spüren lässt, dass er ihre Bedrängnis und ihre Armut kennt, die er als Reichtum wertet. *Ich weiß um deine Bedrängnis und deine Armut – doch du bist reich – und um die Lästerung aus dem Mund derer, die sich Juden nennen und es nicht sind, vielmehr eine Synagoge des Satans* (Offb 12,9). Er zeigt seiner Kirche, dass er das Maß für ihre Leiden in Händen hält: Die Bedrängnis, der der Dämon einige unterwerfen wird, die man einkerkern wird, wird *zehn Tage* (eine kurze Zeitspanne) andauern. Für menschliche Augen ist die Situation Smyrnas eine Katastrophe: Armut, Verleumdungen, Aufstieg einer »Versammlung des Satans« und Gefängnis für die Treuen. In den Augen des Herrn hingegen ist es eine unermesslich reiche Kirche, die sich inmitten falscher Anschuldigungen in der Wahrheit hält und die sich reinigt und festigt, indem sie Versuchungen und Bedrängnissen widersteht.

Einladung zum Ausharren und Verheißung einer unendlichen Fülle

Sei treu bis in den Tod, dann werde ich dir den Kranz des Lebens geben. Dieser Kranz ist derselbe, von dem Paulus zu den Korinthern spricht: *Jeder Wettkämpfer aber übt völlige Enthaltsamkeit; jene tun es, um einen vergänglichen, wir aber, um einen unvergänglichen Siegeskranz zu empfangen. So laufe ich denn nicht wie einer, der ins Ungewisse läuft und führe den Faustkampf nicht wie einer, der Lufthiebe schlägt; vielmehr züchtige ich meinen Leib und mache ihn gefügig, damit ich nicht anderen predige und selbst verworfen werde* (1 Kor 9,25–27).

Bei denen, die in Bedrängnis sind, besteht die Versuchung darin, zu erschlaffen. Die Hartnäckigkeit des Bösen bewirkt, dass man das Zeitgefühl verliert, »aufs Geratewohl« läuft und »in die Luft schlägt«. Es kommt häufig vor, wenn eine Verfolgung lange anhält, dass jemand den Feind imitiert. Der Schauplatz des Krieges – der ein Krieg Gottes ist – verkommt zu einem Schauplatz der Scharmützel, in die uns der Feind verwickelt. Man sieht weder das Ziel noch die Strategie des eigenen Laufs, sondern den gelegentlichen Gegner, den der Feind schickt, um uns auf schwierigem Gelände zu zermürben. Ein Zeichen dafür ist, dass man Leute (unwichtigere Gegner) misshandelt und schlägt, die nichts damit zu tun haben, und zwar mit einer Gewalt, die man sich für den wahren Feind aufsparen sollte. Da der Hausherr säumig ist, wird man zum Verwalter, der seine Gefährten schlägt, mit den Säufern isst und trinkt, während es seine Aufgabe wäre, der treue Diener und Aufseher zu sein, den der Herr an die Spitze seiner Dienerschaft gestellt hat, um ihnen zur rechten Zeit zu essen zu geben (Mt 24,45–50). Dieser Versuchung stellt der Herr die Verheißung des Siegeskranzes des Lebens entgegen, den die Ältesten ohne Unterlass vor dem Thron des Lammes niederlegen (Offb 4,11). Diese Kränze symbolisieren die Regierung der Welt, die von Gott her kommt und zu ihm zurückkehren muss. Der Fürst dieser Welt ergreift diese Macht, und diejenigen, die er nicht für sich gewinnen oder besiegen kann, versucht er auf seinem Feld und mit seinen Waffen kämpfen zu lassen. Auch wenn man den Siegeskranz will, um ihn dem Lamm vor dessen Thron zu Füßen legen zu können, schleichen sich, wenn sich der Kampf lange hinzieht, Haltungen ein, die einen »vorübergehenden«, aber lang anhaltenden Ehrgeiz offenbaren. Zeichen dieser Untreue sind: über den Feind Klatsch zu verbreiten, anstatt zu beten und nach dem Willen Gottes für das eigene Leben zu trachten; den Freunden Raum streitig zu machen, anstatt den Feind zu stellen; darüber zu streiten, wer der Bessere im Kampf ist, anstatt sich um den Oberkommandierenden des Heeres zu scharen und den eigenen Leuten aus der Mannschaft zu dienen; sich beim Kaffeeklatsch um das Unkraut kümmern, anstatt sich abzurackern, um den Weizen auf dem eigenen Feldstück zu schützen; während der Kampfpausen sich den Stil des Feindes zu eigen machen: ein Müßiggänger sein, aber einer, der einer großen Sache dient; den Krieg dazu nutzen, um eigene Geschäfte zu tätigen … Der Herr lädt uns ein, treu zu sein bis in den Tod, im Großen wie im Kleinen.

Brief an die Kirche von Pergamon
(Offb 2,12–17):
Die Wahrheit als kämpferische Treue

Die Trostlosigkeit Pergamons rührt von einer Art spiritueller Gier und Lüsternheit her, die die Gemeinde dazu bringen, fremdartige Lehren aufzunehmen und zu kosten. In ihr gibt es Spaltung. Einerseits hat sie »Märtyrer«, die völlig treu gewesen sind, und auf der anderen Seite »unterhält« sie diejenigen, die falsche Lehren verkünden. Der Herr tröstet sie, indem er ihr mit der Wahrheit droht, mit dem Wort wie ein Schwert, das aus seinem Mund kommt. Und er lädt sie ein, das verborgene Manna zu essen, sich allein mit dem Brot der Wahrheit zu ernähren, sein inniges und einzigartiges Verhältnis zum Herrn auszukosten und nicht spiritueller Weltläufigkeit zu verfallen. Das Standhalten ist Sache der leitenden Personen. Der Brief an Pergamon richtet sich an diejenigen, die die Kirche leiten, und führt ihnen den Skandal vor Augen, den sie bei den ihnen Anvertrauten auslösen, wenn sie nicht entschlossen genug gegen diejenigen ankämpfen, die die Kirche für ihre eigenen Interessen benutzen.

Symbol der unendlichen Hoheit des Herrn:
Das scharfe zweischneidige Schwert

Christus zeigt sich der Kirche von Pergamon als der, der das scharfe zweischneidige Schwert führt. Es gibt noch einen anderen Text in der Offenbarung des Johannes, in dem sich der Herr auf diese Weise zeigt:

Dann sah ich den Himmel geöffnet und ich sah ein weißes Pferd und er, der auf ihm saß, heißt Treu und Wahrhaftig; gerecht hält er Gericht und führt er Krieg. Seine Augen waren flammendes Feuer und auf seinem Haupt trug er viele Diademe und einen Namen geschrieben, den niemand kennt als nur er selbst. Bekleidet war er mit einem blutgetränkten Gewand und sein Name heißt ›Das Wort Gottes‹. Ihm folgten auf weißen Pferden in weißes, reines Leinen gekleidet, die Heerscharen im Himmel. Aus seinem Mund kam ein scharfes Schwert, um damit die Völker zu schlagen. Und er herrscht über sie mit eisernem Zepter und er tritt die Kelter des Weines des grimmigen Zornes Gottes, des Allherrschers. Auf seinem Gewand und auf seiner Hüfte trägt er Namen: König der Könige und Herr der Herren (Offb 19,11–16).

Der Herr kämpft mit dem zweischneidigen Schwert, seinem Wort, das die Wahrheit ist. Ein Merkmal der Wahrheit ist die Treue (*emeth*), und die Treue entscheidet über das Schicksal der Kirche Pergamons. Sie ist dem Namen des Herrn treu, sie hat einen Märtyrer, nämlich Antipas, den treuen Zeugen, der als ein Vorbild aus der Gemeinde hervorgegangen ist. Und ihre Versuchung besteht darin, in einigen Dingen untreu zu werden. *Du hast Anhänger der Lehre Bileams und der Nikolaiten!* Der Herr will eine ungeteilte Treue, und die Kirche liebäugelt mit einigen Lehren, die gerade in Mode sind, so wie es die Israeliten getan haben, die von den Töchtern Moabs zum Götzendienst verführt wurden (Num 31,16). Satan greift seine Kirche an ihrer schwächsten Stelle an (Fragen um den Umgang mit dem Opferfleisch und Unzucht), doch was auf dem Spiel steht, ist die Unversehrtheit des Glaubens, die volle Wahrheit, der es treu zu sein gilt.

Der Herr ist der Treue und Wahrhaftige, und dennoch hat es den Anschein, als würde es seinem Wort an Macht mangeln, denn sein Volk lässt sich die Ohren mit anderen Lehren schmeicheln. Romano Guardini sagt, dass die Wahrheit das

Fundament des Lebens bildet und das Brot des Geistes ist, doch im Raum der menschlichen Geschichte ist es von der Macht getrennt. Die Wahrheit gilt, die Macht zwingt. Der Wahrheit mangelt es an unmittelbarer Kraft, und je edler sie ist, umso weniger Macht übt sie aus. Die niedrigeren Wahrheiten verfügen immerhin über ein gewisses Vermögen, sich durchzusetzen, denn sie bestätigen auf irgendeine Weise die Neigungen und Bedürfnisse. Denken wir zum Beispiel an die Wahrheiten, die unsere unmittelbaren vitalen Bedürfnisse betreffen. Je erhabener eine Wahrheit aber ist, umso geringer ist ihre beherrschende Kraft, und der Geist hat sich in größerer Freiheit zu öffnen, um sie zu erfassen. Je edler eine Wahrheit ist, umso leichter wird sie von den gröberen Wirklichkeiten zurückgedrängt, ja sogar lächerlich gemacht. Und sie muss mehr auf die Ritterlichkeit des Geistes zählen.

Dies trifft auf die Wahrheit im Allgemeinen zu, doch in besonderer Weise auf die heilige Wahrheit. Diese läuft stets Gefahr, Anstoß zu erregen. Wenn sie in die Welt eintritt, lässt sie ihre Allmacht hinter sich, um sich in der Schwachheit der »Knechtsgestalt« zu zeigen. Und dies nicht einfach deshalb, weil sie, da sie in der Hierarchie höher steht, dem Gesetz zufolge, von dem wir gerade gesprochen haben, die am wenigsten mächtige sein muss, sondern weil sie aus der Gnade und der Liebe Gottes hervorgeht, um den sündigen Menschen zur Umkehr zu rufen, womit sie ihn auch einlädt, gegen sie aufzubegehren ... Doch eines Tages werden Wahrheit und Macht eine Einheit bilden. Der Wahrheit wird so viel Macht zukommen, wie ihr zusteht und sie verdient. Je erhabener sie im Bereich der Erkenntnis ist, umso mächtiger wird ihre Herrschaft sein. Nun kann sie an die Stelle der Lüge treten, denn die Wahrheit ist schwach; so wie die Sünde existieren kann, weil Gott unserem Willen einen unbegreiflichen Raum lässt, in dem dieser gegen ihn aufbegehren kann. Doch in dem Maß, in dem sich die Wahrheit in Mächtigkeit verwandelt, wird die Lüge nicht mehr bestehen können, denn alles wird von der Wahrheit erfüllt sein. Die Lüge wird aus dem Herrschaftsbereich des Seins entfernt werden und wird nur noch in einer Gestalt ohne Ausdruck existieren: der Verdammnis. Doch welche Befreiung für den, der die Wahrheit liebt, und für das, was in unserem Inneren der Wahrheit entgegenstrebt! Das wird eine Erfahrung sein, die man mit derjenigen des Menschen vergleichen kann, der kurz vor dem Ersticken ist und plötzlich ins Freie gelangt! Alles Sein wird aufblühen, frei und schön sein. Schön deshalb, weil die Schönheit der Glanz der Wahrheit ist, die Wirklichkeit wird. Hier ist der Sieg, den Christus mit *dem Schwert aus seinem Mund* erringen wird.

Verheißung der Fülle in voller Gemeinschaft mit dem Herrn:
Verborgenes Manna und weißer Stein mit dem neuen Namen

Wer siegt, dem werde ich von dem verborgenen Manna geben und einen weißen Stein werde ich ihm geben. Und auf dem Stein ist ein neuer Name geschrieben, den niemand kennt als der Empfänger (Offb 2,17). Das verborgene Manna ist Jesus selbst, der sich dem Menschen in der Eucharistie hingibt und ihn so selig macht. Die Wahrheit Gottes ist das Brot der Seele. In Gestalt dieses Brotes gibt der Herr sich in geheimnisvoller Weise und vollkommen hin und stellt so eine innige Gemeinschaft mit dem her, der ihm treu ist.

Der neue Name ist ebenfalls ein Zeichen einer persönlichen Beziehung. Typisch für die Offenbarung des Johannes sind die Volksmengen, die apokalyptischen Menschenmassen die Scharen von Heiligen und Engeln. *Ich sah und ich hörte die Stimme vieler Engel rings um den Thron und um die*

Lebewesen und die Ältesten. Ihre Zahl betrug zehntausendmal zehntausend und tausendmal tausend (Offb 5,11).

Diese Massen bewirken nicht, dass man das Individuum aus dem Blick verliert. Die Briefe werden persönlich an jede einzelne Kirche adressiert, und der Herr spricht im Singular: *dem, der siegt, ... bleib treu, ... tu Buße, ... bekehre dich ...* Der Abschnitt vom weißen Stein mit dem neuen Namen, den nur Gott und die Seele des Empfangenden kennen, bezeugt eine große Intimität. Es kommt zuweilen vor, dass eine von der Liebe inspirierte Person einer anderen einen besonderen Namen gibt, der das zum Ausdruck bringt, was ihr an ihr gefällt und was sie an ihr liebt. Mit Sicherheit will sie nicht, dass dieser Name öffentlich bekannt wird. Es darf ihn nur zwischen den beiden in Liebe verbundenen Personen geben. Auf dem Stein steht der Name geschrieben, mit dem Gott, der Schöpfer, das unwiederholbare, personale, einzigartige Sein des geliebten Menschen zum Ausdruck bringt. Dies ist die apokalyptische Intimität, in der jedes einzelne Glied der unermesslichen Mengen sein persönliches Einvernehmen mit dem Herrn hat.

Die Treue ist stets eine persönliche Sache. Sie hat einen Eigennamen, einzigartige Gesten und Codes für jede Person. Die Personen sind der höchste Wert, und über ihnen gibt es kein Ideenreich der Werte. Deshalb ist derjenige, der nicht konkreten Personen treu ist, im Grunde, auch wenn es unter dem Vorwand geschieht, »Idealen« zu dienen, nur sich selber treu als einer Person, die sich in den Idealen, welche sie erkennt oder entwirft, verwirklicht. Das einzige, was die Untreue – Götzendienst – heilt, ist die persönliche Beziehung zum Herrn in der Eucharistie, wo er sich uns selbst in seiner Person hingibt, und im Gebet, in jenem Gebet, in dem wir uns bei dem Namen rufen lassen, den der Herr uns gibt – dem Namen unserer Sendung, der unzertrennlich mit unserem Eigennamen verbunden ist.

Brief an die Kirche von Thyatira
(Offb 2,18–29):
Die Werke Gottes bewahren und
das Erbe nicht verschleudern

Die Trostlosigkeit Thyatiras besteht darin, dass ihre Unter-
gebenen die falsche Prophetin Isebel »gewähren lassen« und
sie »erwählen«. Das Bild Isebels erinnert uns an Nabot, der
zum Märtyrer wurde, weil er sein Erbe nicht verkaufte. Der
Herr spendet Trost, indem er zeigt, dass die wahre Macht
nicht denen gehört, die sich mit den jeweiligen Machthabern
arrangieren, sondern denen, die »an ihren Werken festhalten
bis zum Ende«.

Symbol der unendlichen Hoheit des Herrn: Sohn Gottes,
Augen wie Feuerflammen und Beine wie wertvolles Metall

Christus zeigt sich Thyatira als der Sohn Gottes, dessen
Augen wie Feuerflammen und dessen Beine aus wertvollem
Metall sind. Man kann jemandem, der Augen hat wie Feuerflammen, nicht ins Gesicht sehen. Man kann ihn nur anbeten
und sich selbst von dem anschauen lassen, der »Nieren und
Herzen prüft und jedem nach seinen Werken gibt«. Der Herr
ist der Sehende. Alle Dinge liegen vor ihm, werden von ihm
gesehen und beurteilt.

Isebel ist die große Hure, die verführt und lehrt, Unzucht
zu treiben und Götzen anzubeten (Offb 17). Sie ist es, die
trunken ist vom Blut der Heiligen und der Zeugen Jesu (Offb 17,6),
so wie es beim Martyrium Nabots war, dem treuen Mann,

der seinen Weinberg nicht verkaufte (1 Kön 21). In der Offenbarung des Johannes stehen sich diese zwei Frauen gegenüber: die, die den Sohn zur Welt bringt, und diejenige, die
sich an seinem Blut betrinkt, die Braut und die Hure, die, die
dem Herrn dient, und die, die dem Tier zu Diensten ist. Diese
Frauen werden mit Städten identifiziert: Jerusalem und Babylon, die Stadt, die vom Himmel herabsteigt wie eine Braut,
und die andere Stadt, die in Brand gesteckt und im Meer versenkt wird (Offb 18,21).

Die im Schmelzofen geläuterten Beine erinnern an die Statue, von der Nebukadnezzar träumte, deren Beine aus einem
Gemisch von Ton und Eisen waren (Dan 2,41–43). Die »Werke
des Herrn« müssen ohne Abstriche und treu bewahrt werden. Wer auf diese Weise an ihnen festhält, dem wird der
Herr die Macht über die Völker geben, die er mit eisernem
Zepter regieren wird, und die tönernen Beine werden zerbrechen.

Diese Symbole zeigen uns, dass der Herr zu Thyatira von
seinem Reich spricht. Das Reich hat er von seinem Vater empfangen, und er duldet weder Spaltungen noch Sektenbildung.
Der Herr prüft es mit seinen Augen wie Feuerflammen und
bewahrt es unversehrt und sicher. Deshalb legt er keine andere Last auf als die: *Haltet fest, was ihr habt, bis ich komme*
(Offb 2,25).

Brief an die Kirche von Sardes (Offb 3,1–6): Die Zugehörigkeit und die noch glühende Asche des Glaubens

Die Trostlosigkeit von Sardes besteht darin, dass die Kirche schwer gesündigt hat, verhandelt hat, ihren Namen zwar noch hat, aber innerlich tot ist.

Symbole der Hoheit des Herrn: Die sieben Geister und die sieben Sterne

Der Herr tröstet Sardes, indem er sich als der zeigt, der die sieben Geister und die sieben Sterne hat. Diese Geister und Sterne sind die Kirchen selbst in ihrer spirituellen und leuchtenden Wirklichkeit, die in den Händen des Herrn liegt. Der Herr appelliert an die Zugehörigkeit zu ihm. Deshalb erinnert er an die Stunde des Todes und an das Gericht, er beschwört die Erinnerung an das Wort, das ihr verkündigt wurde, ermahnt sie, zu denen zurückzukehren, die treu geblieben sind, und verspricht, sich selbst als treu zu erweisen. Der Herr schaut auf die noch glühende Asche, die stets im christlichen Herzen ist, er löscht den glimmenden Docht nicht aus.

Die Zugehörigkeit mit neuem Leben füllen:
Uns unseren Tod vor Augen führen

Werde wach und festige den Rest, der dem Sterben nahe ist ...
wenn du aber nicht wach wirst, werde ich wie ein Dieb kommen
(Offb 3,2f). Diese Sätze erinnern uns an die Gleichnisse von
der Endzeit: Seid vorbereitet, gegürtet und mit brennenden
Lampen ausgerüstet. Seid wie die Leute, die die Rückkehr
des Herrn erwarten, der auf einer Hochzeit war, ... wenn
der Hausherr wüsste, zu welcher Stunde der Dieb kommt,
ließe er ihn nicht in sein Haus einbrechen. Seid auch ihr vorbereitet, denn der Menschensohn wird zu der Stunde kommen, an der man ihn am wenigsten erwartet (vgl. Lk 12,35–40;
Mt 24,42ff).

Sich das Gericht vergegenwärtigen

Der Herr fordert uns auf, unsere Werke zu prüfen und nicht
den Schein *(Scheinbar lebst du, aber in Wirklichkeit bist du tot ...*
ich sehe, dass dein Verhalten vor meinen Augen nicht vollkommen
ist.) Der Herr ist unser Anwalt vor dem Vater und wird sich
für uns einsetzen, doch er muss Werke der Liebe vorweisen
können, die vor dem Gericht Gewicht haben. *Denn ich war*
hungrig, und du hast mir zu essen gegeben (Mt 25,35).

Sich an das Wort erinnern

Denk daran, wie du das Wort empfangen und auf es gehört hast.
Dieser Satz erinnert uns an den Brief des Paulus an Timotheus: *Deshalb empfehle ich dir, die Gabe wieder zum Leben zu*
erwecken, die du durch die Handauflegung durch mich empfangen

hast ... Nimm die gesunden Lehren des Glaubens und der Liebe
zu Christus Jesus als Richtschnur, die du von mir gehört hast. Be-
wahre das, was dir anvertraut wurde ... Denk an Jesus Christus,
der von den Toten auferstanden ist (2 Tim 1,3.6; 2,8).

Zu den Treuen zurückkehren

Auf dem Weg der Untreue verrät man für gewöhnlich nicht
nur Ideale, sondern konkrete Menschen. Auf diesem Weg
bleiben diejenigen zurück, die uns den Glauben verkündigt
haben, diejenigen, die uns gut ausgebildet haben, diejenigen, die dem Herrn treu bleiben. Und zuweilen werden sie
nicht einfach nur zurückgelassen, sondern wir bekämpfen
sie wütend und schieben ihnen die Schuld zu, die wir selbst
nicht auf uns zu nehmen vermögen. Der Herr gibt Sardes zu
verstehen, dass es in der Gemeinde einige gibt, die die Glut
des Glaubens am Leben gehalten haben, die seine Gefährten
sind und die ihr Gewand nicht befleckt haben. Von ihnen
muss man die weißen Gewänder erbitten: vom »Rest Israels«. Dieser Rest ist das Gott treue Volk in seiner Gesamtheit
und einige Heilige, die es personifizieren. *Die in den weißen*
Gewändern, wer sind sie und woher sind sie gekommen? Ich erwi-
derte ihm: Mein Herr, du weißt es. Und er sagte zu mir: Das sind
die, die aus der großen Bedrängnis kommen; sie haben ihre Gewän-
der gewaschen und im Blut des Lammes weiß gemacht. Darum ste-
hen sie vor dem Thron Gottes und dienen ihm bei Tag und Nacht
in seinem Tempel; und der, der auf dem Thron sitzt, wird sein Zelt
über ihnen aufschlagen. Sie werden keinen Hunger und keinen
Durst mehr leiden; weder die Sonne noch irgendwelche Glut wird
sie treffen. Denn das Lamm in der Mitte wird sie weiden und zu
den Quellwassern des Lebens führen; und Gott wird jede Träne
von ihren Augen abwischen (Offb 7,13 ff).

Die Achtung wiedererlangen

Die Zugehörigkeit und die eigene Geschichte wiedererlangen bedeutet: seine Achtung wiedererlangen. Sardes hat seine Selbstachtung verloren und ist die unwürdigste aller Kirchen. Dies kann uns helfen, ein wenig über die Achtung nachzudenken.

Ein Zeichen dafür, dass ein Priester Reife erlangt hat, zu einem »Presbyter«, also einem Ältesten, geworden ist, ohne seine Jugend und seine Freude an seinem Dienst einzubüßen, kann man erkennen, wenn man über die Achtung nachdenkt. Ein Fremdwort dafür, nämlich Respekt, kommt vom lateinischen *re-spicere*, wörtlich: zweimal hinsehen. Wir fassen den Respekt sowohl als eine Haltung auf, die andere gegenüber dem Priester einnehmen – wenn sie ihn zweimal ansehen, das heißt, wenn seine Gegenwart wahrgenommen wird, wenn er aufgesucht wird, um von ihm einen Rat zu erbitten, wenn man ihn nachahmt –, als auch als Haltung, die der Priester gegenüber sich selbst, den anderen, den Dingen und Gott gegenüber pflegt.

Wer »Respekt hat«, schaut zweimal hin, bevor er spricht und handelt, wägt ab, wartet ab ... er lässt sich nicht von seiner Emotionalität hinreißen. Dieser Respekt ist das Gegenteil dieser Versuchung der Alten, die Verachtung hervorrufen, weil man sie im Grunde als »kindische Greise« ansieht, die in sich selbst versenkt und von ihren wechselnden Seelenzuständen mitgerissen sind. Doch er ist auch das Gegenteil derer, die den Respekt zur Farce machen: die noch im Alter in Machtkämpfe verstrickt sind; die von allen anderen schlecht sprechen und nur auf sich selbst zählen, die eine Respekt gebietende Haltung einnehmen, aber im Grunde von den niedrigsten Versuchungen abhängig bleiben oder den beiden geistigsten von ihnen unterlegen sind: der Eitelkeit und dem Stolz. *Du hast den Namen eines Lebenden, aber du bist tot* (Offb 3,1).

Wir konzentrieren uns nun auf den Respekt vor den anderen und betrachten dabei besonders die Haltung gegenüber den Jüngeren, da sich im Verhältnis zwischen Vater bzw. Großvater und Sohn bzw. Enkel am besten zeigt, ob der Ältere die Krise bewältigt hat oder vor ihr davongelaufen ist.

Man kann die anderen hinsichtlich der Beziehung, die man zu Gott hat, täuschen. Eine fromme äußere Haltung, ein weihevolles Gesicht bei der Eucharistiefeier, das aufgeschlagene Brevier in den Händen, wenn jemand kommt, können einstudierte Posen sein, Maskeraden, die sich so sehr ins Gesicht gegraben haben, dass man sich selbst für fromm und respektabel hält.

Man kann sich würdevoll aufführen, indem man die eigenen Begierden mit Mäßigung handhabt (was zuweilen keine Tugend ist, sondern der Furcht vor Krankheit entspringt oder eine hypochondrische Befolgung ärztlicher Ratschläge darstellt), indem man die Sinnlichkeit sublimiert und so sehr verfeinert, dass man Seelen streichelt anstatt Körper und körperliche Nähe sucht unter dem Vorwand geistlicher Begleitung. Man kann auch so weit kommen, zu wissen, wie man die Wehwehchen des Alters stilvoll erträgt, sich bedächtig benimmt und Gefühle nicht zeigt, ja nicht einmal zulässt, dass etwas von den inneren Seelenzuständen nach außen dringt. Eine gleichmütige Seele kann auch eine Maske sein oder mehr noch ein Panzer, und zwar nicht nur ein äußerer, sondern einer von der Art, die jeden inneren Aufruhr im Keim ersticken.

Doch im Verhältnis zu den Jüngeren, zu den Söhnen, kann die »Respektabilität« nicht vorgetäuscht werden. Bei den jungen Leuten gibt es so etwas wie einen sechsten Sinn gegenüber den Erwachsenen, der dafür sorgt, dass sie einige von

Dritter Teil

ihnen respektieren, sich ihnen nahe fühlen, zärtlich mit ihnen umgehen, sie aufsuchen und um Rat fragen, ihnen ihr Herz öffnen und ihnen beichten und sich mit Vergnügen zu ihnen an den Tisch setzen. Über andere dagegen machen die jungen Leute sich lustig oder ignorieren sie, es kommt ihnen nicht einmal in den Sinn, sich ihnen spontan zu nähern ... Auch wenn sie es nicht ausdrücklich so sagen, gibt es eine instinktive Tendenz, sich den einen nahe zu fühlen und die anderen auf Abstand zu halten.

Wer nicht loslassen kann, wer sein Bild von sich aufrechterhalten will, wer sich nicht preisgibt und sein Herz nicht offenbart, wenn ein eher persönliches Gespräch aufkommt, wer egoistisch ist, wer lügt, wer zu allen Ja sagt, um sich nicht die Finger zu verbrennen, während er in Wahrheit schon völlig verbrannt ist, der ist »gefangen«.

Im Grunde ist das, was er sich »eingefangen« hat: kein Erbe hinterlassen zu wollen – weil er keines besitzt. Er hat es lediglich verwaltet, und zwar zu seinem Vorteil, deshalb hat er nichts, was er weitergeben könnte, und wenn er die Verwaltung verliert, dann bleibt ihm nichts. Er ist derjenige, von dem die Offenbarung sagt, dass er zu leben meint, in Wirklichkeit aber tot ist. Gott ist nicht in sein innerstes Herz gedrungen. Er sieht Gott immer noch mit der Haltung eines jungen Menschen als etwas ihm Äußeres, der ihm seine »Sünden« oder kleinen Verfehlungen, die wir uns alle zuschulden kommen lassen, vergeben wird, doch er hat den Gott nicht entdeckt, der sein Herz will.

Paulus ist in seinem Verhältnis zu Timotheus der Prototyp des Älteren, der dabei ist, *wie ein Trankopfer dargebracht* (2 Tim 4,6) zu werden und es versteht, einem Jüngeren sein Erbe zu hinterlassen. Paulus beginnt seinen Brief mit den Worten: *Wenn ich an deine Tränen denke* [als sie in Ephesus voneinander Abschied nahmen], *spüre ich eine große Sehn-*

sucht, dich zu sehen, auf dass mein Glück vollkommen sei (2 Tim 1,4). Paulus ist der Ältere, der am Abend seines Lebens, das aus lauter Kampf und Verfolgung besteht, zwei Dinge aufrechterhält: seine Berufung, den unerschütterlichen Glauben an den, der ihn berufen hat, die Verheißung des Lebens zu verkünden, die Jesus Christus ist, und seine Vaterschaft. Timotheus ist sein geliebter Sohn, an den er Tag und Nacht in seinen Gebeten denkt, den er ermahnt, treu zu bleiben.

Die Freude ist das Zeichen dafür, dass unser Herz dort angekommen ist, wo sein Gut liegt. Und das höchste Gut unseres Herzens besteht nicht darin, irgendeine Situation – was man in unserer Umgebung sagt oder tut oder was in unserem Inneren vor sich geht – zu beherrschen, sondern konkrete Personen zu lieben: den Vater, den Sohn und den Heiligen Geist, Unsere Liebe Frau und unsere Nächsten, über denen kein ideales Reich der Werte existiert, das unseres Strebens wert wäre. Wenn wir uns deshalb die Frage nach der Freude in unserem Dienst stellen, dann dürfen wir sie nicht im Sinne von Wirksamkeit, Askese oder quantitativ Messbarem stellen, sondern wir müssen auf die Quellen der Freude schauen: das Herz. Und wenn wir bereit dazu sind, *als Trankopfer dargebracht zu werden,* dann stellen sich zwei Fragen: ob wir zur reinen, unbefleckten und heiligen Hostie werden, um zu unserem Gott zu gelangen, und ob wir unser Erbe gut bewahren, nämlich die Söhne, die uns gegeben wurden, und sie darauf vorbereiten, die Fackel zu übernehmen.

Brief an die Kirche von Philadelphia
(Offb 3,7–15):
Den Siegeskranz nicht verlieren

Der Brief an Philadelphia atmet den Sieg aus allen Poren. Die einzige Ermahnung lautet, *den Siegeskranz nicht zu verlieren*. Auch wenn es wie eine Lüge erscheinen mag, so haben wir doch einen gewissen Vorbehalt gegen den Trost. Wenn die Fülle uns erschreckt, dann kommen die falschen Ängste. Aber es geht nicht darum, ein Siegeskränzlein zu besitzen, sondern dass die Herrlichkeit Gottes erstrahle.

Symbole der Hoheit des Herrn: Der Heilige und der Wahrhaftige, der Schlüssel Davids

Der Herr tröstet Philadelphia, indem er für sie eine vollkommene Öffnung bewirkt. Die Heiligkeit und die Wahrheit öffnen alle Türen, und der Herr ist es, der diesen Schlüssel hat, der die Tür zur Herrlichkeit zu Recht aufschließt.

Den Siegeskranz nicht verlieren

»Lauft also so, dass ihr den Siegeskranz erlangt«, sagt Paulus. Der Herr erschließt Philadelphia eine siegreiche Bahn. Niemand wird die Tür schließen können, die er geöffnet hat, die Tür nämlich, die er selber ist. *Ich bin die Tür* (Joh 10,7), die dem Apostolat geöffnete Tür, wie es bei Paulus auf seinen ausgedehnten Reisen der Fall war (vgl. Apg 14,27; 1 Kor 16,9;

2 Kor 1,12; Kol 4,3). Die Feinde werden Philadelphia zu Füßen gelegt. Doch während Smyrna in Kraft und Geduld (*hypomoné*) durchhalten soll, kommt es Philadelphia zu, voranzuschreiten, zu siegen, zu herrschen. Und auch das bringt seine spezifischen Versuchungen mit sich. So ist es den Aposteln ergangen, die vor lauter Freude angesichts des auferstandenen Herrn nicht zu glauben aufhörten, verwirrt waren, zweifelten und zum Himmel emporblickten, während es ihre Sache gewesen wäre, hinauszugehen und das Evangelium zu verkünden. Die Tür, die der Herr aufschließt, kann nicht wieder verschlossen werden, doch man muss durch sie eintreten und nicht aus falscher Demut in Bewegungslosigkeit verharren. Man muss mit den Talenten wuchern, das Licht auf den Leuchter stellen, die erleuchtete Stadt nicht verbergen. Man muss gute Werke tun, damit die Menschen glauben; den Abendmahlsaal verlassen, in den wir uns aus Angst davor, was sie sagen werden, eingesperrt haben. Was der Herr mit dem Siegeskranz auszeichnet, kann man nicht »entweihen« und »verweltlichen«. Was der Herr als Säule aufrichtet, kann nicht weggerückt werden, man muss »daran festhalten« und darf das Heiligtum nicht verlassen (um dem »religiösen Tourismus« zu frönen). Die Namen Gottes prägen sich alle in Philadelphia ein, denn *Philadelphia* heißt »Bruderliebe«, und in dieser Liebe ist alles zusammengefasst, was im Gesetz und in den Propheten geschrieben steht, und sie ist das einzige Zeichen, das wir der Welt geben können, damit sie glaube.

Obwohl von »geringer Kraft«, duckte sich Philadelphia nicht weg, als der Herr der Kirche die Tür öffnete. Angesichts der Lügner ermahnt der Herr die Gemeinde, die Wahrheit zu bekennen, kein falsches Mitleid zu haben. Ohne sich zu verstecken, soll sie die Feinde zu ihren Füßen haben und sagen, dass sie recht hat, dass der Herr sie während der ganzen Zeit, während der sie verfolgt wurde, geliebt hat. Und angesichts der Strafen, die die übrigen erleiden, muss sie sich nicht dafür schämen, dass der Herr sie beschützt. Philadelphia ist nämlich die Kirche der Bruderliebe, und das kann man nicht herabmindern oder verbergen. Im Gegenteil, die Gemeinde muss in all ihrer Reinheit und mit ganzer Kraft leuchten. Was Liebe ist, das ist Liebe. Punkt. Sie steht vollkommen unter dem Schutz und der Zusicherung des Herrn. Andere Dinge, wie etwa die Geduld der Kirche von Ephesus, ihre Fähigkeit zur Unterscheidung, sind relativ. Auch die Sünden Pergamons – eine Gemeinde, die eine Spaltung aufrechterhält, um nichts zu riskieren –, die Sünden Thyatiras – die Gemeinde, die aus Bequemlichkeit falsche Propheten duldet –, die Sünden von Sardes – die Gemeinde, die vorgibt, lebendig zu sein, aber in Wahrheit tot ist, usw. sind relativ. Doch die Bruderliebe, die erste Liebe, ist absolut, und der Herr segnet sie mit allen Siegesprämien. Angesichts von Philadelphia sind keine vermittelnden Positionen am Platz. Wer Philadelphia nicht liebt und es dieser Gemeinde nicht gleichtut, ist ihr gegenüber missgünstig gesinnt. Der Herr ist mit ihr, wer soll sie also kritisieren. Sie mag ihre Sünden und Fehler haben, doch der Herr zählt sie nicht einmal auf. Sie wird alles besitzen: den Namen des Vaters, den Namen der Braut, des neuen Jerusalem, und den ihr vertrauten Namen Jesu Christi.

Brief an die Kirche von Laodizea (Offb 3,14–22): Die wahre Freundschaft

Die Trostlosigkeit Laodizeas (Der Name leitet sich von *láos* und *díke* her, das heißt Gerichtsurteil der Völker) hat ihren Grund in der Lauheit. Im Grunde verbirgt sich dahinter ein großes Maß an Egoismus, der vielleicht daher rührt, dass man die wahre Freundschaft nicht kennt und gekostet hat. Der Herr tröstet die Gemeinde, indem er zeigt, dass seine Freundschaft stark ist – in der Zurechtweisung ebenso wie in der Belohnung.

Die Kirche »light«

Laodizea ist Kirche »light«. Der Herr droht Laodizea, es aus seinem Mund auszuspeien. Er tadelt es hart, weil er die Gemeinde »liebt«, weil er mit ihr »Mahl halten« und zusammen mit ihr auf dem Thron sitzen will. Man sieht, dass Laodizea eine vom Herrn geliebte Kirche ist, der Herr will sie »bei sich« haben: … *wir werden Mahl halten, ich mit ihm und er mit mir* (Offb 3,20). Er tadelt sie, weil er sie liebt.

Das Wort *Ich speie dich aus* (Offb 3,16) ist eines von denen, die sich ins Gedächtnis einprägen. Der Herr verstärkt sein vernichtendes Urteil noch, indem er etwas Schreckliches sagt: *Wärest du doch kalt oder heiß!* Dem Ausspeien geht ein Betrug voraus. Man speit das aus, was man mit Appetit in Mengen isst und was sich dann als schlecht erweist. Es ist so, wie wenn man jemandem Mate-Tee anbietet und dieser im Vertrauen einen guten Schluck zu sich nimmt, und es sich herausstellt, dass der Tee ungenießbar ist. Jemand nimmt etwas (jemanden) zu sich, was dem Anschein nach gut ist, und dann weigert sich der Magen, es aufzunehmen. Der Herr hat einen guten Magen, und es ist schwer, sich vorzustellen, dass der etwas wieder ausspeien kann, der am Kreuz sogar bittere Galle zu sich genommen hat. Seine Vorwürfe richten sich also an jemanden, der sehr geliebt wird. Nur einem guten Freund kann man sagen: »Ich ziehe deinen Hass deiner Lauheit vor.« Bei einem Fremden erregt übertriebener Hass oder große Dankbarkeit unsere Aufmerksamkeit; bei den Freunden dagegen ist es die Lauheit, die uns aufmerken lässt. Hinter der Haltung der Lauheit verbirgt sich ein »Opportunist«. Dies ist die große Sünde gegen die Freundschaft. Der Opportunist ist der »ewig Verlegene«, der, der immer im Zweifel ist, ob er sich engagieren soll oder nicht. Er wartet immer (denn er stellt seine Berechnungen an). Er ist untadelhaft: Er lässt sich durch nichts aus der Ruhe bringen. Er ist ein Egoist, der die Dinge liebt *(Ich bin reich, nichts fehlt mir.)* und die Menschen benutzt, anstatt die Menschen zu lieben *(Wenn mir jemand die Tür öffnet ...)* und die Dinge zu benutzen *(Ich rate dir, mir geläutertes Gold zu kaufen, damit du reich wirst, weiße Gewänder, damit du dich kleidest, Augenwasser, damit du die Sehkraft wiedererlangst)* (Offb 3,18).

Die Lauheit ist das Gegenteil des Zeugnisses. Deshalb zeigt sich der Herr als das Amen, als der *treue und wahrhaftige Zeuge,* der keinen Raum für verlegenes Zögern lässt, da er guten Samen auf seinem Feld ausgesät hat. Er ist der *Erstling des Waltens Gottes* (Spr 8,22). Deshalb erträgt er die Maskeraden, die Falschheiten und die ewigen Zweifel derer nicht, die sich nicht zurechtweisen (lieben) lassen.

Wir müssen uns fragen, welches die Zeichen dafür sind, dass der Herr uns aus seinem Mund ausspeit, denn es geht darum, sich jetzt korrigieren zu lassen und nicht auf das Endgericht zu warten.

Die Gnade ausspeien

Ein Zeichen ist es, wenn man immer wieder in dieselben Fehler fällt, ohne wirklich zu bereuen. *Der Hund kehrt zu seinem Erbrochenen zurück* (Spr 26,11). Wir fühlen uns wohl in der Lauheit des Erbrochenen. Wir ertragen die Gnade nicht, und kaum hat der Herr unsere Seele mit seiner Liebe erfüllt, die wir gern empfangen, verderben wir uns den Magen und speien sie aus, um von vorn zu beginnen. Unsere Seele würgt an den »falschen Lehren« und duldet dennoch die wahre Lehre nicht. Kaum sagt man uns ein scharfes Wort, springen wir auf wie eine empörte Dame, die die Vornehme spielen will.

Die ausspeien, die Zeugnis geben

Ein anderes Zeichen ist es, wenn man sich mit Lauen umgibt und sich von denen fernhält, die einen korrigieren können. Der Laue erträgt das Zeugnis der Heiligen nicht, *das Feuer, das aus ihrem Mund kommt und die Feinde verschlingt* (Offb 11,5). Wer ihren scharfen Tadel nicht annimmt, der speit ihn (projiziert ihn) auf die anderen.

Dämonischer Auswurf

Jedes Ausspeien der Dinge Gottes hat seine Wurzel im Dämon, der ausspeit. *Die Schlange spie aus ihrem Rachen einen*

Strom von Wasser, damit sie von dem Strom fortgerissen werde.
Aber die Erde kam der Frau zur Hilfe und die Erde öffnete ihren
Rachen und verschlang den Strom, den der Drache aus seinem
Rachen ausgespien hatte. Da geriet der Drache in Zorn über die
Frau und ging weg, um Krieg zu führen mit den übrigen Nach-
kommen, die die Gebote Gottes bewahren und am Zeugnis Jesu
festhalten (Offb 12,15–17).

Die Gnade ausspeien ist das Gegenteil vom *Festhalten am*
Zeugnis. Gegen die anderen speien ist das Gegenteil davon,
gegen sich selbst Klage zu erheben, um vom Herrn gerechtfertigt zu werden.

Vierter Teil
Unser leibhaftiges Beten

»Entzieh dich nicht deinem eigenen Fleisch« (Jes 58,7)

Wenn der Menschensohn in seiner Herrlichkeit kommt (Mt 25, 31). Denn er wird kommen, und wir erwarten ihn. *Wenn der König zurückkehrt ...* (Lk 19,15). In vielen seiner Gleichnisse spricht Jesus von dieser »Wiederkunft«. Er wird kommen in Herrlichkeit ... doch diese Herrlichkeit wird die andere, erste Wirklichkeit nicht ungeschehen machen, da er *im Fleisch offenbar wurde* (2 Joh 7). Der Herr ist nicht nur Geist: *Fasst mich an und begreift. Ein Geist hat weder Fleisch noch Knochen, wie ich sie habe* (Lk 24,39). Und dieser auferstandene Herr wird am Ende der Zeiten im Fleisch wiederkommen. Er wird uns nahe kommen, uns, von denen die Schrift sagt, dass alles Fleisch Gottes Herrlichkeit schauen wird (vgl. Jes 60). Dieses Wort, das Fleisch geworden ist (Joh 1,14), wird uns nicht nach den Geboten einer abstrakten oder bloß »spirituellen« Ethik beurteilen, sondern auf der Grundlage des Weges, den er selbst gegangen ist und den er uns gebracht hat. Er wird uns danach beurteilen, ob wir es verstanden haben, »allem Fleisch« nahe zu sein und in ihm das Wort Gottes zu erkennen.

Das Wort, das Fleisch geworden ist, erlöst das Fleisch der Sünde durch sein Leiden, das heißt, indem es den Schmerz allen Fleisches auf sich nimmt. Jesus nähert sich allem leidenden Fleisch, bezahlt die Schuld mit seinem eigenen Fleisch (vgl. Kol 2,14). Er hält sich nicht fern (Lk 10,31), er ist der gute Samariter. Wir werden danach beurteilt, ob wir uns allem leidenden Fleisch genähert haben, ob wir allem Fleisch »zum Nächsten geworden sind«.

Viele kommen ihm nicht nahe. Sie machen einen Bogen darum wie der Levit oder der Priester im Gleichnis (Lk 10, 31 ff). Andere nähern sich in schlechter Weise an, sie schwätzen intellektuell über den Schmerz und flüchten in Allgemeinplätze (»So ist das Leben!«), oder sie stumpfen sich durch selektive Wahrnehmung ab, oder sie vergrößern die Schar derer, die das Leben mit kosmetischen Mitteln übertünchen … Und so könnten wir fortfahren, die unterschiedlichen Haltungen zu beschreiben.

Sich in rechter Weise allem leidenden Fleisch nähern heißt das Herz öffnen, sich innerlich berühren lassen, die Wunde berühren, den Verwundeten tragen. Es heißt auch, die zwei Denare zu bezahlen und schließlich für etwaige Mehrkosten zu bürgen (vgl. Lk 10,25–37). Danach werden wir beurteilt werden. Und um alles, was das bedeutet, »verstehen« zu können (denn die wahre Bedeutung wird vom Verstand, vom Herzen und von unseren Einstellungen erfasst) müssen wir zulassen, dass in unserem Leben Denkweisen, Empfindungsweisen und Handlungsweisen gedeihen, die Folgendes beinhalten:

–   die Gerechtigkeit zu lieben und nach ihr so zu dürsten, wie man in der Wüste dürstet;

–   den Reichtum, der der Armut eigen ist, höher zu schätzen als die Verelendung, die allen weltlichen Reichtum erst hervorbringt;

–   das Herz in Sanftheit öffnen, anstatt es durch Aggression zu verhärten;

- den Frieden zu vermehren als einen Wert, der höher steht als jeder Krieg und als jede irenische Einstellung, die sich heraushält;
- den Mut zum reinen Blick zu haben, der einem reinen Herzen entspringt, und zu vermeiden, dass man dem gierigen Raub verfällt, der Schätze anhäuft (Mt 23,16ff).

Und dies alles heißt konkret, uns in rechter Weise dem Fleisch zu nähern, das Hunger und Durst hat, dem Fleisch, das krank und verwundet ist, das sein Fehlverhalten im Gefängnis sühnt, das nichts zum Anziehen hat, das weiß, wie bitter es ist, wenn sich die Einsamkeit einfrisst, die von der Geringschätzung herrührt.

Wenn der König zurückkehrt ... Der König in seiner Herrlichkeit ist zugleich das *Lamm, das geschlachtet wurde* (Offb 5,12), derjenige, der sich entschloss, jedem leidenden Fleisch nahe zu sein. Und am Ende der Zeiten wird nur der die Königsherrschaft dieses verherrlichten Fleisches schauen dürfen, der es wiedererkannte und ihm nahe war, als seine Herrlichkeit verborgen war unter Schmutz und Wunden, die abstoßend waren und sogar Verachtung hervorriefen, als seine Herrlichkeit verborgen war, da er unter *uns sein Zelt aufschlug* (Joh 1,14) in Gestalt der Brüder: *Wahrlich, ich sage euch, was ihr dem Geringsten meiner Brüder getan habt, das habt ihr mir getan ... Wahrlich, ich sage euch: Was ihr dem Geringsten meiner Brüder nicht getan habt, das habt ihr auch mir nicht getan.* (Mt 25, 40ff).

Worum es geht, ist, dem Leben eine Richtung zu geben. Und wenn wir das in allem Fleisch verborgene Wort betrachten, dann werden wir, die wir selbst Fleisch sind, erfüllt davon, dass alles Fleisch die Herrlichkeit Gottes schauen wird. Es geht darum, unser Fleisch auf diese Schau vorzubereiten; unser Fleisch, das verherrlicht werden wird, ist dasselbe Fleisch, in dem wir den Mut gefasst haben, das Wort Gottes im Nächsten zu betrachten. *Was von Anfang an war, was wir gehört und mit unseren Augen gesehen haben, was wir geschaut und mit unseren Händen berührt haben ... vom Wort des Lebens* (1 Joh 1,1).

Unser Leben auf diese Schau vorzubereiten setzt – abgesehen von der Nächstenliebe – voraus, dass wir es in die Gegenwart Gottes stellen, dem Wirken des göttlichen Wortes und des Geistes zur Ehre des Vaters unterwerfen; dass wir es für den Dienst rüsten, der zermürbt und ermüdet: arm, rastlos umherziehend, im Exodus begriffen. All das, was die Voraussetzung dafür bildet, unser Fleisch »der Gegenwart Gottes anheimzustellen«, ist das Beten. Das Gebet wird uns auf unserem Weg leiten, der leicht und beschwerlich zugleich ist, auf dem Weg, das göttliche Wort in allem leidenden Fleisch zu erkennen und unser Fleisch dem Willen Gottes anheimzustellen, um im *Geiste* zu leben. Das Gebet wird unsere Augen dafür bereiten, die Person des göttlichen Wortes, das im Fleisch gekommen ist, verherrlicht zu schauen, wenn es über uns auf der Grundlage urteilt, ob wir es in ebendiesem Fleisch erkannt haben.

Zur vertiefenden Betrachtung im Gebet

Ein Samariter aber, der des Weges zog, kam in seine Nähe, sah ihn und wurde von Mitleid bewegt. Er ging zu ihm hin, goss Öl und Wein auf seine Wunden und verband sie. Dann setzte er ihn auf sein eigenes Lasttier, brachte ihn in eine Herberge und trug Sorge für ihn. Am nächsten Morgen zog er zwei Denare heraus, gab sie dem Wirt und sagte: Sorge für ihn und was du noch darüber aufwendest, werde ich dir erstatten, wenn ich wiederkomme. Wer von diesen Dreien hat sich deiner Meinung nach als der Nächste dessen erwiesen, der unter die Räuber gefallen war? (Lk 10,33–36).

Abraham: Sich in rechter Weise aufmachen. Sich auf den Weg des Gebetes machen

Uns in unserem Fleisch auf den Weg des Gebetes begeben heißt, aus sich selbst und aus dem, was einem zu eigen ist, heraustreten zu können. In rechter Weise aus sich heraustreten ist weder Flucht noch Zerstreuung, sondern ein wahrer »Exodus« zum Vater hin, zum verheißenen Land hin, zur Nachkommenschaft ... und das kommt oft einem erzwungenen Exil gleich: *An den Strömen Babylons, da saßen wir und weinten, als wir an Zion dachten. Wir hängten unsere Harfen an die Weiden in jenem Land* (Ps 137,1–2). Wenn man aus sich selbst heraustritt, dann kommt es zur Begegnung mit dem Fleisch unserer Brüder, denen wir uns dienend nähern, und dabei kommt es zu Konflikten, die wir ins Gebet hineinnehmen müssen.

Abraham ist der Prototyp dessen, der aus sich selbst, seinem Land auszieht und »von einem Lagerplatz zum nächsten« zieht (Gen 13,3), dem verheißenen Land entgegen. Er macht sein Fleisch zum Fleisch im Exil, umherziehend, arm, im Auszug begriffen. Selbst im Nomadenleben ohne feste Besitztümer kommt es zu Konflikten um den Besitz, um den Besitz an Land, um jene Dimension der »Sesshaftigkeit«, die auch jedes Nomadenleben kennt. Es ist der Wunsch, den Weg in eine Oase münden zu lassen, mitten im Exil Lieder über die Heimat zu singen, den Horizont mit dem kurzsichtigen Auge unserer Dürftigkeit näher heranzurücken in der Illusion, über ihn zu verfügen. Mir kommen jene Pfarrer in den Sinn, die als Erstes, wenn man sie auf einen Leitungsposten versetzt, das Büro moderner ausstatten, die Sekretärinnen wechseln, den Boden mit Teppichen auslegen, Vorhänge anbringen und sich alle Gerätschaften besorgen, die ein Manager zur Verfügung hat: Sie richten sich ein. All das führt zum Konflikt: zum Konflikt um den Besitzstand. Unserem Vater Abraham ist, als er aus sich selbst auszog, um die Gabe Gottes zu empfangen, Folgendes widerfahren: *Es gab nicht genug Platz, dass sie zusammen leben konnten* (Gen 13,6). Damit keine Konflikte aufkämen, fordert Abraham den Lot auf, wegzuziehen. *Liegt nicht das ganze Land vor dir? Trenn dich also von mir!* (13,9). Und er lässt ihm die Wahl des besseren Teils, denn seinen Teil behält der Herr sich vor, der ihn im Übermaß belohnen wird. *Heb deine Augen und schaue von dem Ort, an dem du dich befindest ... das ganze Land, das du sehen kannst, werde ich dir geben* (13, 14f).

Wer den Auszug aus sich selbst gewagt hat, der hat mit dieser Bewegung eine Entscheidung getroffen: Er zieht die Zeit dem Raum vor. Er hat auf die Zeit gesetzt ... und diese erschließt sich immer im Horizont der Ewigkeit. Sie kennt keine »Beschränkungen«. Doch dieses Schreiten durch die Zeit birgt auch seine Fallen in sich ... und es kommt vor, dass wir manchmal den »Raum« als »Zeit« ausgeben. Wir glauben, »auszuziehen« in der Dimension der Zeit, die immer der Herrschaftsbereich Gottes ist (sie ist der »Bote Gottes«, wie der selige Petrus Faber[47] sagte), und ohne dass wir uns dessen wirklich bewusst sind, richten wir uns Nischen des Besitzes ein. Wenn wir den »Augenblick« als etwas Absolutes oder mit einer gewissen Dosis von Endgültigkeit leben, geschieht nichts anderes als die Verwandlung von »Zeit« in »Raum«. Hier ist Gott nicht mehr, wir haben uns niedergelassen. Es ist unser Managerbüro, das in täuschender Weise als Pilgerweg getarnt wurde. Wir bewegen uns bereits als »Sesshafte« in

[47] Petrus Faber (1506–1556), einer der Gefährten des Ignatius von Loyola und Mitbegründer des Jesuitenordens. *[Anm. der Redaktion]*

unserem Herrschaftsbereich. Und so wie jede Reduktion der Wirklichkeit gewaltsam und erzwungen ist, ist unser Raum, in dem wir uns souverän zu bewegen meinen, nichts anderes als ein Labyrinth. Und im »Augenblick«, da wir uns einrichten, drehen wir unsere Runden mit dem unbewussten Wunsch, es möge eine Ariadne kommen, die uns (wie den Theseus aus dem Labyrinth) befreit. Es ist das schlechte Gewissen, das schneckenförmige Bewegungen vollzieht, in der Einbildung, auf dem Weg zu sein.

Die Begrenzungen unseres Fleisches sind der Ursprung aller Konflikte, die sich durch den Besitz des Raumes verschärfen. Gott befiehlt dem Abraham, seine Heimat zu verlassen und auf den Besitz des Landes zugunsten des Landes zu verzichten, zu dem er sich auf den Weg macht und das ihm in der Verheißung vollkommen gegeben wurde. Was in besonderer Weise Exil ist, trägt die Kraft des Vaterlandes in der Verheißung in sich, was aus Abraham einen Menschen unterwegs macht, der stets für neue Lagerplätze offen ist.

Lot wählt den besseren Teil, doch mit dem Besitz des Landes erbt er auch dessen Widersprüchlichkeit: *Die Bewohner Sodoms waren sehr böse und sündigten gegen den Herrn* (Gen 13, 13). Auch Lots Frau ist eine Gefangene des Raumes. Sie vermag es nicht, sich in rechter Weise zu entfernen, blickt »zurück« und erstarrt zur Salzsäule (Gen 19,26). Über diesen »Blick zurück« gibt es viel zu sagen. Die Schrift führt ihn uns vor Augen in Form der fehlgeleiteten Sehnsucht des Volkes Israel in der Wüste nach Knoblauch und Zwiebeln (den »Fleischtöpfen«) Ägyptens (Ex 16,3; 14,11–12), und Jesus selbst wertet den Blick zurück als Zeichen dafür, dass man für das Reich Gottes nicht taugt (vgl. Lk 9,62). Dies ist eine andere Art, »sesshaft zu werden«, diesmal mithilfe der Erinnerung. Diese macht eine böse Verwandlung durch. Anstatt ständiger Bezugspunkt für die ungeschuldete Wahl Gottes (das wiederholte »erinnere dich« im Buch Deuteronomium: Dtn 5,15; 8,2ff; 32,7 usw.) oder für die tägliche Feier des Leidens und der Auferstehung Christi zu sein (vgl. Lk 22,19; 1 Kor 11,24–25), wird sie zur verführerischen Nostalgie, die den Weg zurück verlangt. Hier haben die unterschiedlichen Arten von Klagen derjenigen Nomaden ihren Ursprung, die keine Nomaden im Herrn sein wollen. Der heilige Johannes vom Kreuz wird später von der »Reinigung der Erinnerung« sprechen.

Abraham nähert sich in rechter Weise Lot und überlässt ihm das Land. Lot hingegen bleibt – durch eine gewisse Knauserigkeit oder Gier nach Land, in das er seine Zukunftspläne hineinprojiziert – mitsamt seiner Frau in ihrer Sehnsucht nach dem verloren gegangenen Land den Bedrängnissen des Fleisches unterworfen, jenes »Raumes«, in dem sich Sodom und Gomorra befinden, deren Sünde genau die Sünde des Fleisches war.

Zur betrachtenden Vertiefung im Gebet

Als sie auf ihrem Weg weiterzogen, sagte einer zu ihm: Ich will dir folgen, wohin du auch gehst. Da sagte Jesus zu ihm: Die Füchse haben Höhlen und die Vögel des Himmels Nester. Der Menschensohn aber hat nichts, wohin er sein Haupt legen kann. Zu einem anderen sagte er: Folge mir nach! Der erwiderte: Erlaube mir, zuerst meinen Vater zu begraben. Er aber antwortete ihm: Lass die Toten ihre Toten begraben; du aber geh und verkünde das Reich Gottes! Noch ein anderer sagte: Ich will dir nachfolgen, Herr; doch erlaube mir zuvor, von meinen Hausgenossen Abschied zu nehmen. Jesus aber sagte zu ihm: Niemand, der seine Hand an den Pflug legt und zurückblickt, ist tauglich für das Reich Gottes (Lk 9,57–62).

Die Unterwerfung unseres Fleisches: Das Gebet als Weg des Gehorsams

Eine Theologin unserer Tage hat gesagt: »Im Grunde ist jeder Dialog mit Gott eine prekäre Situation, eine Entschädigung für eine tiefergehende Kommunikation und ein tiefergehendes Einvernehmen. Wenn wir nicht gesündigt hätten, dann wäre es für uns selbstverständlich, Gott zu lieben und auf seine Worte zu antworten.« Genau nach dem Sündenfall erreicht den Menschen eine Frage Gottes: *Wo bist du?* (Gen 3,9). Hier beginnt die Geschichte jenes Dialoges, den wir Gebet nennen. Im Gebet gibt uns Gott die Möglichkeit, uns ihm von Neuem zu nähern, denn er fragt nach uns und ruft uns. Wir haben gesehen, dass sich diese Annäherung auf dem Weg des Fleisches vollziehen muss (vgl. den barmherzigen Samariter, der »sich näherte«; das Wort Gottes selbst, das uns nahe gekommen ist und »Fleisch wurde«).

Im Nahekommen des Wortes Gottes zeigt sich grundlegend ein Kern des Gehorsams: Er, der Gott war, betrachtete dieses Gottgleichsein nicht als etwas, das er eifersüchtig festhalten müsste. Im Gegenteil, er erniedrigte sich selbst, nahm Knechtsgestalt an und wurde den Menschen gleich. Und als Mensch wurde er so demütig, dass er im Gehorsam den Tod, ja den Tod am Kreuz auf sich nahm (vgl. Phil 2,6–8). Dieser Gehorsam – im Hinblick auf die Menschwerdung – wird im Hebräerbrief in Form eines Gebetes zum Ausdruck gebracht, das den Psalm 40 zitiert: *Da sagte ich: Ja, ich komme – so steht es über mich in der Schriftrolle –, um deinen Willen, Gott, zu tun* (Hebr 10,7). Es handelt sich um das *Hier bin ich* Abrahams (Gen 22,1), das zu seiner Fülle gelangt in dem Wort *Aber nicht mein Wille geschehe, sondern deiner* (Mk 14,36), das im Garten

Getsemani gesprochen wurde. In beiden Fällen wird vom Fleisch verlangt, dass es sich entäußere, dass es die Läuterung durch die Geringschätzung, die Pilgerschaft, die Verachtung, die Demütigung durchmacht. Es ist die Linie des Gehorsams, die ihren Ausgang nimmt beim Wort *Im Schweiß deines Angesichts wirst du dein Brot essen* aus dem ersten Dialog mit Gott (Gen 3,19). Und hier geht dem Brot, das man erwirbt, der Schweiß des Gehorsams, der Demütigung und Entäußerung voraus. *Adam, wo bist du … Hier bin ich, Abraham … Abba, Vater: Alles ist möglich, nimm diesen Kelch von mir, aber nicht mein Wille geschehe, sondern der deine.*

Wenn wir aufmerksam hinsehen, dann erkennen wir, dass dieses Gebet aufs Engste mit dem Gehorsam gegenüber einer Sendung verbunden ist. Im Gebet entdeckt Jesus (sozusagen) oder besser: erläutert er noch einmal seine eigene Sendung (Mk 1,38; Lk 4,42–43; Mk 6,46; Joh 6,15 und die Szene im Garten Getsemani, wie wir zuvor gesehen haben). Im Gebet findet Paulus das, was seine apostolische Sendung wirksam werden lässt (2 Kor 1,11; Röm 10,1; 2 Thess 3,1). Deshalb betet er ohne Unterlass (Röm 1,10; Kol 1,9; 2 Thess 1,3; 2,13). Er nimmt auch zum Gebet Zuflucht, um die Sendung zu entdecken, die Gott inmitten der Schwierigkeiten will, wie es in Apostelgeschichte 4,24–30 der Fall ist, wo die Gemeinde weder um die Bestrafung der Verfolger noch darum bittet, dass die Verfolgung aufhören möge, sondern um den Mut, in der Sendung gehorsam zu sein, das heißt, Christus offen zu bekennen, auch in der Verfolgung.

Diese Fähigkeit, die Sendung zu suchen, zu entdecken, ihr Profil zu verleihen und sie neu zu formulieren sowie dieser Sendung gehorsam zu sein, wird nur im Gebet verliehen und kann nur im Gebet gedeihen. Dennoch ist die Haltung des Gebetes nichts Isoliertes. Sie ist gut verwurzelt. Ihre Grundlage ist eine Erfahrung der Beständigkeit, die dieser Haltung vorausgeht. Es ist wie ein hartnäckig wiederkehrender Refrain, der sich selbst inmitten von Schwierigkeiten durchhält: Das Vertrauen auf Gott (Ijob 16,19–20; 17,3; 19,25) ist bei dir eine Bürgschaft für mich (Ijob 17,3). Inmitten der Proteste, der Zwistigkeiten und Streitigkeiten mit Gott (vgl. Jer 20,9) gibt es im tiefsten Inneren der gläubigen Seele eine Treue, die es nicht zulässt, die Sendung aufzugeben, eine Liebe zum Wort, die kein »du lügst« zu zerstören vermag (Jer 20,9b). Wenn es im Mann und in der Frau des Gebetes Schmerz und deshalb Wehklagen gibt, dann verbirgt sich darunter das Vertrauen auf Freude, Glauben, erneuerte Hoffnung (Jer 12; 15,16; 17,14). Dies ist der unzerstörbare Bereich der Treue, der uns eine unerklärliche Heiterkeit verleiht. Diese Grundlage ist eine Schlüsselerfahrung für die unterschiedlichen Gebetsformen und für die Unterscheidung der Geister.

Es ist die Zufluchtnahme zur Überzeugung, dass die Hoffnung nicht trügt (Röm 5,5). Wenn ein Mensch, Mann oder Frau, diesen Bezugspunkt verloren hat, dann verliert er an Standfestigkeit; sein Gebet wird immer mehr zur »Illusion«, sein Fleisch »vergeistigt« auf weltliche Weise (psychologisiert sich), sein Gehorsam wird zur Laune. *Mit wem soll ich also die Menschen dieses Geschlechts vergleichen? Wem sind sie ähnlich? Kindern gleichen sie, die auf dem Markt sitzen und einander zurufen: Wir haben euch mit Flöten aufgespielt und ihr habt nicht getanzt; wir haben Klagelieder gesungen und ihr habt nicht geweint. Denn Johannes der Täufer ist gekommen. Er aß kein Brot und trank keinen Wein. Da sagt ihr: Er hat einen Dämon. Der Menschensohn ist gekommen. Er isst und trinkt. Da sagt ihr: Seht den Schlemmer und Trinker, den Freund von Zöllnern und Sündern* (Mt 11,16–19). Jesus bezeichnet dieses Geschlecht als »ehebrecherisch« (Mt 12,39; 16,4), denn es hat die Orientierung verloren, welche die Treue verleiht, es hat die feste Basis der Hoffnung nicht, auf die man in jeglicher Art von

Zweifel, Leiden oder Verfolgung zurückgreifen kann ... es lässt sich einfach vom Spiel der Launen treiben, vom »Das gefällt mir« oder »Das gefällt mir nicht«. Es gibt kein Gebet, es gibt keinen Gehorsam, es gibt keine Aufopferung des Fleisches ... und deshalb kann diese Generation von Männern und Frauen das »im Fleisch gekommene Wort« nicht erkennen. Sie schaffen sich ihre eigene Sendung, denn ihr Herz ist so abgestorben, dass es unfähig ist, eine Sendung vom Herrn zu empfangen und ihn in gehorsamer Aufopferung anzubeten. Es sind die, die »sich selbst verwirklichen«. Qualifizierte Einzelgänger ... aber niemals für eine ihnen übertragene Sendung engagiert, für die sie bereit wären, sich selbst zu entäußern und dabei mit der Entäußerung anzufangen, die das Gebet bewirkt.

Der Gehorsamsaspekt des Gebetes betrifft das Leben selbst. Um das zu erklären: Die geläufigste Auffassung vom Bittgebet ist es, dass wir »Dinge von Gott erbitten« oder »darum bitten, dass er für uns widrige Situationen verändert«. Das stimmt und das geschieht auch, und der Herr selbst fordert uns dazu auf, dies zu tun. Doch es gibt noch mehr, etwas, das sich auf der Ebene von Gewissheit und Hoffnung als der Grundlage des Gebetes bewegt, von der ich zuvor gesprochen habe. Das Gebet trifft unser Fleisch in seinem Innersten, es berührt unser Herz. Nicht Gott ändert sich, sondern wir sind es selbst, die wir uns durch den Gehorsam und die Hingabe im Gebet ändern.

Elija zieht aus, um Gott zu suchen, hat Angst, will sterben ... Er begegnet Gott, und sein Herz ist verändert (1 Kön 19). Dasselbe geschieht auch mit Mose, als er für sein Volk eintritt. Nicht Gott ist es, der seine Meinung ändert, sondern Mose. Er kannte den Gott des Zornes, nun kennt er den Gott der Vergebung. Er hat das wahre Antlitz Gottes für diesen Moment seines Volkes entdeckt: ein Antlitz der Treue und der

Vergebung. Und er verstand es, in rechtem Maß die Sünde des Volkes zu deuten. Deshalb ist das Gebet der privilegierte Ort der Offenbarung Gottes, wo sich der Übergang ereignet von dem, den man für Gott hält, zum wahren Gott. Durch das Gebet wächst man in diesem stillen Glauben, der vor dem Geheimnis verstummt: *Ich bin so gering! Was kann ich dir erwidern? Ich lege meine Hand auf den Mund* (Ijob 40,4). *Ich kannte dich nur vom Hörensagen, doch nun haben dich meine Augen gesehen* (Ijob 42,5). Als Gott seinen Engel zu Elija schickt, damit er weitergehe (vgl. 1 Kön 19), oder als der halsstarrige Jona alles schwarzsieht, ist die Antwort des Herrn immer dieselbe: Kehre auf deinen Weg zurück. Nicht wie einer, der eine statische Rückwärtsgewandtheit oder eine Restauration nach Art der Romantiker will, sondern als einer, der zulässt, dass Gottes Antwort eindringt in die Mutlosigkeit, die aus dem Gefühl der Vergeblichkeit der eigenen Sendung erwächst, und dass sich auf diese Weise neue Möglichkeiten für die Zukunft erschließen. Das Gebet entblößt uns im Gehorsam und lässt uns so spüren, dass wir uns im Spannungsfeld befinden zwischen dem, was zu Ende geht, und dem, was beginnt. Denn für einen Mann oder eine Frau des Gebetes geht immer etwas zu Ende und etwas anderes beginnt … niemals bleibt dem Beter etwas für sich.

Zur vertiefenden Betrachtung im Gebet

Und er trennte sich von ihnen etwa einen Steinwurf weit, kniete nieder und betete: Vater, wenn du willst, lass diesen Kelch an mir vorübergehen. Doch nicht mein, sondern dein Wille soll geschehen. Da erschien ihm ein Engel vom Himmel und stärkte ihn. Und er geriet in Angst und betete noch inständiger. Sein Schweiß war wie Blut, das auf die Erde tropfte (Lk 22,41–44).

David: Sich Gott überlassen, gegen die Versuche, zu kontrollieren

Die Episode über David auf der Flucht, wie sie in den Kapiteln 15 und 16 des zweiten Samuelbuches erzählt wird, kann uns helfen, uns in das hineinzuversetzen, was es bedeutet, sich einer Situation der Gefahr auszusetzen, in der man sich ganz Gott anheimstellt. David ist auf der Flucht, und in dieser Erniedrigung des vom eigenen Sohn verfolgten Königs springt in erster Linie die Demut des Königs ins Auge. Seine Souveränität kommt deutlich in der weihevollen Art seiner Flucht, seines Exodus zum Ausdruck: nach Art einer Prozession, ruhig, in seinem Herzen dem Ratschluss Gottes ergeben; wie die nach Babylon Verschleppten (vgl. Ps 14,7; 77,61).

Das ganze Volk lief hinter dem König her, und gemeinsam machten sie Halt beim letzten Haus (2 Sam 15,7). *Alle weinten laut, während das Volk vorüberzog. Der König blieb im Bach Kidron stehen, und das ganze Volk zog an ihm vorbei in Richtung Wüste* (15,23).

Das Exil ist keine Flucht. Es ist ein Bußgang und eine liturgische Prozession, in der sich die Loyalität der treuen Gefolgsleute und die Würde des Königs zeigen, der keine Eile an den Tag legt. Er lenkt alles und büßt weder Klugheit noch Realitätssinn ein. Die einen lässt er mit sich ziehen, die anderen heißt er umkehren. Das heißt lenken … nicht kontrollieren.

Zudem instrumentalisiert der König Gott nicht. *Bring die Gotteslade in die Stadt zurück* (2 Sam 15,25). David bindet sein Schicksal (das heißt sein unmittelbares Schicksal) nicht an das der Bundeslade. Indem er sie mit einer Geste der Großzügigkeit da lässt, spielt er auf Zeit und bereitet seine Rückkehr vor, falls dies Gott gefällt ... und wenn nicht, *mache er mit mir, was gut scheint in seinen Augen* (15,26).

Andererseits ist sein Gang ins Exil gemessen, er lässt sich nicht gehen, er nimmt seine Grenzen an und integriert sie, soweit ihm das möglich ist, in die Hoffnung auf eine mögliche Rückkehr. *Seht, ich warte an den Furten in der Steppe.* Er zieht sich nur so weit zurück wie nötig. Er weiß sich in Gott zu bergen, er versteht es, Gott Raum zu lassen. Auch Jesus zeigte sich in jenem kritischen Moment, in dem seine »Stunde« sich nahte, nicht öffentlich, er verbrachte seine Nächte in Betanien. Seine Freiheit war dem Ratschluss Gottes anheimgestellt. Er leistete dem, was Gott wollte, keinen Widerstand, doch er verlor auch das nicht, was er selbst »Klugheit« nannte und was nichts anderes ist, als die Maßnahmen in dem Maße zu treffen, in dem Gott dies will ... und Gott handeln zu lassen. David sorgt für sein Volk, er verlässt es nicht. Er steckt die Stadt nicht in Brand, er verbrennt die Geschichte nicht. Er lässt einige zurück, die ein Gegengewicht zu den Einflüsterern Abschaloms bilden (2 Sam 15,30–36). Sich völlig Gott zu überlassen bildet seinen Horizont, und dies verleiht seiner Seele Größe ... doch es handelt sich um keine quietistische, passive Hingabe, sondern um die Hingabe des klugen Knechts, der weiterhin seine Talente im Dienst an seinen Herrn einsetzt: in diesem Fall im Dienst am Willen seines Gottes, der seine Entäußerung will und nicht die seines Volkes.

Auf dem Weg wird David verflucht (2 Sam 16,5–14). Inmitten von Steinwürfen und Beleidigungen lässt er sich von der Situation nicht unterkriegen. Er glaubt, dass Gott ihn geliebt hat und weiterhin liebt. Er bemitleidet sich nicht selbst in seiner Prüfung, sondern stellt es vielmehr Gott anheim, sie zum Guten zu wenden. Seinem Verhalten in der Erniedrigung wird es schließlich gelingen, die Situation zu ändern. Er versteht es, die Hand Gottes in den widersprüchlichsten

Zeichen zu entdecken. Anders verhält es sich im Fall Saul: Je mehr er die Pläne Gottes kontrollieren will, umso weniger gelingt ihm dies. Und dasselbe widerfährt David in einer anderen Situation, als er nämlich eine Volkszählung durchführen will (2 Sam 24). Er tut dies im Geist der Kontrolle ... und er vergisst dabei, dass es ein heiliger Akt sein muss, sich des Volkes zu bemächtigen. In diesem Diptychon zeigt sich der Gegensatz zwischen Hingabe und Kontrolle.

Die Versuche, unsere Hingabe an die Sendung, die Gott uns übertragen hat, zu kontrollieren und zu beherrschen, werden mit der Zeit die Gestalt der Magie annehmen (Denken wir an Saul, der eine Wahrsagerin um Rat fragt). In unseren Tagen zeigt sich diese Magie in verschiedener Gestalt: von der verträumt-romantischen Selbstkontrolle des New Age über verschiedene Formen der Ideologisierung und Katalogisierung des Lebensweges bis hin zu den Versuchen, das Geheimnis psychologisch und soziologisch aufzulösen.

Wenn wir unsere Hingabe kontrollieren wollen, dann geht die Zärtlichkeit des Kindschaftsverhältnisses verloren. Aber keine Ideologie, kein bloß innerweltliches Bemühen um ein ökologisches Gleichgewicht unseres Wesens und auch keine psychoanalytische oder soziologische Auflösung des Mysteriums kennt die Zärtlichkeit. Vertraut sind all diese Kontrollversuche vielmehr mit der Kunst der Manipulation, nicht mit der der zärtlichen Zuneigung. In der größten Verlassenheit spricht Jesus das Wort »Vater« aus, mit dieser bis ans Äußerste gehenden menschlichen Zärtlichkeit, die der Art und Weise gleichkommt, wie der Herr dieses Wort im Himmel ausspricht.

Zur vertiefenden Betrachtung im Gebet

Dann zog der König hinaus und alle seine Hofleute folgten ihm auf dem Fuß ... Alle weinten laut, als die Männer an David vorüberzogen. Der König aber durchschritt das Bachtal des Kidron und alles Kriegsvolk zog weiter auf dem Weg zur Steppe. Auch Zadok und Abjatar sowie alle Leviten, die die Gotteslade trugen, waren dabei. Sie stellten die Gotteslade nahe bei Abjatar hin, bis alles Kriegsvolk aus der Stadt den Vorbeimarsch beendet hatte. Darauf sagte der König zu Zadok: Bring die Gotteslade in die Stadt zurück! Wenn ich Gnade finde in den Augen des Herrn, so wird er mich zurückführen und ihn und seine Wohnung wiedersehen lassen. Spricht er aber so: Ich habe kein Wohlgefallen an dir!, gut, hier bin ich, er mache mit mir, was gut scheint in seinen Augen (2 Sam 15,16–26).

Das Exil allen Fleisches: Das Gebet des Fleisches in der Verbannung

Nach seinem ersten Gebet trat Adam seinen Weg ins Exil an. Er verließ das Paradies – ein weiter Weg –, um darauf durch Gottes Barmherzigkeit wieder zu ihm zurückkehren zu können. Die Geschichte des Exils wird – mit tragischen Beiklängen – vom Autor des Hebräerbriefes neu gelesen. Hier werden in besonderer Weise die Sehnsucht nach der verlorenen Heimat und all die Opfer hervorgehoben, die diese Männer und Frauen auf sich genommen haben, um dieser Erinnerung die Treue zu halten. *Im Glauben sind diese alle gestorben, ohne die Verheißung erlangt zu haben; sie haben sie von fern gesehen und begrüßt und haben bekannt, dass sie Fremde und Gäste auf der Erde sind. Denn die so sprechen, geben zu verstehen, dass sie eine Heimat suchen. Hätten sie aber jene im Sinn gehabt, aus der sie weggezogen waren, so hätten sie ja Gelegenheit gehabt zurückzukehren. Nun aber verlangen sie nach einer besseren, das heißt nach der himmlischen* (Hebr 11,13–16). Und diese Exilierten lassen die Folter über sich ergehen, um ihre Erinnerung zu bewahren, und lehnen es ab, befreit zu werden, um eine bessere Auferstehung zu erlangen. *Andere aber wurden auf die Folter gespannt und nahmen die Freilassung nicht an, um eine bessere Auferstehung zu erlangen. Wieder andere haben Spott und Geißelhiebe, dazu noch Fesseln und Kerker erduldet. Sie wurden gesteinigt, verbrannt, zersägt, starben den Tod durchs Schwert, zogen in Schafspelzen und Ziegenfellen umher, darbend, geängstigt, misshandelt* (Hebr 11,35–38).

Unser Fleisch auf dem Weg spürt die Sehnsucht nach dem Vaterland und macht sich diese bewusst, spricht ausdrücklich davon im Gebet in Gegenwart des verherrlichten Herrn, der der Herr dieses Vaterlandes ist, auf das wir hoffen. Indessen jedoch fühlt unser Fleisch zwischen klarem Empfinden und Unbewusstheit, zwischen Gnade und Sünde, zwischen Ehrfurcht und Aufruhr das Exil, dem wir unterworfen sind, den Weg, den es gehen muss, und es kämpft mit sich selbst, um diese Hoffnung zu verteidigen. An dem Tag, an dem die Sehnsucht erlischt, hat unser Fleisch aufgehört zu beten, hat es sich für dieses Vaterland entschieden, hat die Befreiung aus dem Exil dem Exil um den Preis von Verhandlungen vorgezogen, die sie der Pflicht entheben, sich weiter auf fremder Erde zu bewegen. Es ist müde geworden, Gott zu suchen. An diesem Tag ist die größte Gnade, die uns zuteil werden kann, die Gnade, die auch dem Elija gegeben wurde: *Steh auf und iss, denn sonst ist der Weg zu weit für dich!* (1 Kön 19,7).

Der Mensch, der sein Exil bewusst auf sich nimmt, leidet unter einer doppelten Einsamkeit. Einerseits spürt er die Einsamkeit gegenüber den übrigen Menschen; er ist in grundlegender Weise ein Fremder auf dem Weg. Andererseits wird ihm die Bitterkeit der Einsamkeit vor Gott zu kosten gegeben. Es handelt sich um die doppelte Einsamkeit des Betenden. In grundlegender Weise ist der Betende ein Ausgegrenzter, ein doppelt Ausgegrenzter (von Gott und den Menschen), und zugleich kann er weder von Gott (denn er sucht ihn und spürt, dass auch er selbst von ihm gesucht wird) noch von den Menschen lassen (denn seine Sendung stellt ihn in den Dienst seiner Brüder und Schwestern, die er zu lieben versucht wie sich selbst). Jeremia drang diese Erfahrung bis ins Mark. Weil er verkündete, was Gott ihm aufgetragen hatte, wurde er zum Gegenstand des Streits und des Widerspruchs vonseiten des gesamten Volkes (Jer 15,10). Und in der Einsamkeit dieses Widerspruchs beklagt er sich bei Gott, dass dieser ihn allein gelassen habe, ja er verflucht sogar den Tag seiner Geburt, doch er kann diese sehnsuchtsvolle Verlockung des Antlitzes Gottes nicht verleugnen, die ihn bis in die Knochen durchglüht. *Du hast mich verführt ... alle spotten sie meiner.* Das ist das Gebet eines Mannes, der sich selbst ganz aufs Spiel gesetzt hat und wollte, dass wenigstens Gott auf seiner Seite ist ... Doch im Leben hat es zuweilen den Anschein, als stünde auch Gott auf der anderen Seite (Jer 20,7–18).

Der leidende Gottesknecht empfindet es so, als wäre die doppelte Einsamkeit ein und dieselbe. Es handelt sich um die tiefe Erfahrung des Exils. Die Wirklichkeit scheint den Gläubigen zu verhöhnen. *Wo ist das Wort Gottes? Es möge doch wenigstens einmal in Erfüllung gehen!* (vgl. Jer 17,15). Es scheint so, als hätte Gott sein Versprechen nicht gehalten, das er ihm gegeben hat, als er ihn erwählte: *Ich bin bei dir und helfe dir* (Jer 1,8). Es scheint so, als hielte Gott nicht Wort (vgl. Jer 15,18; Ijob 6,15–20) Dieser Hohn der Ereignisse und der Menschen, der Spott, weil man auf Gott sein Vertrauen gesetzt hat, erreicht seinen unüberbietbaren Höhepunkt auf dem Kalvarienberg:

Der du den Tempel niederreißen und in drei Tagen wieder aufbauen willst, rette dich selbst, wenn du der Sohn Gottes bist, und steig herab vom Kreuz! Ähnlich spotteten auch die Hohenpriester, die Schriftgelehrten und Ältesten und sagten: Anderen hat er geholfen, sich selbst kann er nicht helfen. Er ist doch der König von Israel! Er soll jetzt vom Kreuz herabsteigen, dann wollen wir an ihn glauben. Er hat auf Gott vertraut; der soll ihn jetzt retten, wenn er Gefallen an ihm hat (Mt 27,39–44). In diesem Schweigen Gottes ist unser Fleisch von Neuem einer Veränderung ausgesetzt: Wir entdecken, dass der gehorsame Dialog im Gebet kein »Verhandeln« ist, sondern dass die Verheißung und Treue Gottes sehr weit von dem entfernt sind, was wir uns darunter vorstellen ... Auch auf diesem Weg verändert sich unser Herz.

Die Erfahrung des Schweigens Gottes und des Schweigens der Menschen ist die Erfahrung, aus sich selbst verbannt zu sein. Wir sind jeglichen Besitzes beraubt, wir sind an den Flüssen Babylons, haben unsere Harfen an die Weiden gehängt, und der Schmerz lässt es nicht zu, dass uns die Lieder Israels über die Lippen kommen (Ps 137,1). Diese Verbannung aus dem eigenen Ich findet seine äußerste Gestalt ebenfalls im Leiden des Herrn, im Gebet im Garten Getsemani: Es ist das menschlichste und dramatischste Bittgebet Jesu (vgl. Mk 14,32–34; Mt 26,36–46; Lk 22,40–46). Es ist ein Flehen, eine Traurigkeit, Angst, fast Orientierungslosigkeit (Mk 14,33 ff). Es handelt sich um die Traurigkeit eines Verbannten, der fern ist vom Herrn. Es ist die Überbietung der Traurigkeit des Jona, der den Plan Gottes nicht begreift (Jona 4,9). *Mein Gott, warum hast du mich verlassen?* (Mt 27,46). Der Betende, der dieses Exil in sich spürt, betritt Wege einer außerordentlichen Reinigung. Das Herz fragt sich immer wieder ... aber die Fragen sind in dieser Nacht nicht genug, und dennoch bemüht er sich, etwas zu verstehen. Die Haltungen, die Worte, die Gedanken wechseln sich in widersprüchlicher Weise ab. Man durchlebt Müdigkeit und Resignation (Ijob 29,4), man verfällt in Spott und große Bitterkeit (Ijob 7,20), man versucht, Gott Argumente abzuringen (Ijob 10,8), oder man nimmt eine Haltung des Misstrauens ein (Ijob 10,2) ... Doch hinter all dem erinnert sich der Mensch, der seine Verbannung spürt, an sein Vaterland, lässt zu, dass sein Herz in traurige Sehnsucht verfällt, verhandelt nicht, kehrt nicht um ... sondern macht einen Schritt nach vorn und macht sich auf die Suche nach Gott, jenseits der gewöhnlichen Zufluchtsstätten. Er tritt aus seiner Einsamkeit, seinem Exil, diesem Schweigen, das er nicht versteht, aus seiner Welt voller Schmerz heraus.

Dies ist der Moment, an dem Gott eingreift – eben nicht so, dass er antwortet, sondern vielmehr als Fragender, und er führt den Menschen auf neue Wege, um ihn von falschen Ansprüchen zu befreien. Von Neuem erweist es sich hier als wahr: Nicht Gott ist es, der sich ändern muss, sondern der Mensch: Das ist der tiefe Sinn des Gebetes. Mehr noch: Das Gebet ist der privilegierte Ort des Exils, hier ereignet sich Offenbarung, das heißt der Übergang von dem Gott, den man sich ausdenkt, zu dem Gott, der in Wahrheit ist. In der Läuterung des Exils, in der dunklen Nacht führt uns Gott. Durch die Krise gelangt man zur Bekehrung. Das Exil allen Fleisches, sich ohne Vaterland, ohne Vater und Mutter, ja sogar ohne einen Hund, der nach einem bellt, zu fühlen, die Verbannung von sich selbst (weil man sein Herz mit nichts in Einklang bringen kann: Alles ist Dissonanz), das Exil der Menschen und das Exil Gottes (denn sie schweigen allesamt) mündet in der tiefsten Bekehrung des Fleisches. Dieses Fleisch wird zur Wunde, und hier wird es »geheilt«, von Gott »berührt«.

Zur vertiefenden Betrachtung im Gebet

An den Flüssen von Babel saßen wir und weinten, da wir deiner gedachten, o Zion.
An den Weiden in jenem Land, da hängten wir unsere Harfen auf.
Denn Lieder wollten hören, die uns hinweggeführt hatten, die uns bedrückten, forderten Freudengesang: Singt uns von Zion ein Lied!
Wie sollten wir singen die Lieder des Herrn im Land der Fremden! (Ps 137,1–4)

Mose und das Volk:
Fürsprache im Gegensatz zum Murren

Wir haben gesehen, wie unser Fleisch im Exil Sehnsucht nach dem Vaterland empfindet, die zuweilen eine schlechte Form annimmt und sich im Geist zurückversetzt zum Knoblauch und den Zwiebeln (den Fleischtöpfen) Ägyptens, sich nach rückwärts wendet und die Hoffnung verliert. Wie merken wir es, wenn wir die Richtung geändert haben (wenn wir *Menschen des Rückzugs* sind; Hebr 10,39)? Und wie kann man die gute von der schlechten Nostalgie unterscheiden, jene, die sich *auf Hoffnung hin gerettet* weiß, und jene, die sich durch romantische Aneignung einer zum Souvenir verklärten Erinnerung selbst retten will? Das Anzeichen für die schlechte Nostalgie ist das Murren und das Streben nach einem Triumphalismus, der sich falsche Götter schafft (Ex 32,1–35): *Mach uns einen Gott, der vor uns herzieht, denn wir wissen nicht, was mit Mose, diesem Mann, der uns aus Ägypten herausgeführt hat, passiert ist* (32,1). Hinter jedem Triumphalismus verbirgt sich ein Götze, den man anbetet. Der Gott der Erinnerung wurde durch die verklärende Nostalgie zu einem auf unser Maß zurechtgestutzten Gott.

Mose ist der Prototyp des Betenden, der in Einsamkeit vor Gott steht und das Gesetz betrachtet und empfängt für ein Volk, das es bereits ersetzt hat. Zuweilen wird der Betende gewahr, dass er »zu spät kommt«, so, als ob seine Botschaft der Rettung auf bereits gerettete Menschen träfe … gerettet aber nach ihrem Maßstab, indem sie die Gabe zugunsten eines Geschäfts leichtfertig dreingegeben haben. Das Interessante an dieser Perikope ist, dass Gott selbst dem Mose das Geschäft vorschlägt, dieses halsstarrige Volk gegen ein besseres einzutauschen. Es ist, als wäre Gott dem Zorn des Mose zuvorgekommen, der bereits bei anderen Gelegenheiten zu erkennen gegeben hatte, dass er es angesichts der Herzensverhärtung des Volkes leid ist und gebeten hatte, Gott möge ihn sterben lassen. Als Gott Mose den Vorschlag macht, das Volk auszutauschen, reagiert Mose und tritt für Israel ein.

Hier zeigt sich die seelische Größe des Mose, da er auf den Traum eines jeden Anführers verzichtet: Er lehnt es ab, ein Volk nach seinem Maßstab zu haben. Er ist es, der Gott an seine Verheißung erinnert und ihm sagt, dass er darüber nicht verhandeln kann (dass er die Rettung nicht in einen Triumphalismus verwandeln kann), dass seine Feinde ihn verspotten würden, dass er an Abraham, Isaak und Israel denken möge. Und Mose sagt ihm, dass er ihn als den Gott der Erinnerung haben will (Ex 32,11 ff).

Die Fürsprache des Mose ist ein Dialog der Liebe, und nur als solcher wird dieser »Rollentausch« verständlich, bei dem jeder Gesprächspartner die Argumente ins Treffen führt, deren sich der andere bedienen sollte. Dieser Rollentausch kann uns die schwierige Stelle in der Perikope über die Hochzeit von Kana verstehen helfen, in der die Fürsprache haltende Maria die tiefsten Gefühle Jesu deutet, dessen Worte im Widerspruch zu seinem darauffolgenden Handeln zu stehen scheinen. Der Fürsprecher ist ein Betender, der die tiefsten Gefühle Gottes verstanden hat und sich an sie klammert, obwohl der äußere Schein dagegen spricht und trotz der Tatsache, dass Gott selbst in den Ereignissen auf andere Weise zu ihm spricht.

Die Bekehrung des Knechts zum Fürsprecher lässt an göttliche Pädagogik denken. Die Rollen zu tauschen und den Widerspruch herauszufordern besänftigt den Zorn und den Tadel des Mose und lässt das Beste seines Herzens als Mann Gottes in Erscheinung treten: dass er sich seines Fleisches nicht schämt, dass er nicht aus Pflichtgefühl (indem er eine Rolle ausfüllt) hier ist, sondern dass er seine Brüder und Schwestern liebt wie sich selbst. Dass er sich für dieses Volk eingesetzt hat und jeden Tag mehr Gott gleich wird, der treu ist, auch wenn wir untreu sind, weil er sich nicht selbst verleugnen kann (vgl. 2 Tim 2,13).

Dieser Dialog der Fürsprache findet angesichts der tiefsten Verwundung statt: angesichts der Halsstarrigkeit dieses Volkes, das sich nicht ändern sollte und das Mose dennoch wählt: Er wählte die Schmach zusammen mit seinem Volk (Hebr 11,25).

Vor diesem Hintergrund der Fürsprache muss man die Strafe deuten, die Mose darauf über das Volk verhängt: das Zerbrechen der Gesetzestafeln, das Gemetzel, das die Leviten anrichteten, und die zweite Fürsprache, bei der der Rollentausch wieder rückgängig gemacht wird. Nun ist es Mose, der sich anbietet, anstelle seines Volkes aus dem Buch des Lebens ausgetilgt zu werden (Ex 32,32), und Gott ist es, der ihn in seiner Sendung und darin bestätigt, wie er es gelenkt und bestraft hat.

Zur vertiefenden Betrachtung im Gebet

Am dritten Tag fand in Kana in Galiläa eine Hochzeit statt und die Mutter Jesu war dabei. Auch Jesus und seine Jünger waren zur Hochzeit eingeladen. Als der Wein ausging, sagte die Mutter Jesu zu ihm: Sie haben keinen Wein mehr. Jesus erwiderte ihr: Was willst du von mir, Frau? Meine Stunde ist noch nicht gekommen. Da sagte seine Mutter zu den Dienern: Was er euch sagt, das tut! (Joh 2,1–5)

Hinfälligkeit und Grenze

Je mehr wir zur Größe berufen sind, umso mehr empfinden wir die Hinfälligkeit und Grenze unseres eigenen Fleisches. Abraham war treu gewesen. Er hatte sich aus Gehorsam auf den Weg gemacht, ohne zu wissen, wohin er ging (Hebr 11,8). Dennoch empfindet er, auf dem Verheißungen ruhen, den Schmerz seiner eigenen Unzulänglichkeit und seiner Grenzen, die fast in völligem Widerspruch zu dem stehen, was ihm verheißen ist: *Ich habe keine Söhne, und ein Knecht wird mich beerben* (Gen 15,2–3). Der Protest und dann das Gebet in Gestalt von Klage und Wehklage sind die normale Reaktion, wenn unser Fleisch »spürt«, dass es an seine Grenzen stößt, und seine Unzulänglichkeit wahrnimmt. Diese alltägliche Erfahrung bereitet uns auf die letzte Erfahrung vor, wenn wir in unabweisbarer Gewissheit erkennen, dass wir vor der letzten Grenze stehen. *Nackt kam ich aus dem Schoß meiner Mutter, und nackt werde ich dahin zurückkehren! Der Herr hat gegeben, der Herr hat genommen. Gepriesen sei der Name des Herrn!* (Ijob 1,21). Hier nimmt diese solide Grundlage der Hoffnung (über die wir in den vorausgehenden Meditationen gesprochen haben) die Gestalt der Ergebenheit angesichts der Ohnmacht unserer Grenzen an.

Diese Grenze führt uns auch auf den Weg der dunklen Nacht, die ich zuvor erwähnt habe. Obwohl sich Ijob auf eine gewisse Schicksalsergebenheit stützt, entspringt sein Gebet, da es an die Hinfälligkeit allen Fleisches rührt, dem tiefsten Grund der Verbitterung und Angst (Ijob 10,1; 7,7–21; 9,28–31; 10,1–22; 13,20; 14,22; 30,20–23). Dazu kommt: So wie die Erfahrung des Exodus aus sich selbst den Spott der anderen nach sich zieht, so zeigt sich hier das scheinbare Glück der Übeltäter. Warum können sie uneingeschränkt genießen, warum können sie sich über Gott lustig machen? Diese Frage verletzt unsere Grenze, gibt uns das Empfinden, in krankhafter Weise bedürftig zu sein, ja als Dummköpfe oder Trottel im Leben dazustehen.

Allein das Gebet gibt uns dann die Kraft, die Prüfung zu bestehen. *Bleibt wach und betet, damit ihr nicht in Versuchung fallt, denn der Geist ist willig, aber das Fleisch ist schwach* (Mk 14,38). Das Fleisch ist schwach. Dies ist das Empfinden der Grenze allen Fleisches, unserer Hinfälligkeit. So hat es in tiefer Weise Paulus empfunden: *Aber damit ich mich wegen der Größe der Offenbarungen nicht überhebe, wurde mir ein Stachel ins Fleisch getrieben, ein Bote Satans, der mich mit Fäusten schlagen soll, damit ich mich nicht überhebe. Seinetwegen habe ich dreimal den Herrn angefleht, dass er von mir ablasse. Aber er hat mir erklärt: Es genügt dir meine Gnade; denn die Kraft wird in der Schwachheit vollendet. Ich will mich also viel lieber meiner Schwachheiten rühmen, damit die Kraft Christi bei mir Wohnung nimmt. Darum habe ich Gefallen an meinen Schwachheiten, an Schmähungen, Notlagen, Verfolgungen und Bedrängnissen um Christi willen; denn wenn ich schwach bin, dann bin ich stark* (2 Kor 12,7–10). Hier bittet Paulus darum, von der behindernden Grenze, der Hinfälligkeit, befreit zu werden, und begegnet der Logik des Kreuzes: Gott wird in der Schwachheit gegenwärtig.

Unser verwundetes Fleisch ist die »Tür« für das Offenbarwerden Gottes. Man muss sie einfach nur als solche erkennen und durch das Gebet der Offenbarung der Kraft »Raum lassen«. Unsere Grenze, unsere Hinfälligkeit kann durch das Gebet in ein Kreuz verwandelt werden. Dies ist das innere Wesen der paulinischen Logik. Und wenn Paulus von Grenzen spricht, beginnt er mit einer Erfahrung der Versuchung, das heißt, wie sie ihn »mit Fäusten schlägt«, und fährt dann fort, über andere, eher äußere Grenzen zu sprechen. Es ist alles dasselbe. Das Schlimme ist, wenn sich ein Mensch nur auf die äußeren Begrenzungen fixiert. Dann betet er nicht, er beklagt sich. So ist er nicht länger Diener des Evangeliums, er wird zum Opfer. Er spricht sich selbst heilig. Und hier ist jede Grenze aufgehoben. Er lernt, die Grenze hinter dem Weihrauch seiner eigenen Heiligsprechung verschwinden zu lassen. Das Opfer ist nicht Christus, sondern ich bin es. Dies ist der Beginn einer jeden Gotteslästerung ... und die Gotteslästerung ist der höchste Grad des Anti-Gebetes. »Wenn ein Mensch nicht mit Gott spricht, dann spricht er mit dem Teufel«, hat Léon Bloy gesagt. In der Erfahrung der Grenze und der Hinfälligkeit gibt es keine mittlere Position. Entweder Gebet oder Blasphemie. Und Fleisch, das sich an die Blasphemie gewöhnt hat, das für seine eigene Wunde und Sünde nicht mehr um Hilfe bitten kann, ist ein Fleisch, das auch nicht fähig ist, anderen in ihrer Verwundung zu helfen. Es wird sich vom anderen entfernen. Niemals wird es anderen, sondern nur sich selbst nahe sein. Selbst wenn es sein Leben Gott weiht, wird es dies tun, um diese Nähe zu sich selbst zu schützen – ein tief verankerter Egoismus, der es vor jedem Exodus, vor jedem Aufenthalt in der Fremde, vor jeder Wunde, vor jeder Grenze bewahrt. Dies ist die pharisäische Keimfreiheit: weder Virus noch Vitamin.

Der heilige Johannes vom Kreuz spricht beim Übergang von der »Nacht der Sinne« zur »Nacht des Geistes« (im Zusammenhang der Auslegung des letzten Verses der ersten Strophe seiner »Gesänge der Menschenseele«) von Unwettern und Mühsal. Und er weist (abgesehen vom schamlosen Geist der Unzucht, den er Engel des Satans nennt) auf den Geist der Blasphemie (der Selbstgenügsamkeit) und den *spiritus vertiginis* (den »Geist des Verdrehung«) hin, in dem die Seele von jeglichem Windstoß des Zweifels, des Skrupels, der

Leidenschaft und Unsicherheit hin und hergeworfen wird.[48]
Drei Grenzen, drei Wunden, drei Hinfälligkeiten im Moment
der höchsten Reinigung. Das Gebet ist das Sich-Öffnen für
die Gabe Gottes, und man muss darin selbst die Notwendigkeit dieser Gabe im eigenen Fleisch empfinden.

Zur vertiefenden Betrachtung im Gebet

*Seinetwegen habe ich dreimal den Herrn angefleht, dass er von
mir ablasse. Aber er hat mir erklärt: Es genügt dir meine Gnade;
denn die Kraft wird in der Schwachheit vollendet. Ich will mich
also viel lieber meiner Schwachheiten rühmen, damit die Kraft
Christi bei mir Wohnung nimmt. Darum habe ich Gefallen an
meinen Schwachheiten, an Schmähungen, Notlagen, Verfolgungen und Bedrängnissen um Christi willen; denn wenn ich schwach
bin, dann bin ich stark* (2 Kor 12,8–10).

[48] Vgl. Johannes vom Kreuz, *Die dunkle Nacht*. Vollständige Neu-
übersetzung. Sämtliche Werke, Bd. 1, herausgegeben und übersetzt
von Ulrich Dobhan, Elisabeth Hense und Elisabeth Peeters, Freiburg
im Breisgau [10]2010, Kap. 14, nr. 1–3, S. 89f. Der »Engel Satans« ist eine
Anspielung auf 2 Kor 12,7 (der Bote Satans, der Paulus schlägt, damit
er sich nicht überhebt), der »Geist der Verdrehung« auf Jes 19,14 und
2 Sam 21,11. [*Anm. der Redaktion*]

Ijob: Das Gebet in Wunden

Ijob ist der Prototyp des Menschen, der an die Grenze des Leids gestoßen ist, den die Worte der Weisen nicht zufriedenstellen und der deshalb mit Gott von Angesicht zu Angesicht sprechen will. Wenn Ijob Jesus am Kreuz hätte sehen können, hätte er seinen richtigen Gesprächspartner gehabt. Nur Jesus ist die Antwort auf Ijob, die Antwort eines barmherzigen Vaters, der aus Barmherzigkeit verwundet ist. Angesichts der Wunden Jesu kann einem der Gedanke kommen, dass der Vater die »Krankheit« der Barmherzigkeit hat: Die Selbstgabe des Vaters ohne jedes Maß, die der Sohn ist, eröffnet uns, indem sie selbst für immer verwundet ist, den Zugang zu einer Dimension väterlicher Barmherzigkeit, die für uns nur mit dem Wort »Krankheit« in dem Sinne bezeichnet werden kann, dass sie etwas ist, dem der Vater nicht widerstehen, gegen das er sich nicht wehren kann.

Deshalb ist unser durch die Sünde verwundetes Fleisch (Fleisch der verlorenen Söhne) die Tür zum durch Liebe verwundeten Fleisch (das Fleisch Jesu), das uns Zugang zum Vater allen Fleisches verschafft, zu dem, der es regnen lässt über Gerechte und Sünder und den Sohn, der heimkommt, mit Küssen bedeckt und in die Arme schließt.

Im Kapitel 13 wird Ijob sich darüber klar, dass sein Dialog mit Gott und nicht mit den Menschen stattfindet. *Seht! All das hat mein Auge wahrgenommen, mein Ohr gehört und es sich wohl gemerkt. Was ihr wisst, weiß ich auch; ich stehe euch nicht nach. Doch ich will zum Allmächtigen reden; mein Wunsch ist es, mich Gott gegenüber zu verteidigen. Ihr aber, ihr seid doch nur Lügentüncher, nur Ärzte, die nichts taugen, allesamt* (Ijob 13,1–4).

Ijob betet und setzt dabei sein Leben aufs Spiel (V. 14), und deshalb hat er das Recht, zu reden: *Lasst mich sprechen. Ich bin es, der jetzt reden wird!* (vgl. V. 13) Das Leid des Sohnes verleiht das Recht zum Gebet. Gott kann sich nicht weiter in Schweigen hüllen. *Dann lade vor und ich will Antwort stehen; will ich dann sprechen, so entgegne du* (V. 22). Der Mensch hat kein Recht darauf, dass Gott ihm seine Fragen beantworte, wenn er ohne Verstand von Wundern gesprochen hat, die sein Begreifen übersteigen (Ijob 42,3). Doch er hat sehr wohl das Recht, dass Gott ihn anhört, wenn er in seinen Wunden spricht. *So höre doch, ich will nun reden! Ich will dich fragen, du belehre mich!* (Ijob 42,4).

Dieses Gebet derer, die leiden, ist es, das den Vater veranlasst, zu sprechen. Und sein Wort lässt, wenn es einmal seinem Mund entströmt ist, nicht darin nach, wirksam zu sein, bis es zum fleischgewordenen Wort wird. In dessen Wunden wurden wir geheilt. Es ist hier der rechte Ort, um an den Hymnus der Vesper vom Mittwoch in der Karwoche zu erinnern:[49]

Ich komme, Herr, die feurigen Male
deiner leuchtenden heiligen Wunden weisen mir den Weg,
fünffach geöffnete, nie verwelkende Rosenblüten,
höchstes Sternbild aus fünf Sternen.

Ich komme, deine schönen Höhlen auszufüllen,
ihre stillen Hallen zu erkunden,
und mit wehen Zärtlichkeiten zu trinken
den Honig aus Aloe, den du in sie gelegt.

[49] Die vom Autor zitierten Hymnen werden im spanischen Sprachraum im Stundengebet der Kirche verwendet. Bei den Hymnen der Stundenliturgie unterscheiden sich regionalkirchliche Traditionen, so dass es keine geprägten Übersetzungen im Deutschen gibt.

Wenn der Mut mich verlässt und ich wehrlos bin
und in den Abgrund trüber Begierden zu stürzen drohe
und mich selbst verwundet sehe,

lass mich in deinen süßen Wunden ruhen
und in ihrem Innersten mich bergen
und in ihrer göttlichen Sanftheit Heilung finden.

Gottes Wort hat Schöpferkraft, und ein Wort von ihm, das er zum Menschen spricht, kann nur das fleischgewordene Wort sein. Doch um die Gabe eines fleischgewordenen Wortes zu empfangen, muss dieses Wort aus einer ebenfalls fleischlichen Bedürftigkeit heraus gehört werden, von einer Wunde aus, von der eigenen Schwachheit aus. Andernfalls würde das Fleisch überheblich werden. Dies ist der Grund, warum der Herr sagt, er komme zu den Kranken und nicht zu den Gesunden, deshalb heilt er unser krankes Fleisch und macht sich selbst zur Nahrung. Nur durch das Fleisch Christi gelangen wir zum Wort.

Im Exil und angesichts der eigenen Verwundung ist das Wort Trost, verleiht es Hoffnung (Ps 119,49). Das Wort ist die Zuflucht – Taubenflügel (Ps 55,7) –, wo wir sicher sind vor dem Geschwätz, den Schreien des Feindes (Ps 55,3–4). Von unserer Wunde aus finden wir durch das Wort, das Wunde geworden ist, Zugang zum Einzigen, der imstande ist, uns in seiner Barmherzigkeit zu trösten. Er weiß um unser vielfaches Exil (meine vielfache Flucht): *Sammle meine Tränen in deinem Krug!* (Ps 56,89).

Es geschah beim Mahl des Lammes,
als sie schon gegessen hatten,
kam das Zeichen zur Vollendung,
was bezeichnet war, begann.

Um den Seinen Gott zu zeigen
wie er ist – verwundet' Liebe –,
hat die Fülle aller Gnaden
in der einen er versteckt.

Brot und Wein, die Erdenstoffe,
hat er in die Hand genommen,
an des Brots und Weines Stelle
gab er ihnen Leib und Blut.

So ein Bissen Tod gebracht hat,
bringt ein Bissen auch das Leben;
so die Sünde uns vergiftet,
gab uns Gott den Trunk zum Heil.

Wie im Himmel so auf Erden
macht ein Fest, und freu dich, Schöpfung!
Den das All nicht kann umfassen,
meine Seele schließt ihn ein. Amen.

Das Fleisch auf seinem Weg
nach Hause

Als Adam das Paradies verließ, handelte es sich dabei nicht einfach um einen »Hinauswurf«. Sicher gab es die Dimension der Strafe, aber in Verbindung mit ihr auch die Verheißung. Adam würde zurückkehren ... Und seit diesem Tag hat sich Adam selbst in die Verbannung geschickt, um sein Erbe der Kenntnis von Gut und Böse auszugeben. Und seit diesem Tag bestieg auch der Vater die Terrasse der Geschichte, um den Horizont abzusuchen (Lk 15,20). Er wusste, wann dieser Sohn zurückkehren würde, er wusste gewiss, wann unser bereits gerechtfertigtes Fleisch zurückkehren würde, um in sein Haus, in seinen Tempel einzutreten (vgl. Lk 2,22–38). Er ist Vater, und ein Vater kennt die Ungeduld des Herzens, wenn es um das Leben seiner Kinder geht. Der Vater hielt nicht nur Ausschau, sondern erwartete mit bangem Herzen die Rückkehr des verlorenen Sohnes, der Menschheit. Und der Mensch auf seinem Weg trug diese Unruhe der Erinnerung an das Vaterhaus in sich, diese Unruhe, die ihn dazu antrieb, heimzukehren. Er war ein Umherirrender, aber ein Umherirrender, dem die Gabe der Orientierung geschenkt worden war ... und dieser Gabe gehorchend, suchte er in der neuerlichen Begegnung mit sich selbst einen Raum, um zu fragen, eine Erklärung zu finden, die Bedeutung dieses inneren Kompasses zu ergründen, doch er wusste dennoch nicht, was es damit auf sich hatte. Das heißt: Er betete ... und er betete um seine Rückkehr. Alles Fleisch geht seinen Weg. Und im Gebet kommt der Sinn seiner Existenz klar zum Vorschein, dieses »Wohin« und »Woher« und dieses »Was geschieht jetzt mit mir«, das im Herzen erwogen wird.

Wenn der Mensch sich diese Fragen stellt, dann bleibt Gott nicht einfach fern, um auf ihn zu warten, sondern er »kommt näher«, ist an seiner Seite. Gott, der Vater, »fasst« den Menschen da, wo dieser sich befindet, in seinen niedrigsten Bedürfnissen, um ihn zu einem anderen Wasser und zu einem anderen Brot hinzuführen (vgl. Joh 4,5 ff; 6)

Unser Vater wartet nicht nur auf uns, sondern er spornt zur Suche an, weckt die Nostalgie (*nostos-algos*)[50], das heißt das Heimweh, diesen inneren Impuls, zurückzukehren, der uns veranlasst, uns auf die Suche zu begeben.

Beten heißt, dieser Führung Raum zu geben, heißt, sich von Gott über unsere Ruhe und Unruhe hinausführen zu lassen. Wenn wir weiter oben sagten, dass das Gebet einen Exodus aus sich selbst und ein Aushalten des Exils und des Lebens in der Fremde bedeutet, dann können wir nun sagen, dass es eine Rückkehr ist, aber eine, die über den Heimweg, den wir uns vorstellen können, hinausführt.

Das Gebet entsteht innerhalb der Geschichte und aus dem Leben heraus. Beten heißt, im Licht des Glaubens die Geschichte des ganzen Exils, des ganzen Auszugs, des ganzen Weges zurück neu zu lesen. Der Pharisäer (Lk 18,9–14) betete außerhalb des Lebens, er wich dem Leben und der Geschichte aus (in seinem konkreten Fall betrachtete er sich selbst a-historisch, indem er sich als gerecht hinstellte; er betete am Rand des Lebens). Das Buch der Psalmen (und wir können für unsere Betrachtung irgendeinen Psalm daraus auswählen) ist ein Beispiel für das, was ich mit dem Ausdruck »im Leben beten« sagen will. Hier gibt es Freude, Lobpreis und Danksagung; es gibt Klage, Schmerz und Bitte;

---

[50] Im Griechischen heißt *nóstos* die Heimkehr und *álgos* der Schmerz. Nostalgie kann also wörtlich mit »Heimweh« übersetzt werden.

man findet auch Nachdenken über die Probleme des Lebens. Darüber hinaus kann man das Lied im Buch Exodus, Kapitel 15, meditieren (Ex 15,2–18; 22). Es wird eine historische Tatsache erzählt, und die Reaktion des Volkes Gottes ist überschwänglich. Es ist eine so starke Reaktion, dass sie nur poetisch zur Sprache gebracht werden kann (Poesie ist der Ausdruck der Ganzheit der Person). Wenn wir sehen, wie Gott in unserer persönlichen Geschichte siegreich ist, wenn wir die Freude empfinden, dass er ist und dass er uns führt (dies ist das Moment des Trostes im Gebet), dann spürt unser Fleisch eine neue Spannung: die Spannung zwischen dem In-sich-Sein und dem Aus-sich-Herausgehen, aber es ist ein anderes Aus-sich-Herausgehen als das des Exodus, des Auszugs aus sich selbst, es ist das Aus-sich-Herausgehen, das dem Jubel eigen ist. Im Gebet stellt sich diese Spannung zwischen der Ruhe und dem jubelnden Lobpreis ein, in dem man »außer sich ist«. Unser gesamtes Dasein vibriert im Glauben: Begeisterung, Freude, Lobpreis, Staunen. Jesus war außer sich: *Ich preise dich, Vater …* (Mt 11,25).

Doch damit sich dies einstellen kann, muss man sich im Klaren darüber sein, dass das, was die Treue eines Menschen zur Geschichte ausmacht, genau seine Erinnerung ist. Das Gebet in den Psalmen und in den biblischen Gesängen erwächst aus einer Geschichte, aus einem Handeln Gottes, das sich zutrug und in der Erinnerung festgehalten wird. Und gleichzeitig geht es darüber hinaus, denn es erkennt in der einzelnen göttlichen Tat eine sich durchhaltende Konstante, die sich als Schlüssel zur Deutung der Gegenwart anbietet und wie eine auf Zukunft hin offene Verheißung ist. Es gibt eine Spannung zwischen Zeit und Ewigkeit, zwischen Vergangenheit, Gegenwart und Zukunft. Die Erinnerung versetzt uns in Spannung und wendet auf die gegenwärtige Situation den Interpretationsschlüssel des Heilshandelns Gottes an, der in der Deutung der Gegenwart zur Verheißung für die Zukunft wird. Daher kommt es, dass das menschliche Fleisch, wenn es ins Gebet tritt, die Erinnerung freisetzt. Unser Fleisch ist der Erinnerung fähig. Und das Gedächtnis der Kirche ist exakt das Gedächtnis des leidenden Fleisches Gottes, das Gedächtnis des Leidens des Herrn, das eucharistische Gebet.

Eben weil das Gebet der Geschichte verbunden ist, ist es seiner Tendenz nach »Gebet des Volkes«. Im Gebet haben wir es mit dem Phänomen zu tun, dass sich das Persönlichste von uns selbst mit dem Universalsten vereint. Die Spannung zwischen besonders und allgemein oder universal begründet uns einerseits in der Dimension des Personseins und befreit uns zugleich vom Individualismus. Wir sind Personen: Ich als der voll für seine Handlungen Verantwortliche, aber ich in ein Volk integriert. Wenn unser Fleisch seine wirkliche Verantwortung und gleichzeitig seine Zugehörigkeit zum Volk empfindet, dann »betet es in Gemeinschaft«, auch wenn man allein ist. Das gemeinschaftliche Gebet besitzt eine besondere Wirkung (Mt 18,9). Jesus wird nicht müde, das zu wiederholen. Es ist das Gebet des Fleisches im Exil, von seiner Heimat entwurzelt, auf dem Weg zu seinem endgültigen Vaterland, im Bewusstsein seiner Zugehörigkeit zu etwas, das jenseits der Grenzen seiner Haut liegt: seiner Zugehörigkeit zum Volk Gottes.

Die Jünger haben das verstanden, deshalb waren sie *eifrig und einmütig im Gebet* (Apg 1,14), und in den schwierigen Momenten der Urkirche spielt das Gebet wahrhaftig die Hauptrolle auf dem Weg zu Gott. Man betet um den Ersatz für Judas (Apg 1,24–26); für die Wahl der Sieben (Apg 6,6); die Zwölf werden von der Arbeit dispensiert, um sich dem Gebet und der Verkündigung des Wortes widmen zu können (Apg 6,4); die Gemeinde betet um die Befreiung des Petrus und des Johannes (Apg 4,24–30); Petrus und Johannes beten für die von Philippus in Samaria Bekehrten und Getauften (Apg 8,15). In verschiedenen Situationen findet man Petrus, das Haupt der Kirche (Apg 9,40; 10,9), und Paulus (Apg 9,11; 13,3; 14,23; 20,36; 21,5) betend vor.

Man betet nicht nur in entscheidenden Situationen, man betet nicht nur in Gemeinschaft, um auf diese Weise an die Erinnerung des Volkes Gottes anzuknüpfen, sondern umgekehrt ist das Gebet seinerseits zusammen mit dem Hören auf das Wort, der geschwisterlichen Gemeinschaft und dem Brotbrechen eine tragende Säule des Gemeinschaftslebens (Apg 2,42–48). So stellt man sich in die Erinnerungsgemeinschaft des Volkes Gottes, und die Universalität der Gemeinde wächst, indem sie sich im Gebet mit jedem einzelnen Gläubigen verbindet. Man betet zusammen, indem man das Wort hört und im Gedenken an das Leiden des Herrn die Liebe übt.

Dieses Wachsen der Gemeinde in der Einheit hat keine Grenzen, es geht immer über das Vorhergesehene hinaus. Deshalb ist die Kirche grundlegend extensiv (extensiv auch nach innen, zu den Herzen der Gläubigen hin). Man betet für die ganze Welt, auch für die Feinde und die Verfolger (Mt 5,44; Lk 6,27–28). Doch das größte Beispiel für dieses Wachstum der Universalität der Kirche im Gebet gibt uns Jesus selbst mit seinem Abschiedsgebet (Joh 17). Hier wird der wahre kirchliche Horizont entworfen. Er geht von der Gemeinschaft des dreifaltigen Gottes aus und erstreckt sich bis zur Einheit der Kirche. Hier findet die Universalität ihren höchsten Ausdruck. Die Einheit bildet sich in Universalität nach dem Beispiel der Gemeinschaft des Vaters, des Sohnes und des Heiligen Geistes heraus. Das Ich-Du (Vater-Sohn) öffnet sich in einer fortschreitenden Bewegung der Ausdehnung und umfasst die Jünger (Joh 17,11), alle Gläubigen (17,20f), die Welt (17,23). Jesus betet darum, dass die gegenseitige Teilhabe von

Ich und Du sich auf die Kirche ausdehne (17,21.23.36), damit die Gemeinschaft der Gläubigen in den inneren Dialog der Dreifaltigkeit Gottes aufgenommen werde. Nicht nur, damit seine Jünger untereinander eins seien, sondern dass ihre Einheit die reale, geschichtliche, sichtbare Verlängerung der Liebesgemeinschaft sei, die das Geheimnis Gottes ausmacht.

Zur vertiefenden Betrachtung im Gebet

Ich bin nicht mehr in der Welt; aber sie sind in der Welt und ich gehe zu dir. Heiliger Vater, bewahre sie in deinem Namen, den du mir gegeben hast, damit sie eins sind wie wir ... Alle sollen eins sein, wie du, Vater, in mir bist und ich in dir, damit auch sie in uns eins sind und die Welt glaubt, dass du mich gesandt hast. Und ich habe die Herrlichkeit, die du mir gegeben hast, ihnen gegeben, damit sie eins sind, wie wir eins sind, ich in ihnen und du in mir. So sollen sie zur vollendeten Einheit gelangen, damit die Welt erkennt, dass du mich gesandt und sie geliebt hast, wie du mich geliebt hast (Joh 17,11.21–23).

Simeon: Sich führen lassen

Das Fleisch des Simeon, müde vom Leben, Fleisch, das von den Leidenschaften und von den Versuchen, Kontrolle auszuüben, zu Gott zurückgekehrt ist, Fleisch, das sich vom Geist führen lässt, der ihm Trost verheißt, ist der Prototyp des Gebetes, das sich von Gott führen lässt. Lukas hebt in seiner Erzählung die Tatsache überdeutlich hervor, dass Simeon »vom Geist geführt« zum Tempel kommt (vgl. Lk 2, 25–27)

Simeon ist das menschliche Antlitz des barmherzigen Vaters. Während der Vater des verlorenen Sohnes dessen Rückkehr von der Sünde erwartet, zu der er sich freiwillig ins Exil begeben hat, ist Simeon der Vater, der nicht auf die Rückkehr, sondern auf die Ankunft des neuen Fleisches des Sohnes wartet, der sich auch freiwillig ins Exil begibt, um uns zu retten (vgl. Phil 2,1–7, Hebr 1,3).

In Simeon erwacht alle Erwartung der Propheten, insbesondere die des Jesaja, des unermüdlichen Propheten des neuen Exodus des Volkes, zur Blüte.

Und das Fleisch dieses neugeborenen Säuglings ist Licht, um die Völker zu erleuchten. Wie kann das Fleisch Licht sein? Unser Bild von der Welt, alles, was wir als Projektion entwerfen, unsere Träume sind an die Geschichte unseres Fleisches gebunden. Oft sind wir entwurzelt und leben versklavt in einem fremden Land unserer Komplexe, ohne uns dazu aufzuraffen, zu dem Punkt zurückzukehren, an dem die Sünde unsere Seele verfinstert hat. Im Fleisch Christi ohne Komplexe, diesem von Maria erzogenen Fleisch, auf dessen Lächeln kein Schatten der Sünde lag, findet man die erleuchtete Tür, um zu unserem Fleisch zurückzukehren, so wie es dem

Traum unseres Schöpfers entspricht: aus Lehm, aber nach seinem Bild und Ebenbild.

Das Fleisch ist der Schlüssel zur Deutung eines jeden Lebens, und das Fleisch Christi ist der Schlüssel zur Deutung der gesamten Heilsgeschichte. Simeon sieht die Herrlichkeit Gottes im Fleisch des Kindes und muss nun nichts weiter mehr sehen in dieser Welt: Er kann in Frieden gehen. Er ist ein »Geführter, der selbst führt«. So stellt ihn die Liturgie vor: *Senex puerum portabat, puer autem senem regebat.* »Der Greis trug das Kind auf dem Arm, doch das Kind war es, das den Greis lenkte.«[51]

Simeon erwartet den Trost Israels. In seinem alten Herzen ist die Verheißung nicht gealtert, und die Worte des Jesaja finden darin ihren Widerhall: *Tröstet, tröstet mein Volk, spricht sein Gott. Sprecht zum Herzen Jerusalems* (Jes 40,1–3). Damit beginnt Händel seine musikalische Betrachtung über den Messias. Er hat etwas verstanden. Mit derselben Heiterkeit, aber gereinigt durch die Tränen seiner langen künstlerischen Besinnung, schließt er mit demselben Trost, der nun Gewissheit ist: »I know, that my Redeemer liveth« (*Ich weiß, dass mein Erlöser lebt,* Ijob 19,25–26).[52]

Das Fleisch ist wie das verwelkende Gras, aber das Wort des Herrn bleibt für immer bestehen (Jes 40,6–8). In Simeon erfüllt sich die Verheißung, dass die Herrlichkeit des Herrn offenbar werden wird und alle Menschen sie schauen werden (40,5). Ihm kommt es zu, das Kind in seine Arme zu nehmen und den Vater mit der ersten eucharistischen Geste des Lukasevangeliums zu preisen, und auch, zum Herzen Marias zu sprechen: *Sprecht zum Herzen Jerusalems* (40,2).

[51] Aus der Mess- und Stundenliturgie zum Fest der Darstellung des Herrn (2. Februar). *[Anm. der Redaktion]*

[52] Georg Friedrich Händel (1685–1759), Oratorium *Der Messias* (1742). *[Anm. der Redaktion]*

Damals lebte in Jerusalem ein Mann namens Simeon. Er war ge-
recht und gottesfürchtig und wartete auf den Trost Israels und der
Heilige Geist ruhte auf ihm. Ihm war vom heiligen Geist offenbart
worden, er werde den Tod nicht schauen, bevor er den Messias des
Herrn gesehen habe. Er kam vom Geist getrieben in den Tempel
und als die Eltern das Kind Jesus hereinbrachten, um nach dem
Brauch des Gesetzes an ihm zu tun, nahm er es in seine Arme
und lobte Gott:

Nun entlässt du deinen Diener, Herr, nach deinem Wort in
Frieden;

denn meine Augen haben dein Heil gesehen, das du vor allen
Völkern bereitet hast,

ein Licht zur Offenbarung für die Heiden und als Herrlichkeit
für dein Volk Israel (Lk 2,25–37).

Das Geheimnis des Zugangs zu Gott

Das Nachdenken über die Dreieinigkeit Gottes führt uns dazu, nicht nur die Universalität der Kirche, sondern die drei göttlichen Personen zu betrachten. Zuweilen stelle ich die Frage: »Zu wem beten Sie?« Und leicht erhält man die Antwort: »Zu Gott.« Natürlich verbirgt sich hinter diesem Wort »Gott« meistens die Gestalt des Vaters oder Jesu selbst ... Doch es gibt auch Menschen, die so zu Gott beten, als beteten sie zum Wesen Gottes. Und das ist kein Beten. Das Gebet des Christen ist grundlegend persönlich, vollzieht sich von Person zu Person. Man betet zum Vater, zum Sohn oder zum Heiligen Geist. Mehr noch: Jede der göttlichen Personen der Dreieinigkeit hat in unserem Gebet ein jeweils anderes Verhältnis zu uns.

Zunächst sollte man sich klarmachen, dass es Gott selbst ist, der unser Gebet in-spiriert. Es ist der Heilige Geist, der uns das eingibt, was der Vater hören will. Er kommt uns in unserer Schwachheit zu Hilfe und gibt uns das ein, was sich dem Ratschluss Gottes gemäß zu bitten geziemt (vgl. Röm 8,26–27). In besonderer Weise macht uns der Geist die Tatsache bewusst, dass wir Kinder Gottes sind, befreit uns so von der Furcht und Angst und macht es uns möglich, Gott vertrauensvoll (freimütig) als Vater anzusprechen, wie es der Sohn uns gelehrt und wie es Jesus selbst getan hat (Gal 4,6; Röm 8,15). Im Geist beten heißt, sich der Notwendigkeit dieser Gegenwart in uns bewusst sein. Die Gefährdetheit unseres Lebens als Christen veranlasst unser Bittgebet, das heißt, sie begründet die Notwendigkeit, uns der Bitte um Hilfe zu öffnen, und darin wird uns der Heilige Geist gegeben, der uns beim Bittgebet, bei der Anbetung, bei der Danksagung, bei der Betrachtung führt.

Jesus spricht im Evangelium von der Sünde wider den Heiligen Geist, und er bezeichnet sie als sehr schwer: Sie kann nicht vergeben werden (Mt 12,31). Warum? Zunächst kann man sagen, dass es Vergebung für die Sünde wider den Vater gibt (denken wir an das Gleichnis vom verlorenen Sohn); dass Jesus am Kreuz vergeben hat (die Verleugnung des Petrus usw.). Aber warum findet die Sünde wider den Heiligen Geist keine Vergebung?

Die Stelle aus dem Lukasevangelium, Lk 11,9–13, kann uns helfen, der Antwort näher zu kommen. Hier spricht Jesus zu uns über die Notwendigkeit, im Gebet nicht nachzulassen: Er versichert uns: *Darum sage ich euch: Bittet und es wird euch gegeben; sucht und ihr werdet finden; klopft an und es wird euch aufgetan. Denn jeder, der bittet, empfängt, und wer sucht, findet, und wer anklopft, dem wird aufgetan. Wo ist unter euch ein Vater, der, wenn ihn sein Sohn um einen Fisch bittet, ihm statt des Fisches eine Schlange gäbe? Oder wenn er um ein Ei bittet, ihm einen Skorpion gäbe? Wenn nun ihr, die ihr böse seid, euren Kindern gute Gaben zu geben wisst, wie viel mehr wird euer Vater im Himmel heiligen Geist denen geben, die ihn bitten.*

Der Heilige Geist ist die Gabe, die Gabe des Vaters und des Sohnes, die der Gemeinde, die eifrig im Gebet ausharrt, verheißen ist und gesandt wird (Apg 2,1ff). Und wider den Heiligen Geist sündigen heißt gegen die Gabe des Vaters und des Sohnes, gegen die Gabe schlechthin sündigen. Es heißt, gegen die unendliche, ungeschuldete Freigebigkeit der Liebe Gottes zu sündigen – eine ungeschuldete Freigebigkeit, die selbst Person ist. Es heißt, zu missachten, dass diese Freigebigkeit notwendig ist, um uns im Sein zu halten, es heißt zu glauben, dass wir uns selbst genug sind, um das zu erreichen, was wir wollen, es heißt, sich zu erdreisten, uns an

Gott zu wenden und Gerechtigkeit einzufordern, denn *Ich bin kein Sünder so wie dieser Zöllner hier,* es heißt, leben zu wollen, ohne zu beten, oder besser gesagt: das Gebet zu einem Deal, zu einer Transaktion mehr in unserem Leben, zu machen. Das ist in grundlegender Weise Gotteslästerung, denn es heißt, dem Vater und dem Sohn zu sagen: Danke, dass ihr mich geschaffen habt, danke, dass ihr mich erlöst habt, aber nun wende ich mich, gestützt auf dieses Kapital, das ich von euch empfangen habe, mit euch auf Augenhöhe an euch ... denn ich kann es. Und darin liegt die Blasphemie, denn niemand kann sagen »Jesus« und ihn als Herrn anrufen, wenn nicht vom Heiligen Geist in-spiriert (1 Kor 12,3). Jede andere Art, den Namen Jesu auszusprechen, heißt, eine Blasphemie gegen ihn begehen, heißt, »Jesus« zu sagen ohne den Geist Jesu.

Beten im Geist heißt also, in seinem Inneren zustimmen, dass das Gebet eine Gabe ist, die von der großen Gabe des Vaters geschenkt wird. Beten kann man nur, wenn man sich für dieses Geschenk öffnet wie ein Kind zu Weihnachten. Sein ganzes Herz ist bereit dafür, Geschenke zu bekommen, denn es weiß, was es nicht hat, und es weiß, dass es ihm geschenkt werden wird. Im Geist beten heißt glauben, dass Gott seinen Geist auf alles Fleisch ausgießen wird (vgl. Apg 2,17).

Deshalb bitten wir den Vater durch den Sohn im Heiligen Geist. In den Paulusbriefen (vielleicht mit Ausnahme von 2 Kor 3,8 und Eph 5,19) ist der letzte Adressat des Gebetes der Vater. Christus hat einen besonderen Platz im Gebet als Mittler. Im Namen des Herrn Jesus beten (Kol 3,17; Eph 5,20) bedeutet mehr, als sich Jesus im Gebet zu empfehlen oder seinen Namen anzurufen; es bedeutet, zusammen mit Jesus beten: Die Söhne und Töchter beten im Sohn, die geliebten Kinder im einzigen geliebten Sohn. Im Namen Jesu: *Alles, worum ihr in meinem Namen bittet ...* (vgl. Joh 14,13–14; 15,16;

16,14–26) hat genau diese Bedeutung, denn es setzt eine reale Verbundenheit mit Jesus voraus, und zwar nicht nur ein abstraktes Kennen oder eine gefühlsmäßige Verbindung, sondern eine Verbundenheit im Leben (wie die Rebe am Weinstock). Das beinhaltet eine Teilhabe am Leben Jesu, die sich konkret in der Liebe zueinander verwirklicht (Joh 15,16). Wir müssen Christus verbunden und wie Christus verbunden sein, im Wissen darum, dass wir vom Vater geliebt werden, wie er geliebt wird (Joh 16,27). Und wenn die Kraft und die Möglichkeit eines jeden Gebetes genau darin gründen, dass man den Beistand des Geistes zulässt, dann bildet diese Identifikation mit Christus die Atmosphäre, in der jedes Gebet stattfindet. In ihm haben wir Zugang zum Vater und nennen ihn so, wie er ihn genannt hat: *Abba, Vater* (Mk 14,36). Daher kommt es, dass das christliche Beten nur ein Beten im Geist der Kindschaft sein kann. Im Gebet spürt unser mit dem Fleisch des göttlichen Wortes sich identifizierendes und vom Geist bewegtes Fleisch die Sehnsucht des Vaters. Dies ist das Geheimnis, das im Gebet offenbar wird und das uns die einzigartige Gemeinschaft mit dem Vater im Geist und durch den Sohn verheißt (Das heißt: durch die Teilhabe an diesem wunderbaren Tausch: Er nimmt unser Fleisch an, und wir empfangen seinen Geist).

So sind wir aus jeder Sklaverei und vor allem aus aller Angst befreit. Wir sind frei und mit der Freiheit ausgestattet, die uns zur Rückkehr aus unserem Exil ermutigt. In Freiheit kehren wir zurück, denn durch die Kraft des Wortes Gottes haben wir verstanden: Wenn wir bekennen, dass wir gegen den Himmel und gegen dich gesündigt haben, dann wird uns ein Fest bereitet. Der Vater sieht hinter unserem verwundeten Fleisch den Sohn, der für uns zur Wunde geworden ist. Diese Freiheit geht noch weiter: Da wir uns »angenommen« wissen, lassen wir dem Geist mehr Raum, der uns zu dieser so freien Art zu beten ermutigt, die so sehr die Art des Herrn (des Sohnes) des Hauses ist: die Fürbitte. Denn wir sind uns dieser Vertrautheit mit dem Vater (dieses Zu-Hause-Seins, dieses Zur-Familie-Gehörens) nicht bewusst, wenn wir nicht häufig Fürbitte halten.

Alle großen Männer und Frauen Gottes sind Fürsprecher. Die Fürbitte hat teil an der Tugend des Sauerteigs (Jesus bittet uns, in der Welt zu sein wie der Sauerteig im Brotteig ...) Die Fürbitte ist wie der Sauerteig im Schoß der Dreieinigkeit. Abraham bittet für Sodom (Gen 18,22–32). Die Vernichtung der Stadt in Feuer und Schwefel steht bevor ... und sie sprechen miteinander. Dies geschieht nur im Glauben, der diese Art des vertrauten Umgangs und der Beharrlichkeit in der Zwiesprache allererst ermöglicht. Mose macht dasselbe. Denken wir an seine erhobenen Hände, die den Sieg gegen Amalek bewirkten (Ex 17,8–13), oder denken wir daran, wie er in der Wüste angesichts der Sünden seines Volkes interveniert und um Vergebung bittet (Ex 32,11–14.30.34; Num 14,10–20; 16,22, 21,7). Die Fürsprache in Exodus 32 ist dramatisch, fast wie ein Kampf zwischen Mose und Gott, und Mose benutzt die klassischen Argumente, um Gott umzustimmen, »zu bekehren«. Er appelliert an die Liebe Gottes *(Es ist dein Volk ...)*, an die Treue Gottes *(Denk an die Verheißungen ...)*, an seine Herrlichkeit *(Was werden die anderen Völker sagen, wenn du das Volk, das dir gehört, verlässt?)*. Das Ergebnis ist der Sieg des Gebetes: Den Herrn reute das Böse, das er seinem Volk angedroht hatte (Ex 32,14). An dieser Stelle möchte ich wiederholen, was ich schon früher gesagt habe: Nicht Gott ist es, der seine Meinung ändert, sondern der Mensch. Im Gebet gelangt er von der Kenntnis des zornigen Gottes zu der des Gottes der Vergebung. Mose hat das wahre Antlitz Gottes entdeckt: das Antlitz der Treue und der Vergebung. Und er hat die Sünde des Volkes in rechter Weise zu deuten gewusst.

Die Fürsprache macht den Weg frei, macht es möglich, dass sich dieses Antlitz Gottes zeigt, von dem er will, dass wir es suchen.

In der Fürbitte lassen wir uns ein auf den Zugang zum Vater, wir entdecken neue Facetten, die auf konkrete Situationen zurückwirken und sie verändern. Es ist wahr: Menschlich gesprochen können wir sagen, dass »sich Gottes Herz durch die Fürbitte bewegen lässt«, doch in Wirklichkeit kommt er uns dabei immer zuvor, denn »er hat uns zuerst geliebt«, und was wir durch unsere Fürbitte zu bewirken vermögen, ist, dass sich seine Macht, seine Liebe, seine Loyalität, seine Treue (die sich nie ändern kann, denn er ist immer treu) in den Dingen deutlicher und kreativer zeigen.

Deshalb setzt die Fürbitte eine Vertrautheit, diesen Freimut voraus, wovon ich zuvor gesprochen habe. Mose sprach zu Gott, als ob er den Unsichtbaren vor Augen hätte (Hebr 11, 27). Und er hat ihn tatsächlich gesehen … Gott sprach zu ihm von Angesicht zu Angesicht wie zu einem Mann seines Vertrauens (Num 12,6–8; Ex 33,11; Dtn 34,10). Jemand sagte: »Das Gebet ist ein Stehen vor Gott, um diese tiefen Quellen der Liebe auch in Situationen zu entdecken, in denen der Logik der Geschichte zufolge das Schema von Sünde, Bestrafung und Verfluchung greifen müsste.« Jesus selbst gibt uns ein Beispiel für die Fürsprache: Er bittet für Petrus, damit dessen Glaube nicht erlischt (Lk 22,32); er bittet darum, dass der Vater den Geist senden möge (Joh 14,16); er bittet für die, die ihn ans Kreuz schlagen (Lk 23,34) … Und vergessen wir nicht, dass wir nur im Fürbittgebet die Möglichkeit besitzen, den Menschen vom Dämon zu befreien (Mk 9,29).

Die Fürbitte ist die »Deësis«, wie sie uns die Ikonen darstellen: Maria, die Kirche, zu Füßen des Herrn, das Haupt leicht vor der Herrschaft des Christus Pantokrator mit dem aufgeschlagenen Buch geneigt; sie hat die Hände ausgebreitet und für die Gabe Gottes geöffnet, die grundlegend und in ihrer Fülle der Heilige Geist ist.[53]

Der Prüfstein für die Echtheit des Fürbittgebetes ist der Lobpreis: Man hält Fürsprache, indem man lobpreist. Andernfalls könnte sich hinter den »Bitten« anstatt einer wirklichen Fürsprache die Heuchelei verbergen, die mit langen Gebeten nur eine unersättliche Gier verdeckt (Mk 11,24–25). Der Lobpreis ist wie eine Gewähr dafür, dass unsere Fürbitte nicht berechnend ist. Er ist die Luft, die wir atmen müssen, wenn wir im Vertrauen und in Vertrautheit im Geist und durch den Sohn vor den Vater hintreten.

Wir können uns dem Thema des Lobpreises nähern, indem wir die Lieder aus dem Jesajabuch betrachten (Jes 42,10–17; 45,20–25). In jedem Lobpreis steckt das Bewusstsein der Gabe. Daher kommt es, dass ein jedes Bittgebet im Lobpreis die Dimension der Kontemplation hat. In den Lobpsalmen wird um nichts gebeten, sondern es wird vielmehr die Freude, die Hingabe an Gott, die Danksagung zum Ausdruck gebracht und die schlichte Tatsache besungen, dass es ihn gibt. Gott ist der Schöpfer, der alle Dinge und den Menschen gut gemacht hat (Ps 8 und 104). Gott wacht über die Gläubigen (Ps 33 und 92). Gott hütet seine Herde (Ps 23), verteidigt sein Volk (Ps 27), teilt nach dem Maßstab der Gerechtigkeit aus (Ps 77), zeigt ständig seine Liebe zu den Menschen (Ps 103). Lobpreisen heißt, sich selbst dazu ermutigen, die ungeschuldete Freigebigkeit Gottes nachzuahmen. Deshalb fällt im Lobpreis die Last von unserem Fleisch, es wird leicht, es ist stärker in Anbetung versunken und uneigennütziger ... es singt einfach.

---

[53] *Deësis* (griechisch), wörtlich »Gebet«, »Bitte«, bezeichnet in der Ikonografie die Darstellung des Weltenrichters Christus mit der Gottesmutter Maria zu seiner Rechten und Johannes dem Täufer zu seiner Linken, ein im byzantinischen Christentum mit seinen Ikonen ebenso wie im Abendland verbreitetes Motiv. [*Anm. der Redaktion*]

So beginnt Paulus die meisten seiner Briefe mit einem tiefen Lobpreis: Er ist die Grundlage für alles, was folgt, die Atmosphäre, in der er sich bewegt und atmet.

Der größte Lobpreis, dessen wir dem Vater gegenüber fähig sind, ist die Darbringung des Leidens seines Sohnes. Unser sündiges Fleisch in der Verbannung bringt die Wunden des Fleisches des göttlichen Wortes dar. Daher kommt es, dass der Lobpreis die Form der Danksagung und des Segensspruches *(Eulogia, Eucharistia)* annimmt (vgl. Mk 6,41; 14,23). Er entspringt demselben klaren Empfinden für die Gabe Gottes und schließt mit der Bekräftigung der geschwisterlichen Verbundenheit der Gläubigen. Wenn man den Segen spricht, dann verzichtet man darauf, sich als der Eigentümer der Güter um uns herum zu betrachten, in deren ausschließlichem Besitz wir sind. Der wahre Eigentümer ist Gott: *Ich preise dich, Vater* (Mt 11, 25–26; Lk 10,21). Das griechische Verb *exomologein*, das hier verwendet wird, meint anerkennen, Dank sagen, bewundern, sich freuen, lobpreisen. Die Klugen, diejenigen, die sich für Eigentümer halten, lehnen Jesus ab ... und die Demütigen nehmen ihn auf. Er selbst spricht dem Vater die Macht zu, indem er ihn preist (vgl. die Auferweckung des Lazarus, Joh 11,41). Der Lobpreis gedeiht nur in denen, die in der eigenen Geschichte die Gegenwart Gottes zu sehen vermögen, der Wunder vollbringt.

Der Zugang zum Vater ist frei. Unser Fleisch, durch das Leiden Christi gerechtfertigt und durch den Geist ermutigt, betritt voll Vertrauen (in Freimut) das Heiligtum. Der Schleier verhüllt nichts mehr, alles liegt offen zutage. Im Gebet geschieht etwas Ähnliches wie bei der Bekehrung. Ich denke an den Satz von Paul Claudel: »Je vois l'Église ouverte, il faut entrer« (»Ich sehe die Kirche offen. Man muss eintreten«). Wenn wir den Hebräerbrief lesen, dann verstehen wir besser, was dieser freie Zugang allen Fleisches zum Vater bedeutet.

Singt dem Herrn ein neues Lied,
sein Lob bis zu den Grenzen der Erde.
Es jauchze das Meer mit allem, was es belebt,
die Inseln und ihre Bewohner.
Dem Herrn sollen sie die Ehre geben
und auf den Inseln sein Lob verkünden.
Der Herr zieht aus wie ein Held,
wie ein Krieger entfacht er seinen Eifer.
Er stößt den Kriegsschrei aus, lässt den Schlachtruf erschallen
und geht mannhaft gegen seine Feinde vor.
Ich führe Blinde auf dem Weg
und lasse sie auf unbekannten Pfaden schreiten.
Das Dunkel mache ich vor ihnen zu Licht
und wandle das Holperige zu ebenem Weg.
Das ist es, was ich tue, und ich lasse davon nicht ab.

   (Jes 42,10.12–13.16)

Judit: Der freie Zugang zu Gott

Die Jüdin Judit ist die typische Vertreterin des wahren Israel, die starke Frau, die das Schicksal ihres Volkes verkörpert und es durch die Wechselfälle der Geschichte hindurch voranbringt. Sie ist die Frau des freien Zugangs, des Freimuts. Der Verfasser stellt uns Judit vor, nachdem er eine Situation geschildert hat, in der die Würfel bereits gefallen zu sein scheinen: Die Belagerung der mythischen Stadt Betulia (ähnlich wie Comala oder Macondo)[54] durch die Heere des Holofernes, in der die Leute ohne Wasser sind, veranlasst das Volk (die Versammlung oder *ekklesía*), von Usija die Kapitulation zu fordern. Der gute Wille Israels, vor dem Feind nicht zurückzuweichen, wird von diesem bis zur Grenze des Vernünftigen strapaziert: *Habt Mut, Brüder! Wir wollen noch fünf Tage aushalten. In dieser Zeit wird uns Gott sein Erbarmen zuwenden; denn er wird uns nicht ganz verlassen. Wenn uns dann aber keine Hilfe zuteil geworden ist, handle ich nach euren Worten!* (Jdt 7,30f).

Judit wird als eine außerordentlich schöne und würdevolle Witwe dargestellt, deren Mann an einem Hitzschlag gestorben war, und von ihrem Flachdach aus, wo sie sich verschanzt hatte, nimmt sie alle Stimmen wahr, die sich aus ihrem Volk erheben. Die souveräne Art Judits zeigt sich in ihren Ausführungen gegenüber den Ältesten, die sie rufen

---

[54] *Comala* ist eine kleine Stadt in Mexiko, die wegen ihrer Schönheit auch die »weiße Stadt« oder die »magische Stadt« genannt wird; hier spielt der Roman *Pedro Páramo* des mexikanischen Schriftstellers Juan Rulfo. *Macondo* ist der fiktive Ort, der den Hauptschauplatz von Gabriel García Márquez' berühmtem Roman *Hundert Jahre Einsamkeit* bildet. *[Anm. der Redaktion]*

lässt (Jdt 8,10ff). Menschliche Klugheit ist Torheit, denn *Gott kann nicht wie ein Mensch bedroht oder wie ein Menschenkind beeinflusst werden. Während wir auf seine Rettung warten, wollen wir ihn um Hilfe anrufen. Dann wird er unser Flehen erhören, wenn es ihm gefällt* (Jdt 8,16f).

Die Hoffnung Judits liegt darin begründet, dass Israel erkennt, dass Gott der einzige Gott ist, und keine anderen Götter anbetet (Jdt 8,19). Doch diese Erkenntnis ist keine Sache des Verstandes, sondern sie ist eingeprägt in das zur Erinnerung fähige Fleisch: *Bedenkt, wie er mit Abraham verfuhr, wie er Isaak prüfte und wie es Jakob im syrischen Mesopotamien erging, als er die Schafe Labans, des Bruders seiner Mutter, weidete! Denn wie er jene zur Erprobung ihres Herzens im Feuer geläutert hat, so bestraft er auch uns nicht, sondern der Herr züchtigt seine Freunde, um sie zu warnen* (Jdt 8,26f). Die Erinnerung dieser Frau ist mehr, als oberflächlich an etwas denken. Es ist ein verborgener Schatz, der Fleisch geworden ist und der sie zu den Wegen inspiriert, denen es zu folgen gilt. Auf der Grundlage dieses »katholischen Erinnerns« (Erinnerung an das Vergangene, um Gott neue Räume zu erschließen) deutet Judit die Gegenwart neu. Sie aktualisiert die Heilsgeschichte und findet die Orientierung, die ihrer Hoffnung eine tragfähige Basis verleiht. Sowohl ihr Gebet als auch ihr Handeln sind erinnerungsgesättigt. Mehr noch: Sie kann sich dem lebendigen Gott genau deshalb nähern, weil sie eine Frau aus zur Erinnerung fähigem Fleisch ist.

Betulia – der Rest Israels – kann nicht verhandeln, denn wenn die Stadt fiele, dann fiele ganz Judäa. Betulia muss als Rest Israels seinen Brüdern Zeugnis davon geben, *dass wir für ihr Leben einstehen und dass das Heiligtum, der Tempel und der Altar sich auf uns verlassen können!* (Jdt 8,24). Judit deutet aus einer Perspektive des Glaubens das neu, was der Autor vorher »soziologisch« dargestellt hat. Der Blick des Glaubens sagt ihr, dass dies eine Prüfung Gottes für diejenigen ist, die sich ihm nahen.

Diese Deutung ist, wie Usija sagt, sehr zutreffend und vernünftig, aber sie würde es, soll sie sich wirklich bewahrheiten, erforderlich machen, dass Judit für ihr Volk eintritt und ihr Leben dafür riskiert. Ohne ihr persönliches Eingreifen wäre die gute Absicht ihrer in der Erinnerung verwurzelten Deutung nicht glaubwürdig.

Deshalb wird Judit, die vor den Ältesten äußerst souverän auftritt, vor Gott zu einer armen Witwe (Jdt 9,4), die darum bittet, dass er an die Schmähungen denkt, die seine Dienerin über sich ergehen lassen musste, und dass er den Feind in seiner Überheblichkeit durch die Hand einer Frau schlagen möge (9,10). Und Holofernes gegenüber erweist sie sich als arglos wie eine Taube und listig wie eine Schlange.

Judit ist der Prototyp des Menschen, der mit Gott und den Menschen zu sprechen versteht, der alles sagt und sich als ein freier Mensch nähert, der Prototyp des Menschen mit vertrauensvollem Mut, mit Freimut. Die Ihren weist sie zurecht und belehrt sie, dem Feind schmeichelt sie und täuscht ihn geschickt, aber ohne zu lügen, denn immer wenn sie »mein Herr« sagt, bezieht sie sich auf Gott (Jdt 11,5).

Judit betet, während sie handelt. Vor und nach der Enthauptung des Holofernes ruft sie den Herrn an, was ihrem Tun eine wahrhaftige Dramatik verleiht, da ja das wahre Drama das ist, was sich zwischen unserer Freiheit und Gott ereignet (Jdt 13,4–10). Es handelt sich nicht um die Selbstgenügsamkeit des »Questo è il bacio di Tosca« und auch nicht um das Selbstgespräch des Macbeth, während er sich anschickt, den König zu töten.[55] Hier genügt die Tragödie sich

[55] Anspielung auf eine Szene in Giacomo Puccinis Oper *Tosca* (Libretto: Giuseppe Giacosa und Luigi Illica). Tosca ersticht Scarpia mit

Vierter Teil

selbst. Bei Judit hingegen vollzieht sich Heilsgeschichte, der Kampf zwischen Freiheit und Gnade.

Schließlich ist Judit der Prototyp der Frau, die Gott lobpreist, mit ihrem Lobpreis das ganze Volk ansteckt (Jdt 13, 11 ff) und es einem Sieg in Gott entgegenführt.

Weder Quietismus noch Geschäftigkeit. Weder Selbstgenügsamkeit noch Unsicherheit, die sich in der eigenen Immanenz verschließt. Einfach der Erinnerung fähige Wunde, die zu Gott schreit und ihn handeln lässt, sich führen lässt und sich auf der anderen Seite frei fühlt für das Handeln, das von Gott selbst inspiriert ist. Einfach Tapferkeit im Geist, Fähigkeit zur Neuinterpretation der Ereignisse im Licht der Heilsgeschichte, um Taten in Hoffnung zu planen. Lobpreis für den, der stark ist in unserer Schwachheit.

Zur vertiefenden Betrachtung im Gebet

Wer seid ihr denn eigentlich, dass ihr am heutigen Tag Gott auf die Probe stellt und euch vor allen Leuten über ihn setzt? Ihr wollt den Herrn, den Allmächtigen, auf die Probe stellen und werdet doch in Ewigkeit nichts erkennen! Denn nicht einmal die Tiefe des Menschenherzens könnt ihr ergründen und die Gedanken seines Verstandes erfassen! Wie wollt ihr da Gott erforschen, der dies alles gemacht hat, seinen Sinn erkennen und sein Denken verstehen? Keineswegs, Brüder! Reizt den Herrn, unseren Gott, doch nicht zum Zorn! Denn wenn er uns auch in diesen fünf Tagen nicht helfen will, hat er doch die Macht, uns an den Tagen, an denen

den Worten: »Dies ist Toscas Kuss!« – Shakespeare beschreibt in seiner Tragödie *Macbeth* den Aufstieg des Heerführers zum König von Schottland. Im zweiten Akt führt Macbeth ein nächtliches Selbstgespräch, bevor er seinen Herrn, König Duncan, tötet. *[Anm. der Redaktion] er will, zu beschützen oder uns vor den Augen unserer Feinde zu vernichten. Ihr aber, versucht doch nicht, die Entscheidungen Gottes zu erzwingen! Denn Gott kann nicht wie ein Mensch bedroht oder wie ein Menschenkind beeinflusst werden. Während wir auf seine Rettung warten, wollen wir ihn um Hilfe anrufen. Dann wird er unser Flehen erhören, wenn es ihm gefällt* (Jdt 8,12–17).

Das priesterliche Fleisch Christi

Da wir also, Brüder, durch das Blut Jesu die Zuversicht haben, in das Heiligtum einzutreten auf einem neuen und lebendigen Weg, den er uns durch den Vorhang hindurch, das heißt durch sein Fleisch, bereitet hat, so haben wir auch einen gewaltigen Priester über das Haus Gottes. Lasst uns hinzutreten mit wahrhaftigem Herzen und in voller Glaubenszuversicht, die Herzen durch die Besprengung vom schlechten Gewissen gereinigt und den Leib mit reinem Wasser gewaschen. Lasst uns ohne Wanken am Bekenntnis der Hoffnung festhalten; denn treu ist der, der die Verheißung gegeben hat. Lasst uns auch aufeinander achten und uns zur Liebe und zu guten Werken anspornen. Bleiben wir unseren eigenen Versammlungen nicht fern, wie es bei einigen Brauch ist, sondern ermuntern einander, und dies umso mehr, als ihr den Tag herannahen seht … Wir aber gehören nicht zu denen, die zurückweichen und verloren gehen, sondern zu denen, die glauben und das Leben gewinnen (Hebr 10,19–25.39).

Dieser Text kann uns als Einleitung zu den Überlegungen dienen, die uns beim Gebet heute helfen. Hier ist von der Zuversicht, vom wahrhaftigen Herzen, von der Fülle des Glaubens, der festen Hoffnung und vom Ansporn zur Liebe die Rede. Es wird uns gesagt, dass dieser Mut dem Blut Jesu, seinem Fleisch geschuldet ist. Diese Woche, in der wir das Pascha des Herrn feiern, ist eine geeignete Zeit, um diese Geheimnisse zu betrachten: die Geheimnisse seines Leidens und die seiner Auferstehung. Es sind Geheimnisse seines geschundenen und verherrlichten Fleisches. Wir wehren uns gegen das Chaos der Sünde, gegen die chaotische Zerstörung unseres sündigen Bewusstseins, indem wir uns als Familie versammeln, wie es die Nomadenstämme in der

Wüste, die Vorläufer Israels, getan haben. Das Chaos bleibt draußen. Ostern errettet uns aus dem Chaos. Drinnen ist das Fleisch des Lammes, das geschlachtet wurde (Offb 5,9), das uns nährt (vgl. Joh 6) und uns die Tapferkeit verleiht (Mut und Beharrlichkeit), indem es uns gegen die Feigheit verteidigt, die Frucht des Chaos der Sünde ist.

Der heilige Ignatius lässt uns in seinen *Geistlichen Übungen* bei der Betrachtung der Geheimnisse des Leidens bitten um »Schmerz, Ergriffenheit und Beschämung ... weil meiner Sünden wegen der Herr zum Leiden geht« (193), und auch um »Schmerz mit dem schmerzerfüllten Christus, Zerschlagenheit mit dem zerschlagenen Christus, Tränen, innerliche Pein über die große Pein, die Christus für mich gelitten hat« (203). Er leitet uns zur Betrachtung dessen an, »was Christus unser Herr in seiner Menschheit leidet oder leiden will ... Und hier nun mit aller Kraft einsetzen und mich anstrengen, zu leiden, zu trauern und zu weinen ...« (195). Und er lässt uns auch über die Tatsache nachdenken, »wie sich die Gottheit verbirgt, wie sie nämlich ihre Feinde vernichten könnte und es doch nicht tut, und wie sie zulässt, dass die Heiligste Menschlichkeit so grausam leidet« (196). Der heilige Ignatius begreift wie die heilige Teresa, dass der einzige sichere Weg, der Zugang zur Gottheit verschafft, die heiligste Menschlichkeit unseres Herrn ist. Und da es um die Passionsgeschichte geht, müssen wir uns in diese Menschlichkeit, in diesen Menschen Jesus, der Gott ist, aber leidet wie ein Mensch, hineinbegeben, in seinen Leib und in seine Seele. Und das nicht im Sinne einer folkloristischen Verklärung der Vergangenheit, sondern im Sinne von etwas Realem als dem einzigen gangbaren, greifbaren Weg, den wir alle gehen müssen, um den Vater zu schauen, der sich mit dem Sohn offenbart. Wir werden das Leiden im Fleische Jesu, in unserem Fleisch, betrachten. Es gibt keinen anderen Weg, wenn wir auch bekennen wollen, dass Jesus lebt, dass er auferstanden ist im selben Fleisch, mit seinen auf die Transzendenz des Antlitzes des Vaters hin offenen Wunden. Wenn wir das »Leiden« betrachten, dann betrachten wir, wie der Herr es geduldig auf sich nimmt. Seine Nachfolger, also wir, müssen lernen, was es bedeutet, sich in Geduld hineinzubegeben, was das beinhaltet, um ihn besser zu kennen und zu lieben und ihn dadurch besser nachzuahmen.

Gott bereitet seinen Sohn vor, indem er ihn durch das Leiden vollkommen macht (Hebr 2,10); er musste teilhaben am Fleisch und am Blut, um durch den Tod den Herrn des Todes, das heißt den Teufel, zu vernichten und um die zu befreien, die aus Furcht vor dem Tod für ihr Leben in die Sklaverei geraten waren (Hebr 2,14). Durch die Gnade Gottes durchlitt er den Tod für alle (Hebr 2,9), und deshalb ist er nun aufgrund des Todes, den er erlitt, mit Herrlichkeit und Glanz bekränzt. *Würdig bist du, das Buch zu nehmen und seine Siegel zu öffnen; denn du wurdest geschlachtet und hast mit deinem Blut für Gott erkauft Menschen aus allen Stämmen und Sprachen, aus allen Völkern und Nationen, und du hast sie für unseren Gott zu Königen und Priestern gemacht, und sie werden herrschen auf der Erde* (Offb 5,9–10). *Würdig ist das Lamm, das geschlachtet wurde, Macht zu empfangen und Reichtum und Weisheit, Kraft und Ehre und Herrlichkeit und Lob* (Offb 5,12).

Um uns zu retten, begibt sich Jesus in Geduld in sein Leiden. Es gibt einige Anzeichen für dieses »Eingehen in Geduld«, die ich hier hervorheben möchte: 1. seine Art, den Tod anzunehmen; 2. seine vollständige Entäußerung; 3. sein Schicksal, das vom menschlichen Standpunkt aus betrachtet ein Scheitern war; 4. die priesterliche Dimension. Dann möchte ich mit einigen Gedanken über uns selbst, unser gottgeweihtes Leben im Verhältnis zu all dem, schließen.

Die Art und Weise,
den Tod anzunehmen[56]

Jesus hat mit seinem Tod nicht gespielt, so wie er dies auch nicht mit seinem Leben gemacht hat. Er hatte ein Bewusstsein von seinem bevorstehenden Tod, denn die Salbung mit dem Geist ließ ihn die Zeichen der Zeit erkennen, die besagten, dass seine »Stunde« gekommen sei (vgl. Joh 2,4; 7,30; 13,1; Mt 26,45). Daraus resultiert die auf den ersten Blick paradoxe Tatsache, dass Jesus »sich verborgen hatte« (vgl. Joh 7,1). Er versteckte sich vor der Exekutive, vor den Sikariern[57], vor seinen Feinden, weil seine Stunde noch nicht gekommen war. Jesus ist kein Feigling, aber auch kein Selbstmörder. Er hat die Dinge in die Hände seines Vaters gelegt. Er schreckt vor dem Tod zurück (Mk 14,35), doch er akzeptiert den göttlichen Willen. Er weiß, dass er sterben wird, doch er liefert sich nicht mit Begeisterung aus. Er verteidigt sein Leben, bis »die Stunde« kommt. Deshalb verbirgt er sich. Dies lässt uns die schmerzliche innere Angespanntheit des Herzens Jesu begreifen, die sich deutlich im Garten Getsemani zeigt. Der Tod Jesu ist das Werk der Menschen, aber dem Ratschluss Gottes entsprechend ist dieses Werk der Menschen »Werk« Gottes. *Der Menschensohn wird in die Hände der Menschen ausgeliefert und sie werden ihn töten. Doch wenn er getötet ist, wird er nach*

---

[56] Zur Frage, wie Jesus seinen eigenen Tod angenommen hat, und zur Totalität seiner Entäußerung habe ich einige Anregungen entnommen aus: Hugues Cousin, *Los textos evangélicos de la Pasión. El Profeta Asesinado*, Navarra 1981, Kap. 15.

[57] *Sikarier:* »Messerstecher«, vom lateinischen *sica* für »Dolch«. Historisch waren sie eine militante jüdische Widerstandsgruppe gegen die römischen Besatzer. *[Anm. der Redaktion]*

drei Tagen auferstehen (Mk 9,31). Die beiden Begriffe »ausgeliefert / hingegeben werden« und »töten« haben in der Bibel fest-
gelegte Bedeutungen im Sinne von geprägten Wendungen.
»Töten« bezieht sich auf die Ermordung des Gerechten und
bezeichnet die Menschen als Urheber des Todes. Das Verb
»ausliefern / hingeben« dagegen weist darauf hin, dass Gott
das Subjekt der Auslieferung ist, der seinen eigenen Sohn
nicht verschonte, sondern ihn für uns hingab (vgl. Röm 8,32).

Die Tatsache, dass Judas und die Hohenpriester Jesus »ausliefern«, muss man in dem Sinne verstehen, dass sie Werkzeuge des göttlichen Willens sind. Als Jesus ausgeliefert wird,
ist dies »die Stunde«: »eure Stunde« und die Macht der Finsternis (Lk 22,53), aber zugleich auch die Stunde seiner Verherrlichung (Joh 12,23).

Andererseits behauptet Jesus in diesem Spiel, sich zum
einen verbergen und zum anderen festnehmen zu lassen,
seine Freiheit. Er erklärt dies selbst: *Deshalb liebt mich der
Vater, weil ich mein Leben hingebe, um es wieder zu nehmen. Niemand nimmt es mir, sondern ich gebe es freiwillig hin. Ich habe
Vollmacht, es hinzugeben, und ich habe Vollmacht, es wieder zu
nehmen. Diesen Auftrag habe ich von meinem Vater empfangen*
(Joh 10,17–18). Seine Freiheit ist solcherart, dass er sowohl den
Ratschluss des Vaters (ausgeliefert / hingegeben zu werden)
als auch das hierfür benutzte Werkzeug (auf eine konkrete
Weise und von konkreten Menschen getötet zu werden) an-
nimmt. *Würdig ist das Lamm ...* (Offb 5,12). Es handelt sich hier
um die Würde dessen, der sich im Gehorsam dem Willen des
Vaters überlässt, der auch akzeptiert, auf welche Weise dieser
Wille in die Wirklichkeit umgesetzt wird, und zugleich tut er
dies alles in höchster Freiheit.

Auf dem Grund einer jeden Würde stoßen wir immer auf
Freiheit und Hingabe. Freiheit meint zunächst die Fähigkeit
zu entscheiden, mit Hingabe assoziiert man jedoch eher die

Tatsache, die Entscheidung anderen zu überlassen … Dennoch birgt die tiefe Wurzel der Freiheit spontane Hingabe in sich, denn sie entdeckt das, woraufhin sie geschaffen wurde, ihren *telostypos*[58] … und das nennt man Würde in dem, der würdig ist, Souveränität im einzigen Souverän, dem Herrn.

Zur vertiefenden Betrachtung im Gebet

Die Stunde ist gekommen, dass der Menschensohn verherrlicht wird. Amen, amen, ich sage euch: Wenn das Weizenkorn nicht in die Erde fällt und stirbt, bleibt es allein. Wenn es aber stirbt, bringt es viele Frucht (Joh 12,23–24).

[58] *Telostypos:* »Zielbild«, Parallelbildung zu *Archetypos*, »Urbild«. *[Anm. der Redaktion]*

Die vollständige Entäußerung

Der heilige Paulus lässt keinen Zweifel hinsichtlich des Ausmaßes der Entäußerung Jesu aufkommen: *Im Äußeren erfunden als Mensch, erniedrigte er sich selbst und wurde gehorsam bis zum Tod, bis zum Tod am Kreuz* (Phil 2,8). Im Vers unmittelbar davor spricht er von Entäußerung. Die Entäußerung Jesu ist also vollständig, er behält nichts für sich. Allein seine Präsenz provoziert dies (vgl. Weish 2,12–22). Er ist ein lebendiger Vorwurf, auch wenn er nichts sagt oder tut. Sein Fleisch ist es, das den Satan auf den Plan ruft und ihn beunruhigt: *Wenn du der Sohn Gottes bist ...* Der satanische Zweifel endet nicht in der Wüste (vgl. Lk 4,13), sondern sucht Jesus in jeder nur möglichen Situation auf: bei der Heilung der Besessenen, der Kranken, in den Auseinandersetzungen mit den Pharisäern und Sadduzäern, in den Absichten der Zeloten, Feuer vom Himmel fallen zu lassen, in den Zweifeln der Essener, weil er sich nicht dem Luxus eines der Einkehr und Meditation geweihten Lebens hingibt; im Spott der Soldaten, im Verrat des Judas, in den Aufforderungen, er möge vom Kreuz herabsteigen ... Satan, der durch dieses Fleisch, das ihn bedroht, in Unruhe versetzt ist, wühlt seinerseits das Herz dieser Menschen auf. Er will es wissen (das ist die Befriedigung der Gnosis). Dieser Zweifel selbst führt ihn ins Verderben, denn wie ein neuer Herodes spielt er seine letzte Karte aus, indem er »tötet«. Auf diese Weise glaubt er zu siegen und verleibt sich das Fleisch ein, das für ihn nicht Fleisch ist, sondern ein Köder, der Angelhaken, in dem sich das Gift verbirgt, das ihn endgültig tötet: die Gottheit (vgl. Maximus Confessor).[59]

---

[59] Vgl. *Patrologia Graeca* 90, 1182–1186.

Wo, inmitten aller Verfolgung, die von seiner puren Präsenz ausgelöst wurde, können wir die völlige Vernichtung Jesu erkennen, die in den Worten des Paulus der Tod am Kreuz ist? Jesus wurde für einen Propheten gehalten (Mt 21, 11; Lk 7,16; Joh 4,19; 9,17), und ein Prophet stirbt innerhalb der Stadt und wird gesteinigt: *Jerusalem, Jerusalem, du tötest die Propheten und steinigst, die zu dir gesandt sind!* (Mt 23,37; Lk 13,33). Dennoch stirbt Jesus weder in Jerusalem noch durch Steinigung. Er ist ein Verfluchter, ein außerhalb der Stadtmauern Jerusalems »Gepfählter« (vgl. Dtn 21,22 f). Er stirbt nicht wie ein Prophet (Die Steinigung war die Strafe, die das jüdische Gesetz für falsche Propheten und Gotteslästerung vorsah). Jesus stirbt wie ein Verschwörer, wie ein Zelot, wie ein Guerrillero gegen die römische Besatzungsmacht. Ein zeitgenössischer Theologe hat gesagt, man habe Jesus den Tod geraubt. Man hat ihm nicht nur das Leben durch einen »legalen« Mord genommen, sondern man versuchte auch, ihm die Bedeutung zu nehmen, die er seinem Leben und seinem Tod gegeben hat. Die Vernichtung geht bis zum Tod am Kreuz. Jesus wurde nicht die letzte Genugtuung zuteil, im Sterben von der wahren Bedeutung seiner Existenz Zeugnis abzulegen.

Die Nachfolge Jesu auf seinem Weg der Vernichtung und des Kreuzes veranlasst den Jünger, aus Liebe zu seinem Herrn denselben Weg zu gehen. Die »unternehmerische« Versuchung des apostolische Eifers erkennt die heilbringende Dimension dessen nicht, diesen Weg der Marter des Kreuzes zu gehen – eine Strafe, die nur über Menschen ohne römisches Bürgerrecht verhängt werden konnte ... Der Jünger muss sich diese Perspektive klarmachen, wie ein »Verbrecher« verurteilt und als einer behandelt zu werden, der vom rechten Weg »abgekommen« ist. Als der heilige Paulus dieses Geheimnis der Vernichtung aus Liebe zu seinem Herrn betrachtet, hat er den Wunsch, selbst zum Gegenstand der Verfluchung zu werden, um seine Brüder zu retten. *Ich sage in Christus die Wahrheit, ich lüge nicht und mein Gewissen bezeugt es mir im heiligen Geist, dass ich große Trauer habe und unaufhörlichen Schmerz in meinem Herzen. Ja, ich möchte selber verflucht, von Christus getrennt sein um meiner Brüder willen, meiner Verwandten nach dem Fleisch* (Röm 9,1–3).

Der heilige Ignatius hat dasselbe empfunden, und als Hilfe für jemanden, der im Zuge seiner Exerzitien die Lebenswahl trifft, schlägt er folgende Unterscheidung vor: es entweder hinzunehmen, dass man Demütigungen ertragen muss, wenn sie kommen, oder bitten, dass sie kommen … und alles, um Jesus Christus besser nachzueifern. Das ist kein geistlicher Standpunkt, über den man verschiedener Meinung sein könnte und der typisch für die damalige Zeit ist, es ist kein »Beiwerk«, das je nach den Umständen mehr oder weniger zur Disposition stünde. Es handelt sich um das Zentrum der Vernichtung Jesu selbst: Ohne sie bis in diese Dimension der Totalität hinein anzunehmen, ist man nicht im vollen Sinn auf dem Weg der Nachfolge des Meisters. Zeitgenössische Heilige wie die heilige Raphaela Maria vom Heiligen Herzen,[60] die Gründerin der Kongregation der »Dienerinnen des Heiligsten Herzens Jesu«, haben von dieser Dimension Zeugnis abgelegt. Die Mittelmäßigkeit besteht darin, das Kreuz »nur halb«, »bis zu einem bestimmten Punkt« auf sich zu nehmen … und das ist dann nicht mehr das Kreuz … es wäre höchstens ein Tod in einem luxuriösen Krankenhaus.

---

[60] Raphaela Maria vom Heiligen Herzen, mit bürgerlichem Namen: Raphaela Porres y Ayollón (1850–1925). Die Spanierin gründete 1877 nach der Regel des heiligen Ignatius von Loyola die Gemeinschaft der »Dienerinnen des Heiligsten Herzens Jesu« zum Unterricht und zum apostolischen Wirken. *[Anm. der Redaktion]*

Zur vertiefenden Betrachtung im Gebet

Der in der Daseinsweise Gottes war, hielt nicht daran fest, Gott gleich zu sein, sondern er entäußerte sich selbst, nahm Sklavendasein an und wurde den Menschen gleich. Im Äußeren erfunden als Mensch, erniedrigte er sich selbst und wurde gehorsam bis zum Tod, bis zum Tod am Kreuz (Phil 2,6–8).

Das Scheitern Jesu

All diese Überlegungen stellen die christliche Theologie vor die Frage nach Hoffnung und Scheitern. Sie hat ihren Ursprung in der Betrachtung des Leidens und Todes Jesu.[61] Mehr noch: Das innergeschichtliche Scheitern Jesu und die Enttäuschung so vieler Hoffnungen (*Wir haben gehofft ...* Lk 24,21) sind für den christlichen Glauben der Weg schlechthin, auf dem sich Gott in Christus offenbart und sein Heil wirkt. Jesus selbst hat es vorhergesagt: Wer sein Leben retten will, wird es verlieren, wer sein Leben verliert, wird es gewinnen (Mk 8,35; Lk 9,24). Das dem Heilshandeln immanente Scheitern wurde bereits ansatzweise und weniger intensiv beim Auszug aus Ägypten und der Inbesitznahme des verheißenen Landes sichtbar. So erfährt zum Beispiel Mose das Scheitern, als er sich am Ufer des Roten Meeres befindet, inmitten eines widerwilligen Volkes und die Ägypter im Rücken. Es bleiben ihm nicht viele Auswege: sich den Ägyptern ergeben, versuchen, mit ihnen zu verhandeln, sich umbringen oder auf Gott vertrauen. Er entscheidet sich für Letzteres, und Gott erweist seine Gegenwart angesichts der radikalen Ohnmacht der menschlichen Mittel. Dasselbe passiert, als das Volk murrt und nach Wasser, Fleisch usw. verlangt. Gott lässt den Menschen seine Ohnmacht bis zum Schluss empfinden, und erst dann greift er ein. Das Scheitern Jesu fügt sich in diese Dynamik ein: Als alles verloren ist, als nichts mehr bleibt, weil der Hirt geschlagen ist und die Schafe sich

---

[61] Zum Thema des Scheiterns Jesu habe ich einige Anregungen dem dritten Kapitel des folgenden Buches entnommen: John Navone, *Teología del Fallimento*, Rom 1988.

zerstreut haben (vgl. Mt 26,31), da greift Gott in der Kraft der Auferstehung ein. Die Auferstehung ist nicht das Happy End eines Films. Es ist das Eingreifen Gottes angesichts der völligen Unmöglichkeit menschlicher Hoffnung; das Eingreifen, das den zum »Herrn« ausruft, der den Weg des Scheiterns auf sich genommen hat, auf dass sich die Macht des Vaters zeige und verherrlicht werde.

Wir tendieren dazu, das größte menschliche Scheitern, den Tod, zu kaschieren. Es genügt, sich die Friedhöfe, die Grabsteine anzusehen, um zu begreifen, dass man dieses dem Menschsein innewohnende Scheitern verschönern und »wegschieben« will. Oder betrachten wir nur die »Heiligsprechung« des Verstorbenen. Gleich nach dem Petersplatz sind die Begräbnisfeiern der Ort, wo die meisten Menschen heiliggesprochen werden. Im Normalfall war der Verstorbene »ein Heiliger«. Na klar, er ist heilig, weil er dir nicht mehr lästig fallen kann. Dies sind Methoden, um das Scheitern des Todes zu überspielen.

Auf versteckte Weise siedeln wir die Hoffnung außerhalb des Bereiches des Scheiterns an, und folglich setzen wir unsere Hoffnung nicht in Gott. Die Hoffnung auf Gott allein stellt sich dann ein, wenn man, wie im Fall Jesu, am Grund des Scheiterns angelangt ist (was mehr ist als das Fehlen von Auswegen; es ist die positive Bestätigung, dass es keinen Ausweg gibt, dass die Sache zu Ende ist).

Für Jesus hat sich jede menschliche Möglichkeit eines Auswegs mit der Schmach der öffentlichen Hinrichtung zerschlagen. Dies ist sein Scheitern. Und er gelangte an diesen Punkt, weil es für ihn das Wichtigste war, dem Bild der Person zu entsprechen, die zu sein der Vater von ihm wollte, und den Willen des Vaters zu erfüllen. *Meine Speise ist es, den Willen dessen zu tun, der mich gesandt hat, und sein Werk zu Ende zu führen* (Joh 4,34).

Die Betrachtung des Scheiterns Jesu offenbart das »Fleisch« Jesu. In Getsemani setzte Jesus seine Hoffnung instinktiv darauf, der Möglichkeit des Scheiterns zu entgehen. Allein die Gewissheit der Liebe des Vaters befähigte ihn, die Furcht davor zu überwinden. Bei der Betrachtung des Scheiterns Jesu ist es nützlich, sich die Empfehlungen des heiligen Ignatius in Erinnerung zu rufen, die ich bereits erwähnt habe. Man muss das Fleisch Jesu »berühren«. Es gibt andere, vermeintlich »gebildete« Arten, den »Skandal« zu vermeiden, doch das hieße eben genau, das Fleisch Jesu in diesem Scheitern zu verleugnen. Es handelt sich um einen Neodoketismus[62], für den wir tagtäglich bei unseren kirchlichen Eliten, bei unseren mit dem Atheismus sympathisierenden Linken und bei unseren ungläubigen Rechten reiches Anschauungsmaterial finden. Die katholischen »Eliten« haben keine Ahnung von der Seligpreisung, die Jesus selbst verkündete: *Und selig, wer an mir keinen Anstoß nimmt* (Mt 11,6; Lk 7,23). In diesem Fall ging es um das Scheitern, denn die Verkündigung Jesu war an die einfachen Leute gerichtet. Die erlesenen Eliten wissen angesichts des Scheiterns die Nase zu rümpfen, sie nehmen Anstoß. Und sie ziehen es vor, Bilder von der Kirche zu entwerfen, die eher dem »gesunden Menschenverstand« entsprechen als dem Scheitern am Kreuz ... Es sind Neodoketisten, und im Grunde sind sie auch nicht sonderlich davon überzeugt, dass Jesus, der Christus, in seinem Leib lebendig, dass er auferstanden ist. Sie akzeptieren höchstens eine Auferstehung, die eher dem Bultmannschen Verständ-

[62] *Doketismus,* vom griechischen *dokein,* »scheinen«, bezeichnet die Vorstellung, dass Jesus Christus kein wahrer Mensch mit einem realen Leib war, sondern nur einen »Scheinleib« besaß. Historisch ging der Doketismus mit der gnostischen Gegenbewegung zum kirchlichen Christentum der ersten Jahrhunderte einher. *[Anmerkung der Redaktion]*

nis nahekommt, oder eine geistliche Auferstehung ... einfach, weil sie das Fleisch Christi leugnen, indem sie sein Scheitern nicht hinnehmen.

Auf der Ebene der menschlichen Freundschaft sind die Jünger, und am meisten Judas, die Ursache für Jesu Scheitern. Judas konnte die Barmherzigkeit in den Augen des Meisters nicht sehen. Die letzten Momente, die Jesus mit seinen Jüngern verbrachte, sind von einer schrecklichen Isolation gekennzeichnet. Es hatte sich ein Abgrund zwischen ihnen aufgetan. Jesus konnte nicht zu ihnen gelangen, und sie verstanden nicht, worin er ihr Meister war. Es ist der Anfang der Einsamkeit, dieser so tiefen Verlassenheit, die er am Kreuz auch im Hinblick auf seinen Vater spüren wird. *Vater, warum hast du mich verlassen?* (vgl. Mt 27,46).

Am Kreuz ist es, da Jesus endgültig sein Scheitern und das Böse annimmt. Und er gelangt darüber hinaus. Hier zeigt sich das Unauslotbare seiner Liebe, denn nur wer viel liebt, hat die Freiheit und die lebendige Geisteskraft, das Scheitern anzunehmen. Darin erfahren die Augenblicke, Phasen, Aspekte des Scheiterns im Alten Testament ihre Erfüllung: *Im Glauben sind diese alle gestorben, ohne die Verheißung erlangt zu haben* (Hebr 11,13). Das heißt, sie starben, nachdem sie – zum Teil – das Scheitern erfahren hatten. Jesus nimmt in seinem Tod diese Erfahrungen des Scheiterns im Verlauf der Heilsgeschichte an und bringt sie zu ihrer Erfüllung. Nun bleibt nur noch eine Lösung: die göttliche Lösung, in diesem Falle die Auferstehung als revolutionäres Ferment. Das heißt, dass ein Christ in sein tägliches Leben die Überzeugung integrieren muss, dass Jesus unter uns lebt. Andernfalls ist sein Christsein ein Pseudo-Scheitern: Da er das skandalöse Scheitern am Kreuz, die totale Vernichtung ohne menschliche Hoffnung vermeidet, da er nicht »wider alle Hoffnung hofft«, durchläuft sein Leben die verschlungenen Pfade eines annehmbareren Scheiterns, eines Scheiterns, das in eleganter Weise mit den universalen und transversalen Werten koexistieren kann: Es handelt sich um das Scheitern einer Religion ohne Frömmigkeit, denn es fehlt ihr einfach die Salbung einer jeden Frömmigkeit: der auferstandene Jesus Christus, der lebendig unter uns ist.

Zur vertiefenden Betrachtung im Gebet

Da sagte Jesus zu ihnen: In dieser Nacht werdet ihr alle an mir Anstoß nehmen; denn es steht geschrieben: Ich werde den Hirten schlagen und die Schafe der Herde werden sich zerstreuen. Wenn ich aber auferweckt worden bin, werde ich euch nach Galiläa vorangehen. Da antwortete ihm Petrus: Wenn alle an dir Anstoß nehmen, ich werde niemals Anstoß nehmen! Jesus sagte zu ihm: Amen, ich sage dir: In dieser Nacht, noch ehe der Hahn kräht, wirst du mich dreimal verleugnen. Petrus aber erwiderte ihm: Und wenn ich mit dir sterben müsste, ich werde dich niemals verleugnen. Ähnlich sprachen auch alle (anderen) Jünger (Mt 26,31–34).

Der Priester Jesus Christus

So »begibt sich Jesus in Geduld hinein«, mit seinem Fleisch, in seinem Fleisch. Und dies macht sein Priestertum aus. *Darum musste er in allem den Brüdern gleich werden, um ein barmherziger und treuer Hohepriester vor Gott zu sein und die Sünden des Volkes zu sühnen. Denn weil er selbst Versuchung erlitten hat, vermag er denen zu helfen, die versucht werden* (Hebr 2,17).

In seiner totalen Vernichtung, in der Annahme seines Scheiterns, brachte er ein einziges Opfer für die Sünden dar (Hebr 10,12), und dieses Opfer beging er nicht mit Worten, sondern mit seinem Fleisch und Blut. *Christus aber ist als Hohepriester der künftigen Güter durch das größere und vollkommenere Zelt gekommen, das nicht mit Händen gemacht, das heißt: nicht von dieser Schöpfung ist; nicht kraft des Blutes von Böcken und Kälbern, sondern kraft seines eigenen Blutes ist er ein für alle Mal in das Heiligtum hineingegangen und hat so eine ewige Erlösung vollbracht. Denn wenn schon das Blut von Böcken und Stieren und die Asche einer Kuh durch Besprengung die Unreinen so heiligt, dass sie leibliche Reinheit gewinnen, um wie viel mehr wird das Blut Christi, der sich selbst kraft ewigen Geistes als makelloses Opfer Gott dargebracht hat, unser Gewissen von toten Werken reinigen, damit wir dem lebendigen Gott dienen* (Hebr 9,11–14). *Denn einen solchen Hohenpriester mussten wir auch haben: einen, der heilig ist, unschuldig, unbefleckt, abgesondert von den Sünden und hoch über die Himmel erhoben, einen, der nicht täglich nötig hat wie die Hohenpriester, zuerst für die eigenen Sünden Opfer darzubringen, dann für die des Volkes; das hat er nämlich ein für alle Mal getan, indem er sich selbst darbrachte. Denn das Gesetz stellt Menschen als Hohepriester auf, die mit Schwachheit behaftet sind; das dem Gesetz folgende Eideswort aber den Sohn, der auf ewig vollendet ist* (Hebr 7,26–28). Diesem Hohepriester sind wir nahe gekommen, dem Mittler eines neuen Bundes und der reinigenden Besprengung mit einem Blut, das deutlicher spricht als das Blut Abels.

Das Priestertum Christi vollzieht sich in drei Momenten: Im Moment des Kreuzesopfers (und in diesem Sinne war es »ein für allemal«), jetzt (in der Fürsprache vor dem Vater; vgl. Hebr 7,25), und am Ende der Zeit (»ohne Beziehung zur Sünde«; Hebr 9,28), wenn Christus dem Vater die ganze Schöpfung übergibt. Im zweiten Moment, in der Gegenwart, leistet Christus die priesterliche Fürsprache für uns: ... *er aber hat, weil er auf ewig bleibt, das Priestertum, das unwandelbar ist. Darum vermag er auch gänzlich jene zu retten, die durch ihn Gott nahe kommen, da er ja allezeit lebt, um für sie einzutreten* (Hebr 7,24–25). Jesus Christus ist lebendig – und tritt für uns ein – mit der ganzen Fülle seines Menschseins und Gottseins: *Da wir nun einen großen Hohenpriester haben, der die Himmel durchschritten hat, Jesus, den Sohn Gottes, so lasst uns festhalten am Bekenntnis. Denn wir haben nicht einen Hohenpriester, der mit unseren Schwachheiten nicht mitfühlen könnte, sondern einen, der in allem, die Sünde ausgenommen, gleichermaßen versucht worden ist* (Hebr 4,14 ff). In den Mysterien der Auferstehung Jesu zeigt der bereits zum Herrn Erhobene seinen Leib, lässt seine Wunden berühren ... sein Fleisch (vgl. Joh 20,20.27; Lk 24,39.42). Dieser Leib, diese Wunden, dieses Fleisch sind Fürsprache. Mehr noch: Es gibt keinen anderen Zugang zum Vater als ebendiesen. Wir begegnen dem Vater in den Wunden Jesu. Er ist lebendig, auf diese Weise, in seinem verherrlichten Fleisch, und er lebt unter uns. An seinem Fleisch teilhaben, in Geduld mit ihm sich hineinbegeben in sein Leiden, um auch an seiner Verherrlichung teilzuhaben – das ist der tiefe Inhalt der bekräftigenden Aussage im Schlusskapitel des Hebräerbriefes: *Wir haben einen Opferaltar, von dem jene zu essen keine Vollmacht haben, die dem Zelt* [des alten Kultes] *dienen* (Hebr 13,10). Dieser Altar ist Christus, der am Kreuz hängt.

Zur vertiefenden Betrachtung im Gebet

Denn einen solchen Hohenpriester mussten wir auch haben: einen, der heilig ist, unschuldig, unbefleckt, abgesondert von den Sünden und hoch über die Himmel erhoben, einen, der nicht täglich nötig hat wie die Hohenpriester, zuerst für die eigenen Sünden Opfer darzubringen, dann für die des Volkes; das hat er nämlich ein für alle Mal getan, indem er sich selbst darbrachte (Hebr 7,26–27).

Wir

Im Text, mit dem ich dieses Thema eingeleitet habe, gab es einige Anspielungen auf unser Verhalten und entsprechende Ermahnungen. Ich möchte nun einige unserer Haltungen im Hinblick auf das betrachten, was ich über das Opfer Jesu und sein Priestertum gesagt habe. Einiges habe ich bereits an entsprechender Stelle beiläufig dazu gesagt. Nun will ich auf das Zentralste des christlichen Verhaltens hinweisen und dabei vermeiden, es durch Adjektive zu erläutern, als ob »Christ sein« nicht schon Qualifikation genug wäre. Es gibt eine gewisse alltägliche Unfähigkeit, oder besser gesagt einen Widerstand dagegen, uns die Konsequenzen des »Eingehens in Geduld« nach dem Vorbild Jesu klarzumachen. *Darum müssen wir umso mehr auf das Gehörte achten, damit wir nicht am Ziel vorbeitreiben* (Hebr 2,1). Die Unfähigkeit, von der ich gesprochen habe, kommt daher, dass man im Geheimnis des lebendigen Jesus Christus die Herrlichkeit Gottes nicht entdeckt hat. Der geduldige, vernichtete Christus ist die Ehre Gottes. Der in Fleisch und Geist auferstandene, glorreiche Christus ist die Ehre Gottes. Unsere Unfähigkeit, einen Verstehenszugang zu dieser Ehre zu finden, ist es, was uns hinsichtlich der Konsequenzen dessen, was wir gehört und geschaut haben, in die Irre führt. *Ehre von Menschen nehme ich nicht an. Aber ich habe euch erkannt: Ihr habt die Liebe zu Gott nicht in euch! Ich bin im Namen meines Vaters gekommen, aber ihr nehmt mich nicht an. Wenn ein anderer in seinem eigenen Namen kommt, werdet ihr ihn anerkennen. Wie könnt ihr glauben, die ihr Ehre voneinander annehmt, die Ehre jedoch, die vom alleinigen Gott kommt, nicht sucht?«* (Joh 5,41–44). Das Drama der offenen Ablehnung des Geheimnisses Jesu, des

Christus, hat hier seine Wurzeln ebenso wie das der heimlichen Weigerung (durch Reduktion auf eine Geschmacksfrage). Unser Herz ist eher geneigt, Ehre von anderen anzunehmen, als Gott die Ehre zu geben, jemanden aufzunehmen, der im eigenen Namen, als jemanden, der im Namen Gottes kommt. Wir reden und diskutieren lieber anstatt zu beten und zu verkündigen.

Wir sind dazu eingeladen, unser Herz zu stärken, wie es unsere Vorfahren machten, und uns nicht durch mancherlei fremde Lehren verführen zu lassen (Hebr 13,9). Wir werden ermahnt: *Gebt Acht, Brüder, dass nicht in irgendeinem von euch ein böses und ungläubiges Herz aufkommt im Abfall vom lebendigen Gott* (Hebr 3,12). Das geschwächte Herz ist ein feiges Herz, ein Herz voller Bitterkeit. Wir sollen uns seiner entledigen, so wie man Ballast abwirft (vgl. Hebr 12,1). Wir werden ermahnt, jeder Art von lähmender »Ruhe« abzuschwören. Wir werden aufgefordert, mutig »zu laufen«. Wohin zu laufen? Im Wettkampf zu laufen, den man uns aufträgt. Der Wettkampf ist das Zeugnis, dass Christus, der alles »geduldig auf sich nahm«, lebendig und als Lebender unter uns ist. Deshalb werden wir ermahnt: *Dabei wollen wir hinblicken auf den Urheber und Vollender unseres Glaubens, auf Jesus, der um der vor ihm liegenden Freude willen das Kreuz auf sich nahm, ohne auf die Schande zu achten und sich zur Rechten des Thrones Gottes gesetzt hat. Denkt an den, der solchen Widerspruch vonseiten der Sünder gegen sich erduldete, damit ihr nicht ermattet und den Mut verliert* (Hebr 12,2f). Wir werden aufgefordert, dass wir im Blick auf ihn *vor das Lager hinausgehen und seine Schmach tragen* (Hebr 13,10). Die Betrachtung der Tatsache, dass er zum Herrn geworden ist, weil er in Geduld ausharrte, versetzt uns in die Lage, unsere lasterhaften Haltungen zu korrigieren: *Jede Erziehung erscheint zwar im Augenblick nicht als etwas Erfreuliches, sondern als etwas Betrübliches; später aber bringt sie*

Vierter Teil

friedvolle Frucht der Gerechtigkeit denen, die durch sie geschult sind. Darum richtet die erschlafften Hände auf und die wankenden Knie, und macht gerade Bahnen für eure Füße, damit, was lahm ist, nicht ausgerenkt, sondern geheilt wird (Hebr 12,11–13). Das Hinken des Geistes trennt ihn letztlich vom Leib. Alles erlahmt mit der Zeit, wird steif und bewegungslos.

Ich denke an das Hinken und an die Starre der »konventionellen« Haltungen angesichts des Leidens und der Auferstehung Christi. Sie alle verleiten uns dazu, ihn als einen zu betrachten, der nicht »in Geduld eingetreten« ist, als jemanden, der endgültig seines Fleisches entledigt wäre und nicht in seinem Leib verherrlicht wurde. Ein »auferstandener« Christus also, der keine lebendige Person, sondern ein Hoffnungsgedanke oder höchstens ein religiöser oder kultureller »Wert« ist, der von der wirklichen Geschichte der Liebe des Vaters zu uns Menschen völlig losgelöst ist.

Es gibt eine Tendenz unter uns, die Dinge »leichter zu machen«. Es ist leichter, sich nicht dabei aufzuhalten, sehr ernsthaft zu betrachten, wie das fleischliche Leiden Jesu, Mensch und Gott zugleich, gewesen ist. Dasselbe gilt von seinem verherrlichten Leib nach der Auferstehung. Selbst die Jünger hatten Zweifel, was den Leib Jesu betraf. Sie glaubten, ein Gespenst zu sehen (Lk 24,37). Im Lukasevangelium findet sich ein Satz, der für uns eine Fährte sein kann. Es hätte so viel Freude und Staunen geherrscht, dass sie sich zu glauben weigerten (Lk 24,41). Die Furcht vor einer neuerlichen Enttäuschung trieb sie um, und deshalb zogen sie es vor zu glauben, er sei der Geist Jesu und nicht der auferstandene Jesus. Etwas Ähnliches kann in uns wirksam sein. Das Bewusstsein davon, dass Jesus, der Christus und Herr, nun lebendig unter uns ist, erfüllt uns mit Freude ... die Freude ist so groß, dass sie uns Angst macht. Deshalb halten wir mit der Auferstehung hinter dem Berg und ziehen es vor, als Predigt eine Mahnrede zu halten, die aller lebendigen Wurzeln beraubt ist, anstatt die Wurzel selbst zu verkündigen, die Leben verleiht: Jesus Christus ist auferstanden. Was es mit dem traurigen Heiligen der heiligen Teresa auf sich hat, kann nicht nur auf den heiligen Traurigen bezogen werden[63], sondern auch und vielleicht in einem geläufigeren Sinn auf den »halb Fröhlichen«. Wenn Männer und Frauen des gottgeweihten Lebens, Priester und Ordensleute diesen Weg des »reduktionistischen Gleichgewichts« hinsichtlich der Freude gehen, die die Auferstehung Jesu bringt, dann versteht man sehr wohl, dass – als Ersatz – so viele funktionalistische Pastoralprojekte, so viele Geschäftsleute des Evangeliums, so viele »ausführende Organe« des Reiches Gottes entstehen.

Wir werden ermahnt, daran zu denken, dass auch wir einen Leib haben (Hebr 13,1–4), und wenn wir uns seiner bewusst sind, dann verstehen wir die »Nähe« Gottes im Fleisch des Erlösers, als ob wir mit denen, die leiden, mitleiden. Das heißt, wir werden ermahnt, dass wir in Geduld gehen, suchen und uns hineinbegeben, das Schicksal unserer leidenden Geschwister teilen, ohne habsüchtig etwas für uns zurückzubehalten (Hebr 13,5), so wie auch Jesus Christus sich nicht an etwas von seinem Gottsein festgeklammert hat (Phil 2,7). Wenn wir unser Fleisch und das Fleisch Jesu betrachten, werden wir ermahnt, mutig, freimütig zu sein. *Lasst uns also mit Zuversicht zum Thron der Gnade hintreten, damit wir Barmherzigkeit erlangen und Gnade finden und Hilfe zur rechten Zeit* (Hebr 4,16). Und wenn jemand Angst hat, wird uns mit ein wenig Ironie gesagt: *Noch habt ihr nicht bis aufs Blut im Kampf gegen die Sünde widerstanden* (Hebr 12,4).

---

[63] Das ist eine Anspielung auf den Satz der Teresa von Ávila: »Ein trauriger Heiliger ist ein heiliger Trauriger.«

Darum wollen denn auch wir, die wir eine so große Wolke von Zeugen um uns haben, allen Ballast und die uns leicht umgarnende Sünde ablegen und mit Ausdauer in dem Wettkampf laufen, der vor uns liegt. Dabei wollen wir hinblicken auf den Urheber und Vollender unseres Glaubens, auf Jesus, der um der vor ihm liegenden Freude willen das Kreuz auf sich nahm, ohne auf die Schande zu achten und sich zur Rechten des Thrones Gottes gesetzt hat. Denkt an den, der solchen Widerspruch vonseiten der Sünder gegen sich erduldete, damit ihr nicht ermattet und den Mut verliert. Noch habt ihr nicht bis aufs Blut im Kampf gegen die Sünde widerstanden (Hebr 12,1–4).

Anhang

Literaturhinweise

Dante Alighieri, *Die Göttliche Komödie*. Aus dem Italienischen übertragen von Wilhelm G. Hertz. Mit einem Nachwort von Hans Rheinfelder sowie Anmerkungen und Literaturhinweisen von Peter Amelung, München [4]1987.

Hans Urs von Balthasar, *Verbum Caro*. Skizzen zur Theologie I, Einsiedeln 1960.

Hugues Cousin, *Los textos evangélicos de la Pasión*. El Profeta Asesinado, Navarra 1981 [spanische Übersetzung von: *Le Prophète assassiné*. Histoire des textes évangéliques de la Passion, Paris 1976]

[Ecclesia catholica, Stundengebet, deutschsprachige Ausgabe] *Stundenbuch für die katholischen Bistümer des deutschen Sprachgebietes*. Authentische Ausgabe für den liturgischen Gebrauch. Erster Band: Advent und Weihnachtszeit. Herausgegeben im Auftrag der Deutschen und der Berliner Bischofskonferenz u. a., Freiburg im Breisgau u. a. 1978.

Ephräm der Syrer, *Kommentar zum Diatessaron*. Übersetzt und eingeleitet von Christian Lange. Fontes Christiani 54, Band II, Turnhout 2008.

Romano Guardini, *Der Herr*. Betrachtungen über die Person und das Leben Jesu Christi. Verlagsgemeinschaft Matthias Grünewald, Ostfildern / Ferdinand Schöningh, Paderborn [18]2011. Alle Autorenrechte liegen bei der Katholischen Akademie in Bayern. *[Im vorliegenden Buch zitiert nach der seiten-identischen Ausgabe Mainz / Paderborn 1997]*

Ignatius [von Loyola], *Geistliche Übungen.* Übertragung und Erklärung von Adolf Haas, Freiburg im Breisgau 1998.

Johannes vom Kreuz, *Die dunkle Nacht.* Vollständige Neu-übersetzung. Sämtliche Werke, Bd. 1, herausgegeben und übersetzt von Ulrich Dobhan, Elisabeth Hense und Elisabeth Peeters, Freiburg im Breisgau [10]2010.

Papst Johannes Paul II., Geschenk und Geheimnis, Graz u. a. 1997.

John Navone, *Teología del Fallimento*, Rom 1988.

Papst Paul VI., Über die Evangelisierung in der Welt von heute. Apostolisches Schreiben *Evangelii nuntiandi* (Deutsche Übersetzung auf www.vatican.va).
– Über die christliche Freude. Apostolisches Schreiben *Gaudete in Domino* (Deutsche Übersetzung als Buchveröffentlichung: Leutesdorf am Rhein 1975).

Eduardo Francisco [Cardenal] Pironio, *Meditación para tiempos difíciles*, Buenos Aires 2005.

Teresa von Ávila, *Weg der Vollkommenheit.* Übersetzt und herausgegeben von Ulrich Dobhan und Elisabeth Peeters. Gesammelte Werke, Bd. 2, Freiburg im Breisgau 2003.

Verzeichnis der Bibelstellen

Bibelstellenverzeichnis

Personenverzeichnis

Zum Autor

Jorge Mario Bergoglio / Papst Franziskus
wurde am 17. Dezember 1936 in Flores (Buenos Aires / Argentinien) geboren. Sein Vater, Giuseppe Mario Francisco Bergoglio, war Einwanderer italienischer Abstammung, geboren in Portacomaro in der Provinz Asti, und arbeitete als Buchhalter bei einer Eisenbahngesellschaft. Seine Mutter, Regina Maria Sivori, deren Eltern ebenfalls aus Norditalien stammten, war in Buenos Aires geboren. Von Jorge Marios vier Geschwistern lebt heute noch seine Schwester Maria Elena.

Nach der Schulzeit absolvierte er eine Ausbildung zum Chemietechniker, 1956 trat er ins diözesane Priesterseminar Villa Devoto, am 11. März 1958 in den Jesuitenorden ein. Nach einem geisteswissenschaftlichen Grundstudium in Chile und einem Philosophiestudium in Argentinien wurde er als Lehrer für Literatur und Psychologie eingesetzt. Nach seinem Theologiestudium am Colegio Máximo San José in San Miguel, Argentinien, empfing er am 13. Dezember 1969 in der Gesellschaft Jesu die Priesterweihe.

Jorge Mario Bergoglio wirkte 1972 bis 1973 als Novizenmeister und, nach Ablegung der ewigen Gelübde am 22. April 1973, bis 1979 als Provinzial der argentinischen Jesuiten. 1992 wurde er zum Weihbischof in Buenos Aires ernannt und empfing am 27. Juni die Bischofsweihe. 1993 wurde er Generalvikar der Erzdiözese Buenos Aires, 1997 Koadjutor des Erzbischofs mit dem Recht der Nachfolge im Amt. Am 28. Februar 1998 ernannte Papst Johannes Paul II. ihn zum Erzbischof von Buenos Aires und nahm ihn 2001 ins Kardinalskollegium auf. Zwischen 2005 und 2011 war Kardinal Bergoglio zweimal Vorsitzender der argentinischen

Bischofskonferenz. 2007 stand er dem Redaktionskomitee vor, das das Schlussdokument der 5. Generalversammlung des Lateinamerikanischen Bischofsrates (CELAM) in Aparecida, Brasilien, erarbeitete.

Nach dem Amtsverzicht von Papst Benedikt XVI. wurde Jorge Mario Bergoglio am 13. März 2013 vom Konklave der Kardinäle zum Bischof von Rom gewählt und nahm den Namen Franziskus an.

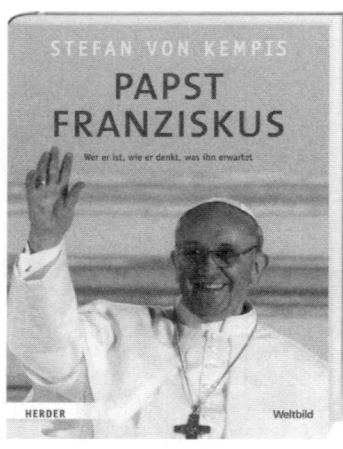